# 中国插电式混合动力电动汽车产业发展报告

组　编　中国汽车工业协会

主　编　许海东　庞天舒

副主编　雷　滨　王　军　刘　金　崔莉莎

参　编　杨贵永　谢　征　郑　琪　刘坚坚　宋　辉　王子烨　孙文举
　　　　宋明哲　代永黎　聂相虹　王　健　张鹏君　费继兵　符致勇
　　　　许广宏　叶晓明　陈文都　王　岭　李迎浩　乐　智　张照生
　　　　贾启蒙　刘雪峰　张晋维　郭秋彦　米继芳　李伟城　王弋萍
　　　　刘　浩　李　诺　孙小文　姜云启　孔庆波　陈文庆　王海军
　　　　马海涛　姚艳峰　李　刚　董翔宇　何　定　孙秀玲　陈俊红
　　　　杨　明　李云龙　黄　艇　刘巨江　张文珊　葛振振　房文鹏
　　　　王　楠　闫慧敏　钱恒龙　郗　毅　朱德航　刘延森　王　鹤
　　　　李　尧　王　成　邢朕怀　田丹晖　李　勋　胡俊杰　赵文龙
　　　　许　强　陈　鹏　任佳军　魏楚楚

机械工业出版社
CHINA MACHINE PRESS

本书首先对国内外插电式混合动力电动汽车的发展趋势进行了深入分析，包括政策和技术发展现状及转变趋势等，旨在洞悉行业政策走向，分析插电式混合动力车型的发展脉络。然后对插电式混合动力电动汽车的产品效能、技术效能以及商业化应用进行研究，将其分别与传统燃油汽车、纯电动汽车、增程式电动汽车的综合效能进行对比。分析表明，插电式混合动力电动汽车存在低碳环保的优势，可有效缓解社会环境污染的压力。其具有高燃油经济性、可重复充电的优势，增加了续驶里程，可缓解目前纯电动汽车用户的里程焦虑，降低用户出行成本。最后，根据分析研究结果，本书提出了一些针对插电式混合动力电动汽车行业未来发展的实质性建议，希望能对行业政策制定者、从业者和消费者有一定的指导意义，推动插电式混合动力电动汽车市场进一步发展。

本书适合新能源汽车，尤其是插电式混合动力电动汽车制造企业、零部件供应商、政策制定者，以及行业研究机构、高校等工作人员阅读参考。

**图书在版编目（CIP）数据**

中国插电式混合动力电动汽车产业发展报告 / 中国
汽车工业协会组编；许海东，庞天舒主编. -- 北京：
机械工业出版社，2024. 6. -- ISBN 978-7-111-76107-5

Ⅰ. F426.471

中国国家版本馆CIP数据核字第202483R227号

机械工业出版社（北京市百万庄大街22号　邮政编码100037）
策划编辑：母云红　　　　　　　　　　责任编辑：母云红　丁　锋
责任校对：龚思文　薄萌钰　韩雪清　　责任印制：常天培
固安县铭成印刷有限公司印刷
2024年8月第1版第1次印刷
169mm×239mm·15印张·1插页·241千字
标准书号：ISBN 978-7-111-76107-5
定价：139.00元

电话服务　　　　　　　　　　　网络服务
客服电话：010-88361066　　　机　工　官　网：www.cmpbook.com
　　　　　010-88379833　　　机　工　官　博：weibo.com/cmp1952
　　　　　010-68326294　　　金　书　网：www.golden-book.com
**封底无防伪标均为盗版**　　机工教育服务网：www.cmpedu.com

# 中国插电式混合动力电动汽车产业发展报告编委会

编委会主任：付炳锋

编委会副主任：王　耀　姜建娜　李传海　廉玉波　蒋　平
　　　　　　　刘　刚　尤　峥

编委专家：熊演峰　潘国富　袁庆强　任向飞　张德旺　刘　旭　仇　杰
　　　　　王　琛　范志先　周　强　王震坡　王　铁　白常勋　张燕青
　　　　　冯　静　周兴利　管城熠　刘　卓　陆中华　徐悠悠　王东坡
　　　　　李晓燕　潘应久　周逊伟　陈　思

指导单位：工业和信息化部装备工业一司

组织单位：中国汽车工业协会

执行组长单位：吉利汽车研究院（宁波）有限公司

执行副组长单位：
　　重庆长安汽车股份有限公司
　　比亚迪汽车工业有限公司
　　北京福田戴姆勒汽车有限公司

成员单位：
　　东风汽车集团有限公司研发总院
　　上汽集团创新研究开发总院
　　广州汽车集团股份有限公司汽车工程研究院
　　北汽福田汽车股份有限公司
　　奇瑞汽车股份有限公司
　　襄阳达安汽车检测中心有限公司
　　凯博易控车辆科技（苏州）股份有限公司
　　海鹰空天材料研究院（苏州）有限责任公司
　　杭州协能科技股份有限公司
　　湖南科力远新能源股份有限公司
　　国际铜业协会
　　中国汽车战略与政策研究中心
　　北京交通发展研究院
　　北京理工大学
　　长安大学
　　（上述单位排名不分先后）

# 前　言

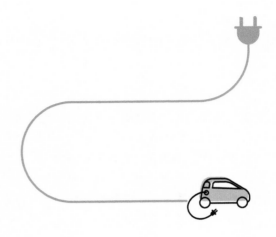

　　新能源汽车是全球汽车产业转型升级、绿色发展的主要方向，也是我国汽车产业高质量发展的战略选择。近年来，在全球汽车市场中，新能源汽车的占比逐渐增大，其销量基本上也呈现出不断上升的趋势。得益于政策扶持和各汽车企业的积极配合，2023 年，我国新能源汽车产销量分别达到了958.7 万辆和 949.5 万辆，市场占有率达到 31.6%，连续 9 年位居全球第一。其中，新能源乘用车产销量分别占乘用车产销量的 34.9% 和 34.7%，新能源商用车产销量分别占商用车产销量的 11.5% 和 11.1%。

　　尽管新能源汽车在汽车行业中处于高速发展阶段，但是仍然存在一些问题和挑战，包括充电基础设施不完善、电池成本高等。插电式混合动力电动汽车作为介于传统燃油汽车和纯电动汽车二者之间的一种新能源汽车产品，可以兼顾环保和续驶里程两方面，既能减少污染物排放，实现低碳环保的要求，又能将传统燃油汽车和纯电动汽车的特点进行结合，减轻用户的续驶里程焦虑。

　　在政策驱动以及市场需求双重推手的作用下，我国插电式混合动力电动汽车日益呈现出良好的发展态势，技术优势更加显著，越来越多的国内企业开始布局插电式混合动力产品。随着插电式混合动力技术研发投入力度的加大，插电式混合动力电动汽车不断迭代优化，车辆类型逐步趋于多元化。其产品技术呈现出系统架构更加优化、能量控制策略更加先进、对环境更加友好的趋势。插电式混合动力电动汽车通过在发动机外搭载额外的动力电池，进一步提高了插电式混合动力电动汽车的行驶里程，动力电池可重复充电，大大优化了消费者对于新能源汽车的使用体验。未来，插电式混合动力电动汽车产品的市场认可度将进一步提高。

为了促进插电式混合动力电动汽车产业发展，在工业和信息化部装备工业一司的指导下，中国汽车工业协会组织吉利、长安、比亚迪等整车企业，以及北京理工大学、长安大学等高校和其他科研单位共同编写了《中国插电式混合动力电动汽车产业发展报告》。

本书首先对国内外插电式混合动力电动汽车的发展趋势进行了深入分析，包括政策和技术发展现状及转变趋势等，旨在洞悉行业政策走向，分析插电式混合动力车型的发展脉络。然后对插电式混合动力电动汽车的产品效能、技术效能以及商业化应用进行研究，将其分别与传统燃油汽车、纯电动汽车、增程式电动汽车的综合效能进行对比。分析表明，插电式混合动力电动汽车存在低碳环保的优势，可有效缓解社会环境污染的压力。其具有高燃油经济性、可重复充电的优势，增加了车辆的续驶里程，可缓解目前纯电动汽车用户的里程焦虑，降低用户出行成本。最后，根据分析研究结果，本书提出了一些针对插电式混合动力电动汽车行业未来发展的实质性建议，希望能对行业政策制定者、从业者和消费者有一定的指导意义，推动插电式混合动力电动汽车市场进一步发展。

在此，对参与编写本书的所有单位和专家表示感谢！

由于编者水平有限，书中难免有疏漏之处，望读者海涵并不吝指正。

# 目　录

前　言

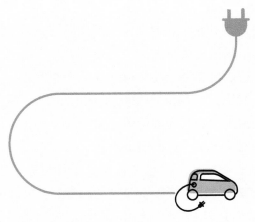

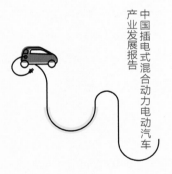

中国插电式混合动力电动汽车产业发展报告

# 第一章
# 插电式混合动力电动汽车概述

## 一、插电式混合动力电动汽车的定义

插电式混合动力电动汽车（Plug-in Hybrid Electric Vehicle，PHEV）是介于纯电动汽车与燃油汽车两者之间的一种新能源汽车，既有传统汽车的发动机、变速器、传动系统、油路、油箱，也有纯电动汽车（Battery Electric Vehicle，BEV）的动力电池、电机、控制电路，而且动力电池容量比较大，有充电接口。它综合了纯电动汽车和混合动力电动汽车（Hybrid Electric Vehicle，HEV）的优点，既可实现纯电动、零排放行驶，也能通过混合动力模式增加车辆的续驶里程。

PHEV 是内燃机汽车向纯电动汽车过渡的一种车型，在组成上继承和沿用了大部分内燃机汽车的传动系统，保留了内燃机汽车的操纵控制装置，主要包括发动机控制装置、加速踏板、制动踏板、离合器、变速器操纵装置等。混合动力电动汽车一般由发动机、驱动电机、发电机、储能装置、功率转换装置和控制装置等组成。混合动力电动汽车是将发动机、电机、能量储存装置（蓄电池）等组合在一起，它们之间的良好匹配和优化控制，可以充分发挥内燃机汽车和电动汽车的优点，规避各自的不足，是现阶段最具实际开发意义的低排放、低燃油消耗汽车。

根据是否具备外接充电能力，可以将混合动力电动汽车分为插电式混合动力电动汽车和非插电式混合动力电动汽车两种。插电式混合动力电动汽车是可以外接充电电源的混合动力汽车，可通过接入家用电源为系统中配备的动力电池充电，充电后可依靠动力电池的能量以纯电动模式行驶。它比非插电式混合动力系统具有更长的纯电动行驶里程，行驶动力主要来自动力电池，而发动机只作为后备动力源，在动力电池电量耗尽时才启用。插电式混合动力系统的动力电池容量比非插电式混合动力系统的大，比纯电动系统的小。

PHEV 主要适合在城市道路上行驶，如上下班通勤。PHEV 结合了混合动力电动汽车的优点，在提供较长的续驶里程（指混合动力模式）的同时，能满足人们用纯电力行驶的需求。PHEV 的主要代表车型有丰田普锐斯（Prius）插电式混合动力型、通用雪佛兰沃蓝达（Volt）插电式混合动力型、沃尔沃 V60、比亚迪秦等。

## 二、插电式混合动力电动汽车的分类与技术特征

根据动力传动系统布置形式的不同，可以将 PHEV 分为串联式、并联式和混联式三种类型。

### 1. 串联式

在串联式结构中，发动机的输出轴与发电机相连，如图 1-1 所示，发电机产生的电能用来为蓄电池充电或给驱动电机供能。电机是驱动车轮的唯一部件。电机既可以是感应电机、开关磁阻电机，也可以是永磁电机。PHEV 电机的安装与传统汽车相同，但它不需要变速器。另外，也可以选择轮毂电机方式。串联式结构中的电机可以满足所有工况下的驱动转矩需求，发动机／发电机可以提供平均功率需求。在这种连接方式下，发动机／发电机可以按照与车辆的速度、功率无关的最佳工况运行。行驶或停车时可以向蓄电池充电，还能进行再生制动。

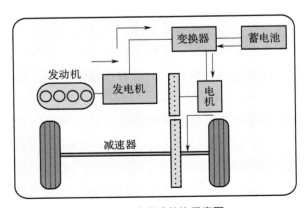

图 1-1　串联式结构示意图

串联式混合动力电动汽车的能量流动示意如图 1-2 所示。

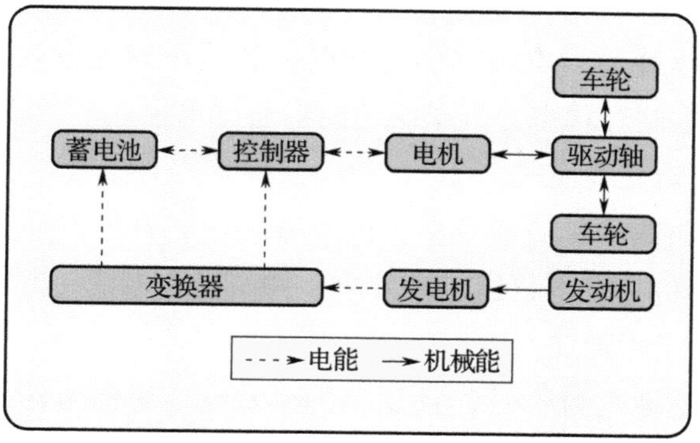

图 1-2 串联式混合动力电动汽车能量流动示意图

在汽车行驶之初，蓄电池处于电量饱满状态，其能量输出可以满足汽车的行驶要求，辅助动力系统不需要工作。当电池电量低于 60% 时，辅助动力系统启动。当汽车能量需求较大时，辅助动力系统与蓄电池同时为驱动系统提供能量。当汽车能量需求较小时，辅助动力系统为驱动系统提供能量的同时，还能给蓄电池充电。由于蓄电池的存在，发动机可以在一个相对稳定的工况下工作，其排放也能得到改善。

根据发动机－发电机组的工作状态及动力电池的充放电状态等，串联式混合动力电动汽车的工作模式见表 1-1。

表 1-1　串联式混合动力电动汽车的工作模式

| 工作模式 | 发动机－发电机组 | 动力电池 | 电动/发电机（电机） | 整车状态 |
|---|---|---|---|---|
| 纯电池组驱动 | 关机 | 放电 | 电动 | 驱动 |
| 再生制动充电 | 关机 | 充电 | 发电 | 制动 |
| 混合动力驱动 | 发电 | 放电 | 电动 | 驱动 |
| 强制补充充电 | 发电 | 充电 | 电动 | 驱动 |
| 混合补充充电 | 发电 | 充电 | 发电 | 制动 |
| 纯发动机驱动 | 发电 | 既不充电也不放电 | 电动 | 驱动 |
| 停车补充充电 | 发电 | 充电 | 停机 | 停车 |

串联式混合动力电动汽车有 7 种工作模式，各种工作模式的情况说明如下。

1）当动力电池具有较高的电量，且动力电池的输出功率满足整车行驶功率需求时，汽车以纯电池组驱动模式工作，此时发动机 – 发电机组处于关机状态。

2）当汽车以纯动力电池驱动行驶时，若汽车减速制动，电动 / 发电机（电机）处于再生制动状态，汽车制动能量通过再生发电回收到动力电池中，即工作于再生制动充电模式。

3）当汽车加速或爬坡需要更大的功率输出，且超出动力电池的输出功率限制时，发动机 – 发电机组起动发电，并与动力电池一起输出电功率，实施混合动力驱动工作模式。

4）当动力电池电量不足，且发动机 – 发电机组输出功率在驱动汽车的同时有富余时，实施动力电池强制补充充电工作模式。

5）当动力电池电量不足，且发动机 – 发电机组处于发电状态时，若汽车减速，制动电动 / 发电机工作于再生制动状态，汽车制动能量通过再生发电与发动机 – 发电机组输出功率一起为动力电池充电，实施动力电池的混合补充充电。

6）当动力电池的电量在目标范围内，且发动机 – 发电机组输出功率满足汽车行驶功率需求时，为提高串联混合动力系统的能量利用效率，采用纯发动机驱动工作模式，此时发动机 – 发电机组输出功率与汽车行驶功率需求相等。

7）当动力电池电量过低时，为保证整车行驶的综合性能，需要对动力电池进行停车补充充电，此时发动机 – 发电机组输出的功率全部用于为动力电池进行补充充电。

串联式混合动力电动汽车的总体结构比较简单，容易控制，只有电机的电力驱动系统，其特点更加趋近于纯电动汽车。由于串联式混合动力系统三大部件总成在空间布置上有较大的自由度，且发动机能够经常处于稳定、高效、低污染的运转状态，因此更适合在大型客车上使用，广泛应用于城市公交车，如已投入使用的宇通 ZK6126CHEVGAA 混合动力电动城市客车。串联式系统更适用于经常在市内低速运行的城市客车，不适合高速行驶工况。

串联式混合动力电动汽车的优点主要包括：第一，发动机能够经常处于稳定、高效、低污染的运转状态，使有害气体的排放被控制在最低；第二，总体结构比较简单，容易控制，只有电机的电力驱动系统，其特点更加趋近于纯电动汽车；第三，三大动力总成之间无直接的机械连接，在电动汽车上布置起来有较大的自由度。

串联式混合动力电动汽车的缺点主要包括：第一,三大部件总成各自的功率较大,外形尺寸较大,质量也较大,在中小型车辆上布置有一定的困难；第二,在发动机－发电机－电机驱动系统的热能－电能－机械能的能量转化过程中,能量损失较大；第三,电机功率要足够大,且动力电池容量要足够大,因此,电机和动力电池的体积和质量均较大,使得整车较重。

### 2. 并联式

并联式 PHEV 主要由发动机和电动/发电机或驱动电机两大动力总成以并联的方式组成,其结构如图 1-3 所示,能量流动示意如图 1-4 所示。在这种连接方式下,发动机随着运转状况改变转速和输出功率,制动时,电动/发电机处于发电模式,蓄电池能够回收动力；起动或加速时,蓄电池放出电量,电机提供驱动转矩。

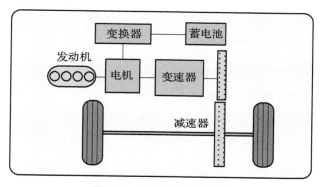

图 1-3 并联式结构示意图

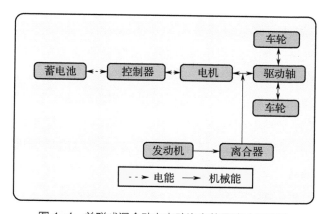

图 1-4 并联式混合动力电动汽车能量流动示意图

并联式 PHEV 的发动机和电机均可驱动车辆。其动力传输模式较多，动力性较好，结构简单，应用广泛。目前代表车型有比亚迪秦 / 唐、长安逸动 PHEV、奇瑞艾瑞泽 PHEV、宝马 530Le、奔驰 S500eL、奥迪 Q7e-tron、索纳塔 PHEV 等。

根据发动机、发电机、电动 / 发电机的工作状态，以及动力电池的充放电状态，并联式混合动力电动汽车有 6 种工作模式，具体见表 1-2。

表 1-2　并联式混合动力电动汽车的 6 种工作模式

| 工作模式 | 发动机 | 动力电池 | 电动 / 发电机 | 整车状态 |
|---|---|---|---|---|
| 纯电机驱动 | 关机 | 放电 | 电动 | 驱动 |
| 再生制动充电 | 关机 | 充电 | 发电 | 制动 |
| 混合动力驱动 | 机械动力输出 | 放电 | 电动 | 驱动 |
| 强制补充充电 | 机械动力输出 | 充电 | 发电 | 驱动 |
| 纯发动机驱动 | 机械动力输出 | 既不充电也不放电 | 不工作 | 驱动 |
| 停车补充充电 | 机械动力输出 | 充电 | 发电 | 停车 |

各种工作模式的情况说明如下。

1）当动力电池具有较高的电量，且动力电池输出功率满足整车行驶功率需求或整车需求功率较小时，为了避免发动机工作于低负荷和低效率区，并联混合动力电动汽车以纯电机驱动模式工作，此时发动机处于关机状态。

2）当汽车以纯电机驱动行驶时，若汽车减速制动，电动 / 发电机工作于再生制动状态，汽车制动能量通过再生发电回收到动力电池中，即工作于再生制动充电模式。

3）当汽车加速或爬坡需要更大的功率输出时，发动机起动工作，并与电机一起输出机械功率，经机电耦合装置后联合驱动汽车行驶，实施混合动力驱动工作模式。

4）当动力电池电量不足且发动机输出功率在驱动汽车的同时有富余时，电动 / 发电机工作于发电模式，实施动力电池强制补充充电工作模式。

5）当动力电池电量在目标范围内，且发动机输出功率满足汽车行驶功率需求时，为提高并联混合动力系统的能量利用效率，采用纯发动机驱动工作模式，此时发动机输出功率与汽车行驶功率需求相等。

6）当动力电池电量过低时，为保证整车行驶的综合性能，需要对动力电池进行停车补充充电，此时发动机输出的电功率全部用于为动力电池进行补充充电，电动 / 发电机工作于发电模式。

并联式混合动力电动汽车的两个系统既可以同时协调工作，也可以单独工作。该系统适用于多种行驶工况，尤其适用于复杂的路况。并联式混合动力电动汽车结构简单、成本低。由于没有单独的发电机，发动机可以直接通过传动机构驱动车轮。这种装置更接近传统的汽车驱动系统，机械效率损耗与内燃机汽车差不多，因此得到比较广泛的应用。并联式混合动力系统多用于微混合动力与轻度混合动力车型，电机更多地作为汽车起步和加速时辅助的动力来源。如本田 IMA 系统是非常典型的并联式混合动力系统，至今已发展到第六代，并应用在本田 CR-Z、思域（Civic）、飞度（FIT）等车型上。

并联式混合动力电动汽车面临的主要技术难题是如何根据车速、工况要求及电池的充放电状态，协调和优化发动机与电动机的功率。

### 3. 混联式

混联式混合动力电动汽车（Parallel-Serial Hybrid Electric Vehicle，PSHEV）是串联式和并联式的综合体，充分发挥了两者的优点，能够使发动机、发电机、电动机等进行更多的优化匹配，可在更复杂的工况下使汽车在最优状态下行驶，更容易实现排放和燃油消耗的控制目标。混联式结构如图 1-5 所示。

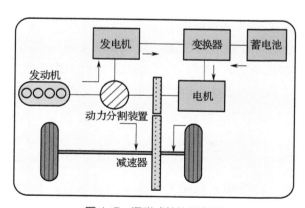

图 1-5　混联式结构示意图

混联式混合动力电动汽车主要由发动机、电动 / 发电机和驱动电机三大动力总成组成，而且驱动系统同时具有电动机和发电机的功能，其能量流动示意如图 1-6 所示。

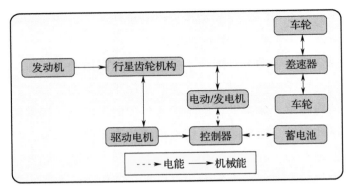

图 1-6　混联式混合动力电动汽车能量流动示意图

根据发动机、发电机、电动 / 发电机的工作状态，以及动力电池的充放电状态，混联式混合动力电动汽车有 5 种工作模式，具体见表 1-3。

表 1-3　混联式混合动力电汽车的工作模式

| 工作模式 | 发动机 | 发电机 | 动力电池 | 电动 / 发电机 | 整车状态 |
|---|---|---|---|---|---|
| 纯电机驱动 | 关机 | 关机 | 放电 | 电动 | 驱动 |
| 再生制动充电 | 关机 | 关机 | 充电 | 发电 | 制动 |
| 纯发动机驱动 | 起动 | 发电 | 既不充电也不放电 | 电动 | 驱动 |
| 混合动力驱动 | 起动 | 发电 | 放电 | 电动 | 驱动 |
| 强制补充充电 | 起动 | 发电 | 充电 | 电动 | 驱动 |

各种工作模式的情况说明如下。

1）当动力电池具有较高的电量，且动力电池输出功率满足整车行驶功率需求，或整车需求功率较小时，为了避免发动机工作于低负荷和低效率区，混联式混合动力电动汽车以纯电机驱动模式工作，此时发动机处于关机状态。

2）当汽车以纯电机驱动行驶时，若汽车减速制动，电动 / 发电机工作于再生制动状态，汽车制动能量通过再生发电回收到动力电池中，即工作于再生制动充电模式。

3）当汽车需求功率增大或动力电池电量偏低时，发动机起动工作，当发动机输出功率满足汽车行驶功率，且动力电池不需要充电时，整车以纯发动机驱动模式工作，此时动力电池既不充电也不放电。发动机输出的功率分两部分：一部分直接输出到驱动轮；另一部分经过发电机、电动机转化后输出到驱动轮。

4）当汽车急加速需要更大的功率输出时，整车以混合动力驱动模式工作。此时发动机工作，动力电池放电。发动机输出的功率分两部分：一部分直接输出到驱动轮；另一部分经过发电机、电动机转化后输出到驱动轮。另外，动力电池放电输出额外的电功率到电机控制器，使得电机输出更大的功率，满足汽车总功率需求。

5）当动力电池电量不足，且发动机输出功率在驱动汽车的同时有富余时，实施动力电池强制补充充电工作模式。此时，发动机工作，发动机输出的功率分三部分：一部分直接输出到驱动轮；另一部分经过发电机、电动机转化后输出到驱动轮；还有一部分经过发电机后为动力电池充电。

混联式驱动系统的控制策略：在汽车低速行驶时，驱动系统主要以串联方式工作；当汽车高速稳定行驶时，则以并联工作方式为主。混联式混合动力电动汽车的结构优点和使用优点更加接近于并联式混合动力电动汽车，但混联的驱动模式更加丰富，在并联式混合驱动模式的基础上加入了充电功能，使电动机和发动机的配合更加默契，能够适应更多工况，节油效果更优，可适用于各种类型的汽车，其代表车型有雪佛兰 2016 款 Volt、荣威 e550 等。

混联式混合动力电动汽车与并联式混合动力电动汽车相比，其动力复合形式更加复杂，因此对动力复合装置的要求更高，研发和制造成本也更高。

## 三、插电式混合动力电动汽车的关键技术

### 1. 驱动电机及其控制技术

电机是电动汽车的心脏，对于混合动力电动汽车来说，电机与发动机的重要性是相同的。混合动力电动汽车对驱动电机的要求是能量密度高、体积小、质量小、效率高。从发展趋势来看，电驱动系统的研发主要集中在交流感应电机和永磁同步电机上。对于高速、匀速行驶工况，采用感应电机驱动较合适；而对于经常起动停止、低速运行的城市工况，永磁同步电机驱动效率较高。

混合动力电动汽车电机的控制系统主要包括以下四部分。

（1）信号输入

驾驶人踩踏加速踏板的位移量、由电机反馈的信号和由监测装置反馈的信号等是混合动力电动汽车的主要输入信号，一般转换为电信号，经过接口输入车载计算机。

（2）信号处理与输出

车载计算机是核心的中央控制器，是信号处理和指令输出的核心，其中装有测量元件、乘法器、比较元件、逻辑控制单元、数据库和各种传感器等电子器件，可对输入控制信号的输入量进行快速、精确的运算，并产生相应的偏差信号，将运算得出的微弱偏差信号经过放大元件放大或变换，使输出指令的偏差信号足够大，然后通过接口输送至各个控制模块。

（3）执行元件

控制模块和各种执行机构是控制系统的执行元件，根据放大元件放大或变换的偏差信号，对被控制对象发出控制指令，使被控制对象按照规定的指令（参数）运行。

（4）信息反馈

电机运转检测装置上的传感器检测电机的运转，并将电机运转中的机械量和电量的变化及时反馈至中央控制器，中央控制器对反馈信息进行对比、运算后，对输出的指令进行调整和修改，使被控制对象的运行参数与输入信号的给定值趋向一致，并使被控制对象按照新的指令（参数）运行。

## 2. 动力电池及管理系统

动力电池是混合动力电动汽车的基本组成单元，其性能直接影响整车的燃油经济性和排放特性。混合动力电动汽车所用的动力电池工作负荷大，对功率密度要求较高，但体积和容量小，而且电池荷电状态（State of Charge，SOC）工作区间较窄，对循环寿命要求高。丰田 Prius 混合动力电动汽车上配置的高输出电池组的体积为 $0.014m^3$（168 个单体电池），却能输出 201.6V 的高电压。在运行过程中，发电机和电动机控制充电和放电，使充电状态保持稳定。

开发适合混合动力电动汽车的专用动力电池，是推动混合动力电动汽车大量推广使用的重要因素之一，而如何全面、准确地管理动力电池，是决定动力电池能否发挥最佳效能的重要因素。

## 3. 整车能量管理控制系统

混合动力电动汽车的整车能量管理控制系统的主要功能是进行整车功率控制和工作模式切换控制。整车能量管理控制系统如同混合动力电动汽车的"大脑"，指挥各子系统协调工作，以达到效率、排放和动力性最佳，同时兼顾汽车行驶的平顺性。

### 4.动力传动系统匹配

混合动力电动汽车动力传动系统的参数匹配，是混合动力电动汽车设计的一项重要内容，它直接影响混合动力电动汽车的排放和燃油经济性，包括合理选择和匹配发动机功率、动力电池容量和电机的功率等，以确定汽车的动力混合程度，组成性能最优的混合驱动系统。

### 5.制动能量回收系统

制动能量回收系统又称再生制动系统，是指在汽车减速制动或下坡时将储存于车上的势能和动能，通过电机转换为电能，并储存在蓄电池系统中。该系统主要由驱动轮、主减速器、变速器、电机、AC/DC变换器、DC/DC变换器、能量储存系统及控制器组成。其工作原理是在变频器频率减小的瞬间，电机的同步转速随之下降，但由于存在机械惯性，电机的转子转速不变，或者转速变化有一定的滞后，出现电机实际转速大于给定转速，从而产生电机反电动势高于变频器直流端电压的情况。此时电机由电动机转换为发电机，给蓄电池充电。

汽车的制动能量回收系统通常可再生利用约30%的动能。制动能量回收是混合动力电动汽车提高燃油经济性的又一条重要途径。由于制动关系到行车安全，如何最大限度地在回收制动时的汽车动能与保证安全的制动距离和汽车行驶稳定性之间取得平衡，是制动能量回收系统需要解决的难题之一。而制动能量回收系统与汽车防抱死制动系统（ABS）结合，可以完美地解决该难题。

### 6.先进车辆控制技术

内燃机汽车的汽车动力学控制系统与混合动力控制系统和制动能量回收系统结合，将成为混合动力电动汽车控制技术的下一个研究热点。另外，随着混合动力电动汽车研究的推进，内燃机汽车的驱动控制系统、汽车稳定性控制系统等与混合动力电动汽车的能量管理及动力控制系统结合，将越发地显示出其重要性与必要性。

## 四、插电式混合动力电动汽车的主要技术指标

PHEV的主要技术指标可以涵盖多个方面，包括燃油和电动性能、电池

技术、充电设备以及可持续性等。PHEV 的一些主要技术指标见表 1-4。

表 1-4  PHEV 的主要技术指标

| 指标名称 | 指标英文名称 | 含义 |
|---|---|---|
| 续驶里程 | Electric Range | PHEV 的动力电池可以提供纯电动行驶的最大距离，通常以 km 表示。这是衡量 PHEV 动力电池容量和纯电动行驶范围的关键指标 |
| 油电混合模式燃油效率 | Hybrid Mode Fuel Efficiency | 该指标指的是 PHEV 在混合动力模式下（既使用内燃机又使用电机）的燃油效率，通常以 km/L 或 L/100km 为单位 |
| 电池容量 | Battery Capacity | PHEV 的电池容量通常以千瓦·时（kW·h）表示，这决定了电池的能量存储能力和纯电动行驶范围 |
| 发动机类型 | Engine Type | PHEV 通常搭载内燃机，可以是汽油发动机、柴油发动机或其他替代燃料发动机。发动机的类型和性能会影响混合动力系统的效率 |
| 总系统功率 | Total System Power | PHEV 的总系统功率是电机和内燃机功率的组合，通常以千瓦（kW）表示。这决定了车辆的加速性能 |

我国大规模商业化示范应用的插电式混合动力电动汽车的主要技术指标见表 1-5。

表 1-5  我国大规模商业化示范应用的插电式混合动力电动汽车的主要技术指标

| 指标 | | PHEV 轿车 | PHEV 城市客车 |
|---|---|---|---|
| 动力电池 | 能量密度 /（W·h/kg） | 系统≥100 | |
| | 循环寿命 / 次 | ≥3000 | |
| | 日历寿命 / 年 | ≥10 | |
| | 目标成本 /（元 /W·h） | 模块≤1.5 | |
| | 成本 /（元 /W·h） | ≤200 | ≤300 |
| 车用电机 | 功率密度 /（kW/kg） | ≥1.8 | |
| | 最高效率（%） | ≥94 | |
| 整车平台 | 电子控制 | 纯电动汽车电动化总成控制系统<br>先进的纯电动汽车分布式控制系统<br>纯电动汽车车载信息、智能充电和远程监控系统 | |
| | 纯电动续驶里程 /km | ≥30 | ≥50 |
| | 附加成本 / 万元 | ≤5 | ≤20 |

# 第二章
# 国际插电式混合动力电动汽车发展综述

## 一、国际政策法规发展现状

随着全球对可持续发展的需求不断增长，插电式混合动力电动汽车作为一种环保、高效的交通工具正受到越来越多国家和地区的重视和推广。

为了促进 PHEV 的普及和发展，各国纷纷制定并调整相关的政策法规，以适应快速变化的技术和市场需求。本章主要从以下几个方面介绍 PHEV 政策法规的发展情况。

### （一）财政经济方面

各国政府为了普及环保性能更优的插电式混合动力电动汽车，采取了一系列购车补贴和税收优惠等激励措施，号召市民积极购买和使用 PHEV。

#### 1. 购车补贴及税收优惠

当今世界正面临着气候变化和资源枯竭等环境问题，减少碳排放和节能问题成为各国政府的重要议题。作为碳排放主要来源之一的汽车，在汽车领域进行低碳减排和节能技术的推广，已成为各国政府应对能源环境问题的关键战略。其中，购车补贴和税收优惠政策是最重要也是最直接的推广手段。部分国家推出的购车补贴及税收优惠政策如图 2-1 所示。

美国在 2017 年进行了汽车税收改革，但其保留项目有两个：一是根据电池容量确定优惠额度，为电池容量不低于 4kW·h 的纯电动汽车和 PHEV 设定了 2500 美元的税收抵免基础额度，高出 4kW·h 的部分按 417 美元 /kW·h 的标准增加税收抵免额度，上限为 7500 美元；二是为避免汽车制造商对政

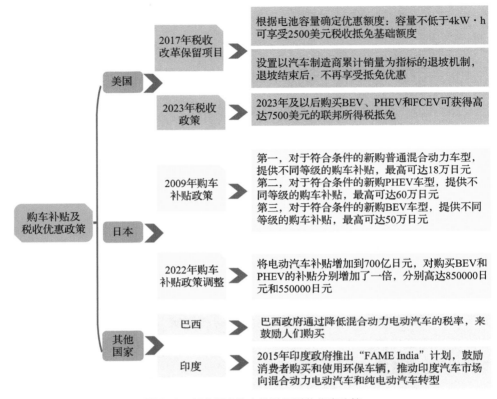

图 2-1　部分国家购车补贴及税收优惠政策

府补贴的依赖，美国政府为该项优惠政策设立了以汽车制造商累计销量为指标的退坡机制，要求汽车制造商在累计销售 20 万辆后的第二个季度起，其产品的抵税优惠在一年内完成退坡，退坡结束后，该汽车制造商的车辆不再享受抵免优惠。另外，为了推广新能源汽车，在 2023 年或之后购买的新款 BEV、PHEV 和燃料电池电动汽车（Fuel Cell Electric Vehicle，FCEV）可能有资格获得高达 7500 美元的联邦所得税抵免。

日本在普及新能源汽车的购车补贴方面也出台了一些政策。日本政府在 2009 年开始推出购车补贴政策，其中就包括 PHEV。具体政策主要包括三个方面：第一，对于符合条件的新购普通混合动力车型，提供不同等级的购车补贴，最高可达 18 万日元；第二，对于符合条件的新购 PHEV 车型，提供不同等级的购车补贴，最高可达 60 万日元；第三，对于符合条件的新购 BEV 车型，提供不同等级的购车补贴，最高可达 50 万日元。

随后，日本根据实际情况，对新能源汽车的补贴政策进行了多次调整。2022 年，日本政府将电动汽车补贴增加到 700 亿日元，对购买 BEV 和 PHEV 的补贴分别增加了一倍，分别高达 850000 日元和 550000 日元。

其他国家也发布了一些优惠政策。例如，巴西政府通过降低 PHEV、HEV 和压缩天然气（CNG）混合动力车等混合动力汽车的税率，来鼓励人们购买新能源汽车；印度政府于 2015 年 4 月 1 日提出了"FAME India"计划为混合动力电动汽车和纯电动汽车提供购买奖励政策，该计划旨在鼓励消费者购买和使用环保车辆，推动印度汽车市场向混合动力电动汽车和纯电动汽车转型。欧洲部分国家对 PHEV 政策做出的修改如图 2-2 所示。

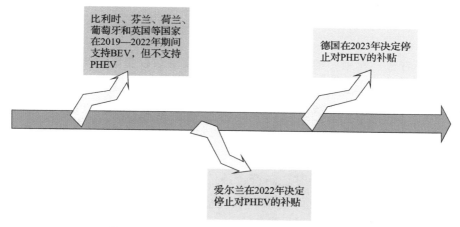

图 2-2　欧洲部分国家对 PHEV 政策做出的修改

### 2. 购车激励政策

通过推行购车激励政策，特别是针对节能和零排放汽车的补贴和优惠，可以鼓励消费者购买更环保的车辆，减少尾气排放，改善空气质量，应对气候变化问题。购车激励政策不仅是刺激消费者购买环保车型的手段，也有助于推动相关产业的发展。

此外，与传统内燃机汽车相比，新能源汽车和节能汽车的制造、销售和维修等环节，需要更多的专业人才，因此，购车激励政策还有助于创造就业机会。购车激励措施的必要性与当前美国部分购车激励政策如图 2-3 所示。

政府的购车激励措施在降低消费者的总拥有成本（Total Cost of Ownership，TCO，指除了购买价格以外，所有与汽车相关的费用的总和）

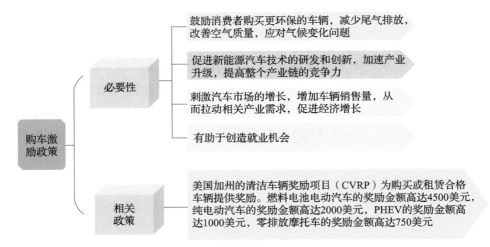

图 2-3　购车激励措施的必要性和美国的相关政策

方面发挥着重要作用，推动着 PHEV 的加速发展。以美国加州为例，为了激励市民购买并使用新能源汽车，美国加州的清洁车辆奖励项目（CVRP）为购买或租赁合格的新能源车辆提供奖励。其中，符合要求的新能源车辆主要包括加州空气资源委员会（CARB）批准或认证的 BEV、FCEV 和 PHEV。

另外，加州居民购买或租赁符合条件的新能源车辆可享受先到先得的奖励。清洁车辆奖励项目同时也向符合条件的州和地方的公共实体提供奖励，用于鼓励其购买合格的轻型车队车辆，位于贫困社区的公共车队也有机会获得更多的奖励，其奖励金额见表 2-1。

表 2-1　清洁车辆奖励项目（CVRP）奖励金额

| 类型 | 标准奖励 / 美元 | 额外奖励 / 美元 |
| --- | --- | --- |
| 燃料电池电动汽车 | 4500 | 7000 |
| 纯电动汽车 | 2000 | 4500 |
| 插电式混合动力电动汽车 | 1000 | 3500 |

## （二）充电政策方面

完善的充电设施政策对于推动充电基础设施建设有着重要作用。

### 1. 美国

如图 2-4 所示，美国加州政府在充电基础设施建设和使用两方面为企业和用户提供财税金融优惠。政府对充电基础设施建设给予金融支持。

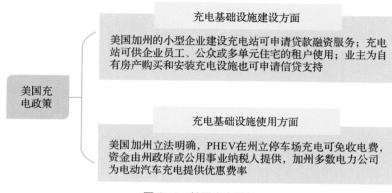

图 2-4　美国充电政策

美国加州的小型企业建设充电站可申请贷款融资服务，最高可贷款 50 万美元（还款期限最长 4 年），并可获得贷款金额的 20%~30% 作为贷款违约保障金。除此之外，美国加州政府通过立法明确，PHEV 在州立停车场充电可免收电费，资金由州政府或公用事业纳税人提供。这些措施使得市民更愿意考虑购买 PHEV，使得 PHEV 推广更加容易。

2. 日本

日本政府计划将电动汽车、插电式混合动力电动汽车和燃料电池电动汽车的普及作为推动经济结构转型和实现可持续发展的重点。为了促进新能源汽车的普及和充电 / 加氢基础设施的发展，日本政府采取了一系列措施，如图 2-5 所示。据日本政府预计，到 2030 年，新能源汽车将占据全国汽车市场的 30% 以上。然而，实现这一目标需要积极推动相关产业的发展并加速充电 / 加氢基础设施建设。

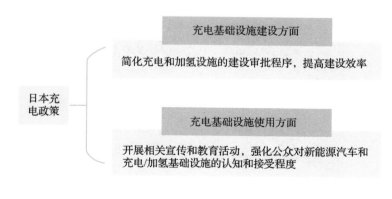

图 2-5　日本充电政策

### 3. 欧洲

2022 年 4 月，欧洲汽车制造商协会（ACEA）表示，欧盟公共充电桩安装速度过慢，导致欧盟范围内公共充电桩数量严重不足，欧盟应尽快加大对电动汽车基础设施的投资建设力度。面对公共充电桩的建设不及预期这一情况，欧盟各国相继出台建设规划和激励政策。在这种背景下，欧洲各国在推动 PHEV 充电设施的发展方面采取了一系列政策和措施，旨在推动 PHEV 的发展，相关措施内容如图 2-6 所示。

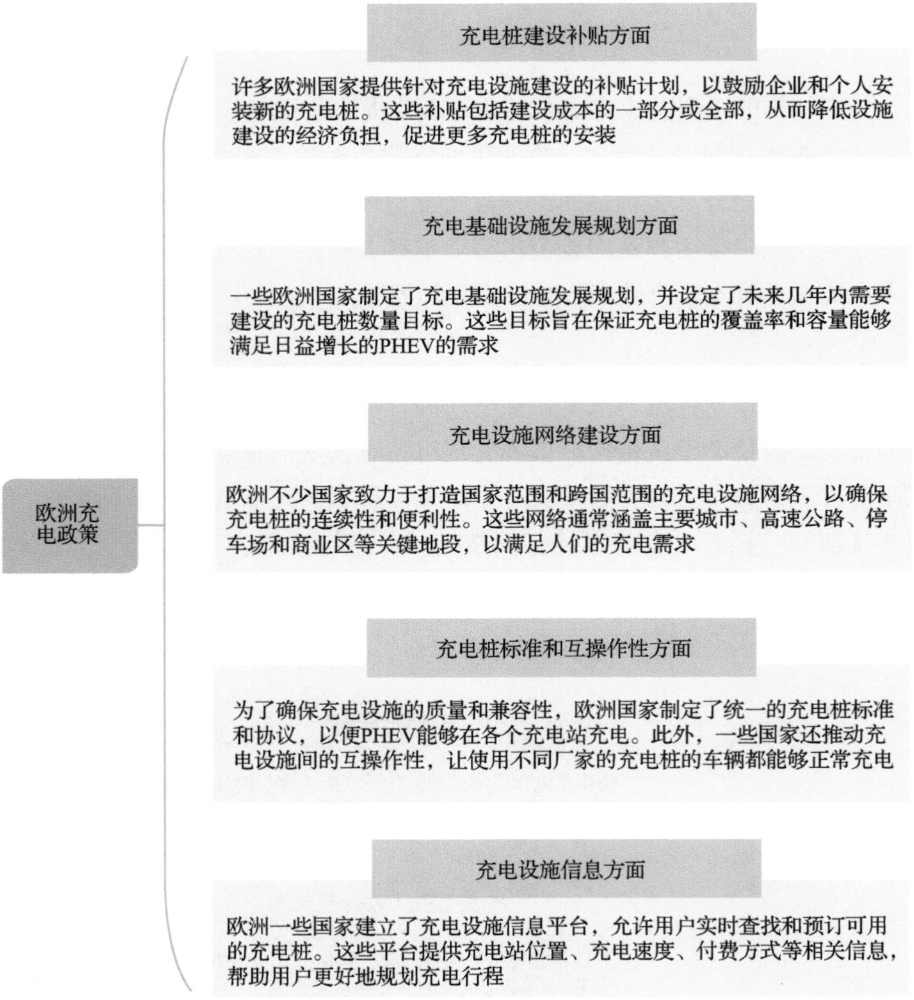

**充电桩建设补贴方面**

许多欧洲国家提供针对充电设施建设的补贴计划，以鼓励企业和个人安装新的充电桩。这些补贴包括建设成本的一部分或全部，从而降低设施建设的经济负担，促进更多充电桩的安装

**充电基础设施发展规划方面**

一些欧洲国家制定了充电基础设施发展规划，并设定了未来几年内需要建设的充电桩数量目标。这些目标旨在保证充电桩的覆盖率和容量能够满足日益增长的PHEV的需求

**充电设施网络建设方面**

欧洲不少国家致力于打造国家范围和跨国范围的充电设施网络，以确保充电桩的连续性和便利性。这些网络通常涵盖主要城市、高速公路、停车场和商业区等关键地段，以满足人们的充电需求

**充电桩标准和互操作性方面**

为了确保充电设施的质量和兼容性，欧洲国家制定了统一的充电桩标准和协议，以便PHEV能够在各个充电站充电。此外，一些国家还推动充电设施间的互操作性，让使用不同厂家的充电桩的车辆都能够正常充电

**充电设施信息方面**

欧洲一些国家建立了充电设施信息平台，允许用户实时查找和预订可用的充电桩。这些平台提供充电站位置、充电速度、付费方式等相关信息，帮助用户更好地规划充电行程

欧洲充电政策

图 2-6 欧洲充电政策

## （三）燃油经济性标准方面

制定适当的燃油经济性标准，可以推动汽车的技术进步和性能改善。世界上大多数主要汽车市场，如欧洲、美国和日本都等都出台了相关排放标准，见表2-2。

表2-2　欧洲、美国和日本的燃油经济性标准

| 地区 | 欧洲 | 美国 | 日本 |
|---|---|---|---|
| 标准要求 | 欧洲要求新车100km的燃料消耗量不得超过6.1L | 美国现行标准，即2012年设定的目标：在2025年要达到89gCO₂/km | 日本政府规定，到2030年，日本销售汽车的企业的乘用车新车平均燃油经济性需达到25.4km/L |

在欧洲，燃油经济性标准起到了推动汽车行业技术创新和节能减排的作用。这一标准的制定和执行，鼓励汽车制造商采用更加先进的发动机技术、轻量化设计、空气动力学优化等手段，以降低车辆的燃料消耗量。目前，欧盟的燃油经济性标准已经出台到了第六阶段，这一标准旨在鼓励汽车制造商研发和生产更加节能、环保的汽车，最终达到减少碳排放和空气污染的目的。

根据美国《能源政策与节约法案》，美国国家公路和交通安全管理局（NHTSA）在1975年首次制定了汽车企业的平均燃油经济性（CAFE）标准。美国第一个轻型车辆燃油经济性标准可以追溯到1975年，旨在将乘用车的车队平均燃油经济性从1974年的13.6mile/USgal⊖，提高到1985年的27.5mile/USgal。而美国现行的燃油经济性标准于2012年设定，目标为到2025年车辆的燃油经济性达到54.5mile/USgal。基于此，政府鼓励乘用车制造商采用更加节能和环保的汽车技术，以便能尽快达到国家平均燃油经济性的标准。

在日本，燃油经济性标准由国土交通省制定和执行，采用类似于欧洲的百公里油耗的计算方法。根据日本经济产业省和国土交通省于2019年公布的最新标准，到2030年，在日本国内销售汽车的企业的乘用车新车平均燃油经济性需达到25.4km/L，与2016年的19.2km/L相比提升32.3%。

新标准要求汽车厂商大幅提升新车的燃油经济性，但仅靠提高燃油汽车的热效率来满足新标准的要求远远不够，主要途径是要实现汽车电动化。为了达到这一目标，汽车企业需出售更多的BEV、PHEV以及氢燃料电池电动

---

⊖　1mile=1.609km。1USgal=3.785dm³。

汽车，同时减少燃油汽车的比例。

### （四）节能减排方面

车辆的碳排放量是衡量车辆环境友好性的一项重要指标。为降低车辆碳排量及减少其对环境的影响，各国出台了一些针对碳排放和有毒物质排放的税收和收费政策。这些政策和措施通过经济激励、监管和市场机制等手段，引导企业和个人减少碳排放、提高能源效率，并推动清洁能源和低碳技术的发展和应用，促进可持续发展和碳中和目标的实现。同时，也为环保产业和可再生能源领域创造新的商机和发展空间。节能减排政策的必要性如图2-7所示。

图 2-7　节能减排政策的必要性

2022 年 11 月，美国加州空气资源委员会批准了先进清洁汽车Ⅱ方案，该方案对乘用轻型柴油车的零排放车辆（ZEV）最低销售份额进行了明确规定，如图 2-8 所示。

根据这项规定，从 2026 年起到 2035 年，乘用轻型柴油车的 ZEV 销售份额将从 35% 逐步提高至 100%。此外，在规定时间点后销售的所有车辆都必须是 ZEV 或 PHEV。这一规则的通过是加州持续支持低排放和零排放车辆的重要举措之一，目的是推动汽车行业向更环保、更可持续的方向发展。

日本政府通过对购买费用的部分补助来支持处于导入初期阶段的电动汽车和燃料电池电动汽车等，旨在创造初期需求，从而促进量产效果，降低价格，并推动清洁能源汽车的普及。这一措施为实现《绿色发展战略》中提出的"到 2035 年乘用车新车销售中电动汽车占 100%"的目标做出了重要贡献。日本《绿色发展战略》的内容和目的如图 2-9 所示。

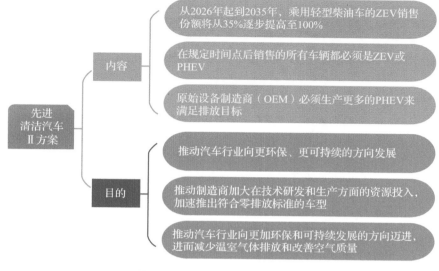

图2-8 美国加州先进清洁汽车Ⅱ方案

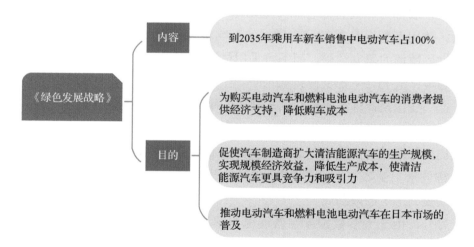

图2-9 日本《绿色发展战略》的内容和目的

　　欧盟委员会在2019年2月宣布了一项旨在减少乘用车$CO_2$排放量的计划。见表2-3，根据该计划，欧盟将在2019—2030年将乘用车$CO_2$排放量减少37.5%，即将其降至95g/km。另外，委员会要求从2021年起，所有新车都必须符合95g/km的$CO_2$排放限制。对于每辆汽车$CO_2$排放量超出95g/km的部分，每超出1g/km将处以95欧元的罚款。这项法案被认为是全球最严格的汽车排放标准之一。

表 2-3　欧洲节能减排措施

| 时间 | 措施 |
|---|---|
| 2019—2030 年 | 要求在此期间将乘用车 $CO_2$ 排放量减少 37.5%，即将其降至 95g/km |
| 2021 年 | 要求从 2021 年起，所有新车必须符合 95g/km 的 $CO_2$ 排放限制 |
| 2023 年 | 要求 2035 年之后在欧盟市场销售的新车需要达到零碳排放标准，且不包含混合动力电动汽车 |
| 2025 年 | 从 2025 年开始，效用系数以及其对车辆排放的影响将基于 2022 年 Fraunhofer ICT 对真实世界数据的研究结果，而不再采用估算值 |

2022 年 6 月，欧洲议会针对 PHEV 的默认效用系数提出了修订法规的要求。这个默认效用系数是一个衡量电池驱动里程与内燃机驱动里程之间比例的指标。2023 年 2 月，欧洲议会上通过了《2035 年欧洲新售燃油轿车和小货车零排放协议》法案，要求 2035 年之后在欧盟市场销售的新车需要达到零碳排放标准，而且混合动力电动汽车不能包含在内。另外，从 2025 年开始，效用系数以及其对车辆排放的影响将基于 2022 年 Fraunhofer ICT 对真实世界数据的研究结果，而不再采用估算值。这意味着未来的效用系数将更准确地反映 PHEV 的实际排放水平。

这一变化预计将大大影响汽车制造商使用 PHEV 作为实现欧洲车队目标的手段。由于效用系数的修订将引入更真实的数据，可能会显示 PHEV 的排放量比以往所估计的更高，这将迫使制造商采取更多措施来减少整个车队的平均排放量。例如加快发展 BEV 或其他低排放技术，这可能会导致 PHEV 的发展受到一定的限制。

另外，由于大多数国家在新能源汽车发展方面的最终目的是 BEV，因此，PHEV 对于很多国家而言，仅是一种过渡阶段。截至 2040 年，全球范围内的一些国家和地区采取了不同的政策来禁用（包括禁用和禁售）内燃机汽车，以推动清洁能源汽车的普及和减少温室气体排放。表 2-4 中展示了其中一些国家或地区的情况。

表 2-4　部分国家或地区禁用燃油汽车的政策及预期目标

| 国家或地区 | 政策 | 预期目标 |
|---|---|---|
| 中国 | 《新能源汽车产业发展规划（2021—2035 年）》 | 于 2035 年之前逐步淘汰传统燃油汽车，并逐步过渡到新能源汽车 |

（续）

| 国家或地区 | 政策 | 预期目标 |
|---|---|---|
| 美国加州 | 《清洁空气法案》和《零排放车辆计划》 | 2035 年之后停止销售新的汽油和柴油车辆 |
| 英国 | 《零排放车辆（ZEV）法规》 | 到 2030 年英国销售的 80% 的新车和 70% 的新货车实现零排放，到 2035 年全部实现零排放 |
| 法国 | 《巴黎气候变化协定》 | 在 2040 年年底前禁止销售汽油和柴油动力汽车 |
| 德国 | 《气候防护计划2050》 | 在 2030 年之后逐步禁止销售内燃机汽车。到 2050 年实现几乎零排放的道路交通 |
| 瑞典 | 《气候政策行动计划》 | 从 2030 年开始，将不再允许销售新的汽油和柴油汽车 |
| 丹麦 | 《气候和空气计划》 | 2030 年后，丹麦将不再销售新的汽油和柴油汽车，2035 年后将不再销售新的 PHEV |
| 冰岛 | 《2018—2030年气候行动计划》 | 2030 年后，再注册柴油和汽油汽车的行为将是非法的。但存在例外情况，例如偏远地区 |
| 爱尔兰 | 《2019 年气候行动计划》 | 从 2030 年起禁止销售新的化石燃料汽车 |
| 荷兰 | 《气候协议》 | 新乘用车最迟到 2030 年将实现零排放 |
| 苏格兰 | 《气候变化计划》 | 苏格兰将在 2032 年之前逐步淘汰购买汽油和柴油汽车和货车的需求 |
| 西班牙 | 《气候变化和能源转换型法草案》 | 到 2040 年确保所有新车均实现零排放 |

## 二、技术现状及发展趋势

随着技术的不断创新和进步，PHEV 的各项技术已经逐步得到完善，主要体现在电池、动力系统和智能化技术等方面。本节将列举美国、日本和欧洲的一些典型的 PHEV 车型，并对其相关技术参数进行介绍。

### （一）电池技术

目前，车辆逐渐向低碳化发展，而其发展的关键在于电池技术。PHEV 依靠燃油和电力两部分进行工作，电力是首选动力来源。因此，电池技术的发展对于 PHEV 的发展而言至关重要。电池技术主要包括电池制造和电池的能量管理两个方面。

### 1. 电池制造

全球范围内，PHEV 的电池制造技术一直都是研究热点。目前，大多数 PHEV 采用锂离子电池作为动力源。以美国能源部车辆技术办公室（Vehicle Technologies Office，VTO）在电池制造方面所做的研究工作为例，VTO 的高级电池开发、系统分析和测试活动，专注于开发能够显著降低电池成本、延长使用寿命和提高性能的电池单元和模块，如图 2-10 所示。

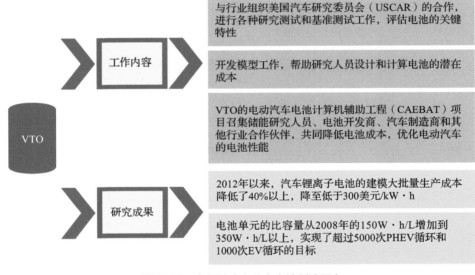

图 2-10　车辆技术办公室电池制造研究

VTO 通过与行业组织美国汽车研究委员会（USCAR）的合作，进行各种研究测试和基准测试工作。这个研发小组开发了许多测试程序手册，这些手册可以从 USCAR 电化学储能技术团队网站获取。这些可重复的测试程序使研究人员能够一致地评估电池的关键特性，如循环寿命和滥用耐受性。

此外，VTO 还支持开发模型的工作，帮助研究人员设计和计算电池的潜在成本。其中一个主要的模型是美国阿贡国家实验室的自下而上的电池性能和成本模型（BatPaC），如图 2-11 所示。它考虑了材料化学、设计和制造过程的成本假设。这个模型专为政策制定者和研究人员设计，用于在锂离子电池已达到成熟开发状态，并且制造商正在大批量生产的情况下估算成本。BatPaC 比以前的模型预测更准确，并允许汽车制造商选择最佳和最经济的电池来适应特定应用需求。根据该模型的专家建议，美国环境保护署（EPA）制定了最新一轮的燃油经济性标准。

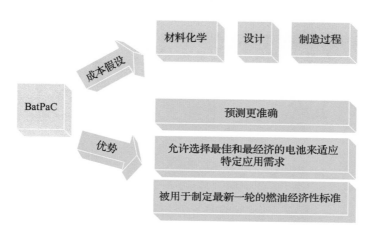

图 2-11　BatPaC 的成本假设及其优势

综上所述，VTO 通过与行业组织的合作以及支持各种研究和开发项目，取得了在电池制造技术方面的许多突破。这些研究成果使得从 2012 年以来，汽车锂离子电池的建模大批量生产成本降至低于 300 美元 /kW·h，降低了 40% 以上。这些成果有助于降低电池成本、延长电池寿命并提高性能，推动电动汽车技术的发展。

总体而言，PHEV 的电池制造技术正朝着高能量密度、长循环寿命、低成本和更高安全性能的方向发展，并且通过材料工艺创新和系统集成、延长电池的使用寿命及提高电池性能，进一步推动电动汽车技术的发展。

2. 电池能量管理策略

PHEV 的电池管理系统（Battery Management System，BMS）是连接传统燃油系统和电动驱动系统的关键部件，是 PHEV 实现高效、可靠和安全能量管理的关键所在。其基本组成如图 2-12 所示。

能量管理策略是车辆具有良好性能的基础，其核心作用是确定动力总成在各种行驶工况下的工作模式，以及每种工作模式下发动机和电机之间的功率分配。能量管理策略主要有以下三种类型：基于规则的能量管理策略、瞬时优化能量管理策略和全局优化能量管理策略。

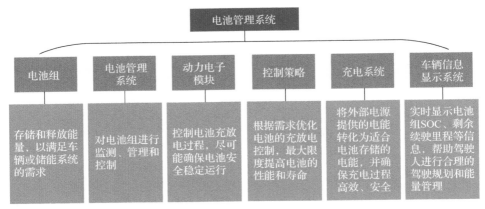

图 2-12　电池管理系统的基本组成

基于规则的能量管理策略是研究最早，也是目前广泛应用于实际车辆控制的能量管理策略，主要分为静态逻辑门限能量管理策略和基于模糊规则的能量管理策略，其特点及优缺点见表 2-5。

表 2-5　基于规则的能量管理策略对比

| 类别 | 静态逻辑门限能量管理策略 | 基于模糊规则的能量管理策略 |
|---|---|---|
| 特点 | 以关键零部件的稳态效率 MAP 图为依据，以电池 SOC 值、车速、驱动系统转矩需求等运行参数确定系统的工作模式，同时协调动力部件之间的能量流动，充分利用电网电能 | 基于模糊规则的能量管理策略不是基于固定单一的数值，而是先将由数字代表的明确系统经过隶属度函数模糊化成满足度指标，然后通过一系列模糊规则或者专家知识库的推理和聚集，计算出系统输出 |
| 优缺点 | 算法简单、计算量小、实时性强，且不依赖特定的循环工况。但其规则的制定完全依赖设计者的经验，无法最大化地挖掘 PHEV 的节油潜力 | |

瞬时优化能量管理策略是以瞬时优化目标最小或最大进行优化，获取每个时刻发动机和电机的转矩分配关系。瞬时优化目标通常包括等效燃油消耗和 Hamilton 函数值。因此，根据瞬时优化目标的不同，瞬时优化能量管理策略可分为等效燃油消耗最小控制策略和基于极小值原理的控制策略，其特点及优缺点见表 2-6。与动态规划等全局优化算法相比，基于极小值原理的控制策略和等效燃油消耗最小控制策略都具有计算量小、计算速度快、所需存储空间小等优点，且这两种控制策略的结果接近全局最优，因此，这两种控制策略是近年来研究的热点。

表 2-6　瞬时优化能量管理策略对比

| 类别 | 等效燃油消耗最小控制策略 | 基于极小值原理的控制策略 |
|---|---|---|
| 特点 | 通过实时计算发动机和电机在不同转矩分配组合下的整车各项性能来综合确定最佳工作模式和最佳转矩分配策略 | 通过求取每个时刻 Hamilton 函数的最小值来获取最优控制变量 |
| 优缺点 | 计算量小、计算速度快、所需存储空间小，结果接近全局最优 | |

全局优化能量管理策略是一种追求在已知行驶循环工况下，通过最优化方法和最优控制理论来动态分配动力源的能量，以实现整车性能达到最优的策略。在当前研究中，PHEV 的全局优化能量管理策略主要基于动态规划算法进行设计和实施，两者的特点及优缺点见表 2-7。

表 2-7　全局优化能量管理策略对比

| 类别 | 动态规划算法 | 全局优化算法 |
|---|---|---|
| 特点 | 动态规划算法适应问题的动态变化，实时调整策略和参数，解决实时优化问题 | 全局优化算法通过广泛搜索整个搜索空间，寻找全局最优解 |
| 优缺点 | 可以将整个行驶循环划分为多个时间间隔，对每个时间间隔内的能量分配进行决策。算法通过在每个时间步骤上计算选择不同能量分配方案时的性能指标，并根据目标函数确定最优决策路径，以实现整车性能的最大化或最小化 | 还需要预先了解完整的行驶循环工况，在实际应用中具有一定的限制。此外，全局优化算法的计算量较大、复杂性较高，且可能无法找到全局最优解，无法满足实时控制系统的要求 |

然而，全局优化算法是通过广泛搜索整个搜索空间寻找全局最优解，需要预先了解完整的行驶循环工况，这在实际应用中具有一定的限制。由于车辆行驶工况通常受到环境、交通等因素的影响，实时获取和准确预测全部工况十分困难。但是，全局优化能量管理策略作为一种指导原则和优化目标，在 PHEV 和其他动力系统的发展中具有重要意义，并且将继续受到研究和改进。

## （二）动力系统

PHEV 的动力系统结合了内燃机和电机的先进汽车动力技术，提高了车辆的燃油经济性，降低了车辆排放，同时也为使用者提供了更长的续驶里程和更灵活的驾驶模式。

### 1.电动轮驱动技术

电动轮驱动技术是一种将电机直接集成到车辆的车轮中，以实现直接驱动车辆的动力传递方式，通过使用四个或多个独立控制的电动轮，分别为车辆的车轮提供驱动转矩。动力源与车轮之间没有机械传动环节，四个电动轮作为独立的驱动元件驱动汽车。典型的电动轮结构及电动轮系统布置形式分别如图 2-13 和图 2-14 所示。

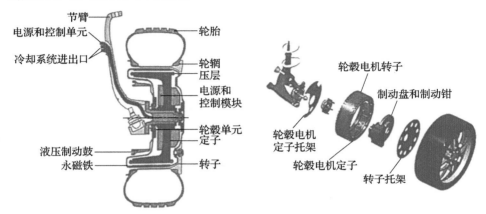

图 2-13　典型的电动轮结构

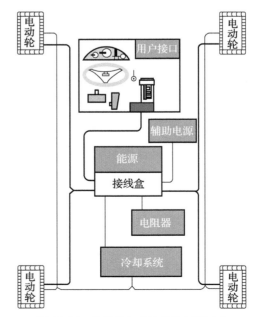

图 2-14　典型的电动轮系统布置形式

电动轮驱动技术在各种车型中都有应用实例，例如沃尔沃公司在 2007 年法兰克福汽车展上展出的著名的 C30 PHEV。该车采用英国 PML 公司生产的电动轮驱动系统，搭配一个小型的四缸汽油发动机和动力电池，百公里油耗小于 5.5L，0—100km/h 加速时间只需 9s，最高车速 160km/h，一次充电需要 3h，续驶里程可以达到 100km。

英国 Protean 公司在轮毂电机驱动领域技术全球领先，该公司也是全球少数可量产乘用车轮毂电机的企业。图 2-15 所示为马勒动力总成（MAHLE Powertrain）和 Protean Electric 两家公司合作开发并于 2015 年 9 月发布的 PHEV。该车型保留了 1.4L 汽油发动机，其驱动方式与宝马 i8 类似。电驱系统和发动机动力系统通过道路进行耦合，单一轮毂电机可提供 1250N·m 的驱动转矩，以及 80kW 的驱动功率。此外，双动力传动系统的全轮驱动（AWD）功能增强了车辆在高附着力和低附着力路况下的动态性能。

目前，我国电动轮驱动的新能源汽车还没有量产，但已有电动轮驱动的概念车和实验车的相关报道。图 2-16 所示为比亚迪公司生产的电动轮驱动概念车 ET。该车采用锂离子电池，是国内第一款由生产商开发的电动轮驱动电动汽车。

图 2-15　马勒动力总成和 Protean Electric 合作开发的 PHEV

图 2-16　比亚迪公司生产的电动轮驱动概念车 ET

电动轮驱动技术通过直接将电机集成到车轮中，实现了更高效、精确和灵活的动力传递方式。它是电动汽车技术发展的重要方向之一，可以提升车辆的性能、节能环保性和驾驶体验。

2. 车辆协同控制技术

车辆协同控制技术是指多辆车之间通过通信和协作实现共同目标的控制方法，可以提高道路交通的效率和安全性，减少排放和能源消耗。目前，

PHEV 的车辆协同控制技术，主要集中在能量管理和优化方面。许多学者和企业通过建立模型和算法，实现了 PHEV 之间的能量状态和需求信息共享，并进行了能量管理和优化的研究。

如图 2-17 所示，车辆协同控制技术是一个具有广阔发展前景的研究领域，未来将会得到更多的关注和投入，通过不断地研究和创新，可以实现更加高效、环保和智能化的交通运输系统。

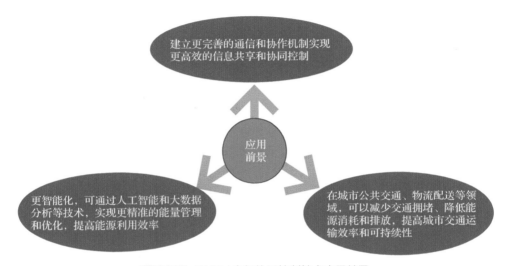

图 2-17　PHEV 车辆协同控制技术应用前景

### （三）智能化技术

#### 1. 充电智能化

德国大众途观 L PHEV 车型配备了一套智能电控管理系统，该系统能够实时监控和调节动力电池的温度，以有效避免过充电、过放电等异常情况的发生。这一特性不仅可以保证动力电池的安全性和寿命，还能为驾驶者提供更加可靠和稳定的驾驶体验。德国大众途观 L PHEV 不仅在充电口设计上考虑了用户的使用便利性，还通过智能电控管理系统和在线查询功能提供了更加智能化和便捷的电动汽车驾乘体验。这些特性使得途观 L 成为一款具有高度可靠性和用户友好性的电动汽车。

#### 2. 车网互动技术

如图 2-18 所示，车辆与电网互动（V2G）技术是指汽车动力电池与电网之间的双向功率和能量交换的能力。

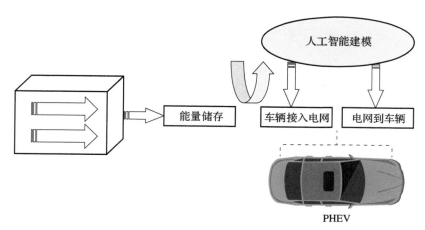

图 2-18　插电式混合动力电动汽车的 V2G 技术

V2G 可用于使插电式混合动力电动汽车向电网供电的电网设备。尽管 95% 的汽车在特定时间都是闲置的，但能量可以从汽车传递到配电系统，再通过混合动力汽车的能量储存系统传递回来。

在精确预测和配置的 V2G 中，需要额外的要求和指导方针来设计基于人工智能的碳排放。从风力发电和电网获得的能量在蓄电池中存储，并将能量传输到电网，然后从电网向车辆供电。通过双向充电器，汽车可以用作家庭或办公室的备用电源。

除此之外，在可预见的未来，成千上万的 PHEV 将与电网连接，采用电力驱动的交通运输将开始繁荣起来，逐渐实现我们不再依赖化石燃料的目标。尽管有人对 PHEV 与电网的连接可能带来负面影响表示担忧，但事实上，只要进行合理管理，PHEV 对于电网管制、降低电力成本以及协调和整合更多的可再生能源方面是有利的。这为推动可持续能源发展和减少对化石燃料的依赖提供了一种创新且可行的解决方案。

3. 车载智能系统

PHEV 配备了先进的车载智能系统，包括智能导航、语音识别、人机交互等功能。这些系统能够通过连接与智能手机或车载 App 进行交互，提供导航、娱乐、车况监测等服务。如图 2-19 所示，PHEV 车载智能系统主要包括以下几个方面。

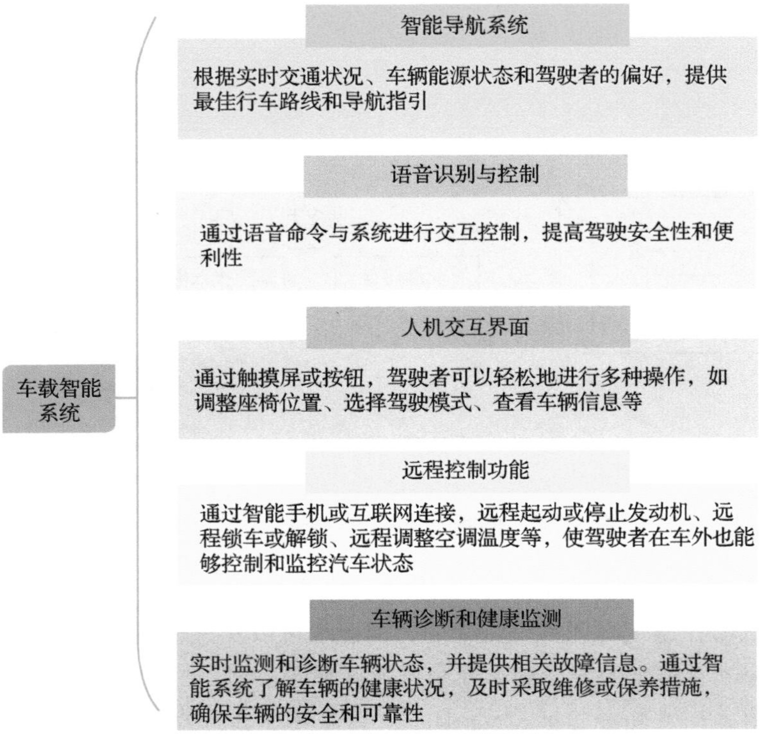

智能导航系统

根据实时交通状况、车辆能源状态和驾驶者的偏好，提供最佳行车路线和导航指引

语音识别与控制

通过语音命令与系统进行交互控制，提高驾驶安全性和便利性

人机交互界面

通过触摸屏或按钮，驾驶者可以轻松地进行多种操作，如调整座椅位置、选择驾驶模式、查看车辆信息等

车载智能系统

远程控制功能

通过智能手机或互联网连接，远程起动或停止发动机、远程锁车或解锁、远程调整空调温度等，使驾驶者在车外也能够控制和监控汽车状态

车辆诊断和健康监测

实时监测和诊断车辆状态，并提供相关故障信息。通过智能系统了解车辆的健康状况，及时采取维修或保养措施，确保车辆的安全和可靠性

图 2-19　PHEV 车载智能系统组成

## （四）典型案例

PHEV 作为电动化过渡阶段的重要角色，在全球范围内得到了广泛的应用和推广。它通过结合传统燃油发动机和电机构成双重驱动系统，既能够提供长途行驶的便利性，又能够实现城市驾驶的零排放和低噪声。在全球范围内，许多国家和汽车制造商都积极推动 PHEV 的发展，以促进新能源汽车的普及和推广。接下来，本书将通过介绍国际 PHEV 的一些典型案例，探讨在美国、日本和欧洲的三大典型代表国家或地区中，不同汽车制造公司在 PHEV 制造方面的创新经验。

### 1. 美国

#### （1）通用汽车

美国通用汽车公司于 2007 年在北美国际汽车展览会上发布了该公司首款 PHEV 雪佛兰沃蓝达（Chevrolet Volt）。其动力核心内燃机上并没有任何机械连接构造连接到车轮，全靠锂电池和电机控制车轮，且续驶里程达到 40mile（约 64km），可以使 75% 的美国"上班族"完全不必使用内燃机而仅靠电力完成上下班通勤，因为他们通勤的平均路程只有 33mile（约 53km），低于 40mile，而长里程行驶时，四缸内燃机才会起动来推动发电机，输出 53kW 的电量给电机去驱动车轮。行驶超过 40mile 后，车辆根据动力电池的荷电状态（SOC）就会起动汽油内燃机开始提供电力。然而，在此期间使用传统的燃料循环和过滤方式（催化转化器），也比其他采用四缸汽油发动机的汽车排放要低，因此，PHEV 降低环境污染的效果更好。

（2）凯迪拉克汽车

凯迪拉克 CT6 PHEV 的动力系统为一个 2.0L 涡轮增压四缸汽油发动机结合两个电机与一个 18.4kW·h 的锂离子电池组，总输出为 449 马力⊖，能够在 5.6s 内由静止加速到 62mile/h。预计全车电力可供行驶的距离为 37mile（约 60km）。CT6 是第一款使用支持杜比 DTS 环绕声技术的博士（Bose）音响设备的汽车，最多有 34 个扬声器，包括前排座椅头枕上的扬声器，以及可以从仪表板中心缩回的电动中央声道扬声器。该系统使用博士音响的环绕声技术，以及 Panaray 系列专业音响设计。整车有三个配置：最低配置采用 8 个扬声器的 Bose 高级音响系统；中等配置采用 10 个扬声器的 Bose Centerpoint 环绕声系统；最高配置采用 34 个扬声器的 Bose Panaray 环绕声系统。CT6 的另一项创新是后视镜摄像头，通过串流到后视镜上的屏幕，可将车辆后方的路况显示给驾驶人。CT6 也是第一款在后视镜上安装后视镜摄像头的车辆。

自 2016 年 Escalade Plug-In Hybrid（插电式混合动力版）推出以来，CT6 的 Plug-In Hybrid 于中国上市，成为凯迪拉克在中国的第一款混合动力电动汽车。CT6 Plug-In Hybrid 将基本款的 2.0L 涡轮增压直列四缸发动机与 PHEV 结合，美国环境保护署燃料经济性评级为全功率时 64mile/USgal，混合动力模式时 27mile/USgal。经美国环境保护署认证的电动续驶里程为 31mile，而采用发动机和 PHEV 的总续驶里程范围超过 440mile，大大增加了车辆的续驶里程。

（3）福特汽车

福特汽车在欧洲推出了第四款 PHEV——福特探索者（Explorer）插电

---

⊖ 1 马力 =735.499W。

式混合动力 SUV，可以用于客运和货运。

作为一款满载 7 人的大型 SUV，福特 Explorer 即便改为插电式混合动力规格，其内在动力核心仍是 3.0L EcoBoost 涡轮增压汽油发动机，搭配 13.1kW·h 电机配置，具备最大综合效率输出为 450 马力的不俗实力，搭配四轮驱动、可切换动态驾驶模式等硬件设定，彰显出福特引以为傲的全地形能力。

据福特集团表示，福特 Explorer 插电式混合动力车型除了能通过发动机与动能回收系统，在车辆行驶、制动时为动力电池充电外，通过翼子板处所附的充电插孔，也能使用一般充电桩进行电能补充。

由于配备了电机，福特 Explorer 插电式混合动力车型也具备纯电动行驶近 40km 的续驶能力。虽说相较于其他似乎更具备长途续驶能力的混合动力车款，纯电动行驶 40km 似乎不算是优势，但由于福特 Explorer 的车身庞大，对于其 29.4km/L 的平均测试油耗，该车型还是有其独特的优势。

无论如何，Explorer 的电气化使福特能够将其在 WLTP（全球轻型车辆测试程序）中的燃油效率提高至 3.1L/100km，并将 $CO_2$ 排放降低至 71g/km。人们猜测，欧盟更严格的排放要求可能是福特在欧洲引入 Explorer PHEV 的主要原因。

### 2. 日本

（1）丰田汽车

日本丰田混合动力技术发展较早，在混合动力技术发展的基础上逐步推出了 PHEV 车型。2009 年，在第三代 Prius 上市不久后，丰田基于第三代 Prius 打造了 Prius Plug-In Hybrid 概念车并在同年的法兰克福车展上展出。这是一款 PHEV 车型，丰田打造了数百辆试验车型，以多种方式在日本、美国和欧洲等国家或地区投入使用，用于进行一系列实际道路测试工作，主要测试锂电池组的耐用性以及 PHEV 系统的稳定性。

当丰田认为软硬件技术已经成熟后，丰田在 2011 年将代号为 ZVW35 的 PHEV 车型推向市场，这是丰田公司首款上市的 PHEV 车型，基于传统的第三代普锐斯汽车（ZVW30），并采用 4.4kW·h 的锂离子电池，质量比普通的普锐斯重约 50kg。ZVW35 还搭载一台排量为 1.8L、最大功率为 99 马力的发动机，电机的最大功率为 60kW，百公里油耗最低可达 2.2L，纯电续驶里程可达 23.4km，$CO_2$ 的排放量降至 49g/km。

2019 年年初，丰田推出"卡罗拉双擎 E+"PHEV 车型。其搭载了

THS-Ⅱ混合动力系统，系统中使用了一台排量为 1.8L、代号为 8ZR-FXE 的阿特金森循环发动机；一部 E-CVT 变速器和一台永磁同步电机，电机的最大转矩为 207N·m、最大功率为 53kW。2021 年 5 月，丰田推出"RAV4 荣放双擎 E+"PHEV 车型，搭载了第四代电池、电机、电控技术和由第二代 THS-Ⅱ发展而来的 L 级的 PHEV 技术。

（2）本田汽车

在动力方面，广汽本田世锐 PHEV 搭载了 GS4 PHEV 同款的 ATK 阿特金森循环发动机 G-MC 机电耦合系统，以"双擎三模"插电式混合动力（即发动机与电机"双引擎"，纯电、增程、高速混合动力三种动力模式）驱动。其中 1.5L 发动机的最大功率为 71kW，峰值转矩为 120N·m；电机最大功率为 130kW，峰值转矩为 300N·m。此外，该车还搭载了由宁德时代提供的 12kW·h 电池组，纯电动模式下的续驶里程可达 60km，综合最大续驶里程将超过 600km，最高时速达到 180km/h，百公里综合油耗低至 1.6L。

2021 年，本田汽车推出基于 i-MMD PHEV 技术的插电式混合动力车型皓影（BREEZE），该车型搭配全新研发的双电机两档 E-CVT，布置优化的驱动电机和发电机改为平行轴结构，驱动电机和小直径化的发电机在实现高转矩的同时，也能确保发动机舱的搭载性，最大功率为 135kW，最高连续行驶车速为 193km/h，最大转矩为 335N·m，发电机最大功率可达到 120kW。全新开发的 2.0L 直喷式阿特金森循环发动机，通过高燃压直喷系统和多段喷射控制，空燃比范围扩大 30%，大幅提升最大热效率和比功率，在提升驾驶性能的同时，进一步优化燃油经济性。另外，智能高效的发动机驱动模式分为高、低两档离合，城市缓慢加速 / 爬坡道路场景可使用发动机驱动，进一步改善燃油经济性。

3. 欧洲

（1）宝马汽车

欧洲汽车品牌也推出了 PHEV 车型，华晨宝马 2015 年推出了 530 Le PHEV。该车里程 L 级版采用插电式混合动力系统，如图 2-20 所示。

动力系统结构由代号为 B48 的 2.0T 单涡轮双涡管涡轮增压发动机 + 动力电子模块 + 电机（集成于 8 档手动自动一体变速器内）+ 车载充电模块 + 高电压电池组成，属于比较常规的 P2 插电式混合动力结构，也是传统纵置后驱车型比较容易实现的一种混合动力方式。

图 2-20　宝马 530 Le 动力系统

B48 2.0T 发动机目前应用于宝马几乎全系车型上，但在 530 Le 上，较好地融入了宝马 eDrive 电驱动系统，在其起动机、真空动力泵上面做了细微的调整，驱动电机被集成在这台采埃孚（ZF）提供的 8 档手动自动一体变速器内，取代了传统的液力变矩器。其电机最高输出功率为 70kW，最大转矩 250N·m，发动机与电机的最终系统综合功率为 185kW，系统最大转矩 420N·m，官方公布的百公里加速时间为 6.9s，并且最低百公里油耗可以进一步达到 1.5L。

在动力电池部分，换装了镍钴锰配比为 8∶1∶1 的三元锂电池，有效提升了电池容量，在不改变高压动力电池包形状、体积以及电芯数量的情况下，530 Le 里程 L 级版将电能总容量提升了 37%，达到 17.7kW·h（上一代车型为 13kW·h）。与此同时，电池包增重仅 6.5kg，所增加的重量几乎全部来自电池包内新增的安全材料和安全结构，以进一步优化电池的安全性能。

2020 年，宝马推出了功能更强大的六缸车型 545e xDrive，使 5 系列的插电式混合动力版本动力得到提升。动力总成包括一个排量为 3.0L 的六缸汽油发动机，搭配 11.6kW·h 的动力电池和电机。除此之外，545e 的前瞻性混合驱动器是一种尝试帮助效率最大化的技术。用户在卫星导航上输入目的地，动力总成和车载全球定位系统（GPS）共同确定在何时何地使用汽车电力是最佳的，然后依靠发动机来延长续驶里程。

（2）奥迪汽车

2019 年，奥迪发布了 Q7 60 TFSIe 车型，该车属于一款典型的 PHEV。在动力性方面，该车型的驱动系统采用 3.0L V6 发动机和电机的组合，奥迪还为该车匹配了 8 档自动变速器以及 quattro 全轮驱动系统，其综合最大输出功率为 326kW，最大转矩为 700N·m。另外，该车的动力电池容量为 17.3kW·h，在 WLTP 标准下可为该车带来 40km 的纯电续驶里程。

同年，奥迪 A8 插电式混合动力版——型号为 60 TFSIe 的版本正式在瑞士日内瓦全球首发，其动力系统由一台排量为 3.0L 的 V6 汽油机和一台永磁同步电机组成，匹配 8 档自动变速器，最大综合功率 456 马力，最大转矩 700N·m，动力系统如图 2-21 所示。在动力电池方面，该车的锂离子电池容量为 14.1kW·h，它由 104 个电池组组成，不过由于电池设计紧凑，并没有占用太多的行李舱空间，使得实用性得到兼顾。

另外，该车的动力电池还可以以 3.6kW 或 7.2kW 的功率充电。以 7.2kW 的功率充电时，2h 左右就可以充满。除此之外，奥迪 A8 PHEV 还搭载了无线充电技术，发动机有自动感应，以减少与汽车感应线圈之间的距离，实现 90% 以上的充电效率，而无线充电的功率为 3.6kW。

锂离子电池

图 2-21 奥迪 A8 PHEV 动力系统

以上案例的介绍为我们提供了宝贵的启示，帮助我们更好地理解 PHEV 在新能源汽车发展中的关键作用。通过对这些案例的学习，我们可以汲取经验，为我国新能源汽车产业的发展提供参考和借鉴，推动我国在全球新能源汽车领域取得领先地位。

## 三、未来发展愿景

近年来，无论在欧美等发达国家，还是在中国等发展中国家，汽车的电动化都是大势所趋。特别是随着环境保护意识的增强和能源结构的转型，新能源汽车的普及已成为全球范围内的共识。

作为电动化的重要过渡阶段，PHEV 在推动新能源汽车普及方面发挥了重要作用。PHEV 结合了传统燃油发动机和电机的优势，具有燃油和电动双重保障，既能够通过燃油驱动提供长途行驶的便利性，又能够通过电机实现零排放、低噪声的城市驾驶，在行驶性能和动力、经济性之间取得良好的平衡，且使用场景不受限制。

根据中国质量协会开展的"中国汽车行业用户满意度（CACSI）测评"的调查评价数据和结果，2018 年，PHEV 由于产品价格竞争力较弱，相比纯电动车型并不受青睐。但 2019 年以后，随着新能源汽车由政策驱动向市场驱动过渡，充分的市场竞争推动了产品的技术和质量提升。插电式混合动力车型在感知质量、质量可靠性和性能设计满意度等方面相较燃油车型已开始逐步建立优势，用户满意度随之迅速增长，率先超过了纯电动汽车，并在 2020 年首次超过了燃油汽车评分，目前已与传统燃油车型的用户满意度水平基本持平。其中，国产中高端产品总体满意度提升更快，评价也相对更高。

尽管 PHEV 车型优势显著，但销售情况并不是十分乐观，由于经济情况的影响，PHEV 在大多数市场的销售增长将低于其他混合动力电动汽车。尽管如此，许多汽车制造商仍将维持 EV 和 PHEV 的双轨战略，一些市场在建设电动汽车基础设施的同时，将继续鼓励发展 PHEV。此外，基于降低能耗、解决环境污染问题的需求，越来越多国家汽车产业的主流车型开始从燃油车型向节能环保车型过渡，其中自然少不了 PHEV 车型的身影。

部分国家和地区的电动汽车发展目标如图 2-22 所示，结合前文中提到的燃油汽车禁用情况、部分国家和地区的电动汽车发展目标，以及 PHEV 的销售趋势来看，PHEV 仅仅是电动汽车发展的一个过渡阶段。

此外，从市场角度出发，日本油电混合动力技术较为成熟，市场格局基本稳定。从日本混合动力的发展历程可以看出，丰田及其 THS 系统打开了混合动力市场并占据绝对龙头地位，随后各家汽车企业不断推出混合动力系统及混合动力车型，带动混合动力市场空间快速扩大的同时撬动了行业格局。

欧洲的 PHEV 车型存在争议，PHEV 车型销量同比下滑。2022 年欧洲 PHEV 市场增长有所受阻，全年销量同比下降 5.6%，市场占有率由 9.5% 同比降至 9.4%，其中，奔驰、宝马、沃尔沃、奥迪的 PHEV 化率不同程度地下降，分别达到 21.4%、19.8%、38.0%、10.8%。

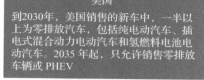

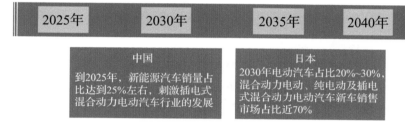

图 2-22　部分国家电动汽车发展目标

全球销售 BEV 和 PHEV 的情况和目标如图 2-23 所示，该图表明，PHEV 市场的不确定性很大，在北美、欧洲等地区，PHEV 的增长趋势并不理想，没有 BEV 那么明确；而在印度和其他一些国家的销售增长趋势较为明显，而未来的增长如何，还有待进一步观察。

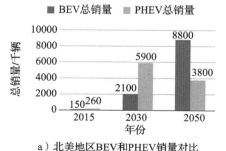

a）北美地区BEV和PHEV销量对比

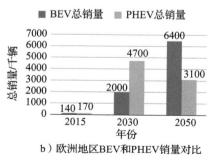

b）欧洲地区BEV和PHEV销量对比

图 2-23　全球销售 BEV 和 PHEV 的情况和目标

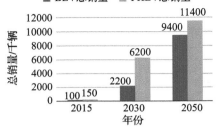

c）中国BEV和PHEV销量对比

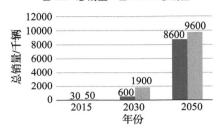

d）印度BEV和PHEV销量对比

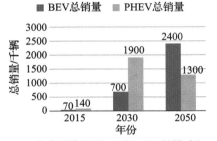

e）太平洋地区BEV和PHEV销量对比

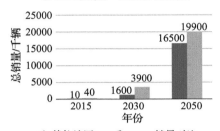

f）其他地区BEV和PHEV销量对比

图 2-23　全球销售 BEV 和 PHEV 的情况和目标（续）

# 第三章
# 中国插电式混合动力电动汽车发展趋势研究

## 一、政策标准法规发展现状

国家政策关乎国家命脉，也深刻影响着每个人的生活。作为燃油汽车向新能源汽车过渡的宠儿，混合动力电动汽车良好的燃油经济性与性能表现，使其在新能源汽车领域占有重要地位，相应政策的支持更让其优势得到了全面的展现。

我国在 PHEV 领域有一系列的政策标准和法规，并且在这方面的发展正在不断进行中。

### （一）财政经济政策

#### 1. 购车补贴及税收优惠

我国政府为推动新能源汽车的发展制定了一系列补贴政策，包括对 PHEV 车型的补贴。

这些补贴政策旨在降低购车成本，鼓励消费者购买 PHEV 车型。按照财政部、税务总局、工业和信息化部 2023 年 6 月发布的《关于延续和优化新能源汽车车辆购置税减免政策的公告》，对购置日期在 2024 年 1 月 1 日—2025 年 12 月 31 日的新能源汽车免征车辆购置税，其中，每辆新能源乘用车免税额不超过 3 万元；对购置日期在 2026 年 1 月 1 日—2027 年 12 月 31 日的新能源汽车减半征收车辆购置税，其中，每辆新能源乘用车减税额不超过 1.5 万元。享受车辆购置税减免政策的新能源汽车，是指符合新能源汽车产品技术要求的纯电动汽车、插电式混合动力（含增程式）电动汽车、燃料电池电动汽车。2018 年 2 月，财政部、工业和信息化部、科技部、国家发展和改革委员会发布了《关于调整完善新能源汽车推广应用财政补贴政策的通知》；2018 年 4 月，工业和信息化部、财政部、国家税务总局发布了《免征车辆购置税的新能源汽车车型目录》；2018 年 5 月，国家发展和改革委员会发布了《汽车产业投资管理规定（征求意见稿）》；2018 年 7 月，财政部等四部门发布了《关于节能　新能源车船享受车船税优惠政策的通知》；2018 年 9 月，工业和信息化部发布了《享受车船税减免优惠的节约能源　使用新能源汽车车型目录》；2019 年 3 月，财政部等四部委发布了《关于进一步完善新能源汽车推广应用财政补贴政策的通知》；2019 年 5 月，财政部、工业和信息化部、交通运输部、国家发展和改革委员会四部门发布了《关于支持新能源公交车推广应用的通知》；2020 年 4 月，财政部、国家税务总局、工业和信息化部《关于新能源汽车免征车辆购置税有关政策的公告》；2020 年 4 月，财政部、工业和信息化部、科技部和国家发展和改革委员会发布了《关于完善新能源汽车推广应用财政补贴政策的通知》；2020 年 4 月，国家发展和改革委员会等十一部门发布了《关于稳定和扩大汽车消费若干措施的通知》；2020 年 7 月，工业和信息化部、农业农村部、商务部发布《关于开展新能源汽车下乡活动的通知》；2020 年 5 月，工业和信息化部、国家税务总局发布《免征车辆购置税的新能源汽车车型目录》（第三十二批）；2020 年 12 月，财政部、工业和信息化部、科技部、国家发展和改革委员会发布《关于进一步完善新能源汽车推广应用财政补贴政策的通知》；2021 年 12 月，财政部、工业和信息化部、科技部、国家发展和改革委员会发布《关于2022 年新能源汽车推广应用财政补贴政策的通知》；2023 年 6 月，财政部、国家税务总局、工业和信息化部发布《关于延续和优化新能源汽车车辆购置税减免政策的公告》，进一步扩大新能源汽车补贴范围，降低插电式混合动力电动汽车购置成本，见表 3-1。这些政策有利于插电式混合动力电动汽车的推广。

表 3-1　我国购车补贴及优惠政策

| 时间 | 发布单位 | 政策名称 |
| --- | --- | --- |
| 2018 年 2 月 | 财政部、工业和信息化部、科技部、国家发展和改革委员会 | 《关于调整完善新能源汽车推广应用财政补贴政策的通知》 |
| 2018 年 4 月 | 工业和信息化部、财政部、国家税务总局 | 《免征车辆购置税的新能源汽车车型目录》 |

（续）

| 时间 | 发布单位 | 政策名称 |
|---|---|---|
| 2018 年 5 月 | 国家发展和改革委员会 | 《汽车产业投资管理规定（征求意见稿）》 |
| 2018 年 7 月 | 财政部、国家税务总局、工业和信息化部、交通运输部 | 《关于节能 新能源车船享受车船税优惠政策的通知》 |
| 2018 年 9 月 | 工业和信息化部 | 《享受车船税减免优惠的节约能源 使用新能源汽车车型目录》 |
| 2019 年 3 月 | 财政部、工业和信息化部、科技部、国家发展和改革委员会 | 《关于进一步完善新能源汽车推广应用财政补贴政策的通知》 |
| 2019 年 5 月 | 财政部、工业和信息化部、交通运输部、国家发展和改革委员会 | 《关于支持新能源公交车推广应用的通知》 |
| 2020 年 4 月 | 财政部、工业和信息化部、科技部、国家发展和改革委员会 | 《关于完善新能源汽车推广应用财政补贴政策的通知》 |
| 2020 年 4 月 | 国家发展和改革委员会 | 《关于稳定和扩大汽车消费若干措施的通知》 |
| 2020 年 7 月 | 工业和信息化部、农业农村部、商务部 | 《关于开展新能源汽车下乡活动的通知》 |
| 2020 年 5 月 | 工业和信息化部、国家税务总局 | 《免征车辆购置税的新能源汽车车型目录》（第三十二批） |
| 2020 年 12 月 | 财政部、工业和信息化部、科技部、国家发展和改革委员会 | 《关于进一步完善新能源汽车推广应用财政补贴政策的通知》 |
| 2021 年 12 月 | 财政部、工业和信息化部、科技部、国家发展和改革委员会 | 《关于 2022 年新能源汽车推广应用财政补贴政策的通知》 |
| 2023 年 6 月 | 财政部、国家税务总局、工业和信息化部 | 《关于延续和优化新能源汽车车辆购置税减免政策的公告》 |

2. 购车激励措施

自 2018 年上半年起，新能源汽车在全国所有城市均可领用新能源汽车专用号牌。政府对购买插电式混合动力电动汽车的个人减免购置税并发放一定的补贴，以减轻购车成本。补贴金额和资格根据车型和地区的不同而不同。为鼓励消费者购买插电式混合动力电动汽车，一些城市除了免除插电式混合动力电动汽车的上牌费用之外，还对插电式混合动力电动汽车提供免费或优惠的停车费政策。我国部分城市的新能源汽车购车激励措施见表 3-2。

表 3-2　我国部分城市新能源汽车购车激励措施

| 城市 | 新能源汽车购车激励措施 |
|---|---|
| 广州 | 对个人消费者购买并使用自主品牌新能源汽车（含油电混合动力）给予综合性补贴 |
| 西安 | 行政辖区每日两个车牌尾号在工作日 7:00—20:00 期间限行，新能源汽车不限行 |
| 银川 | 新能源汽车在公共停车场充电服务期间可免费停放 |
| 兰州 | 在城市核心区域和兰山景区在工作日 7:30—20:00 期间实行每日两个车牌尾号常态化限行，新能源汽车不限行 |
| 深圳 | 延续放宽混合动力小汽车增量指标个人申请条件，允许名下仅有 1 辆在深圳市登记小汽车的个人申领符合条件的插电式混合动力小汽车增量指标 |
| 青岛 | 针对新能源汽车路权，允许合法合规电动物流车在市区地面道路行驶，新能源汽车在非高峰时段可以使用公交专用车道 |
| 贵阳 | 市内城市配送用车新增或更新车辆原则上采购使用新能源汽车，为新能源物流汽车开放路权 |
| 成都 | 新能源汽车不限行，同时对购置日期在 2024 年 1 月 1 日—2025 年 12 月 31 日的新能源汽车免征车辆购置税 |
| 三亚 | 购车人（非企业）于 2023 年 6 月 28 日—2023 年 8 月 31 日在三亚市汽车销售企业购置符合国家相关法规要求的新能源汽车（乘用车，不含二手车），并开具正规发票即可领补贴 |

（1）广州

广州对个人消费者购买并使用自主品牌新能源汽车（含油电混合动力）给予综合性补贴。

（2）西安

西安市行政辖区每日两个车牌尾号在工作日 7:00—20:00 期间限行，新能源汽车不限行。新能源汽车办理相关手续后，在市政公共停车场每天可免费停车 2h，充电服务期间免收停车费。

（3）银川

新能源汽车在公共停车场充电服务期间可免费停放。

（4）兰州

兰州在城市核心区域和兰山景区在工作日 7:30—20:00 期间实行每日两个车牌尾号常态化尾号限行，新能源汽车不限行。

（5）深圳

深圳市交通运输局发布通告称，将延续放宽混合动力小汽车增量指标个人申请条件，允许名下仅有 1 辆在深圳市登记小汽车的个人申领符合条件的插电式混合动力（含增程式）小汽车增量指标。

（6）青岛

青岛针对新能源汽车路权，允许合法合规电动物流车在市区地面道路行驶，新能源汽车在非高峰时段可以使用公交专用车道。

（7）贵阳

贵阳市内城市配送用车新增或更新车辆原则上采购使用新能源汽车，为新能源物流汽车开放路权。

（8）成都

成都新能源汽车不限行，同时对购置日期在 2024 年 1 月 1 日—2025 年 12 月 31 日的新能源汽车免征车辆购置税。

（9）三亚

购车人（非企业）于 2023 年 6 月 28 日—2023 年 8 月 31 日在三亚市汽车销售企业购置符合国家相关法规要求的新能源汽车（乘用车，不含二手车），并开具正规发票即可领补贴。

## （二）充电基础设施政策

近年来，随着电动汽车续驶里程增加、动力电池充电倍率提升，消费者对车辆快速补充电能的需求日益强烈。政府也在充电基础设施方面出台了一系列政策给予支持，如图 3-1 所示。

### 1. 充电桩建设补贴

优化财政支持政策。对作为公共设施的充电桩建设给予财政支持。

提高金融服务能力。创新利用专项债券和基金等金融工具，重点支持充电设施以及配套电网建设与改造项目。

### 2. 充电基础设施发展规划

完善居住社区充电设施建设推进机制。各地发展改革、能源部门应加强与住房和城乡建设等部门的统筹协作，共同推进居住社区充电设施建设与改造。

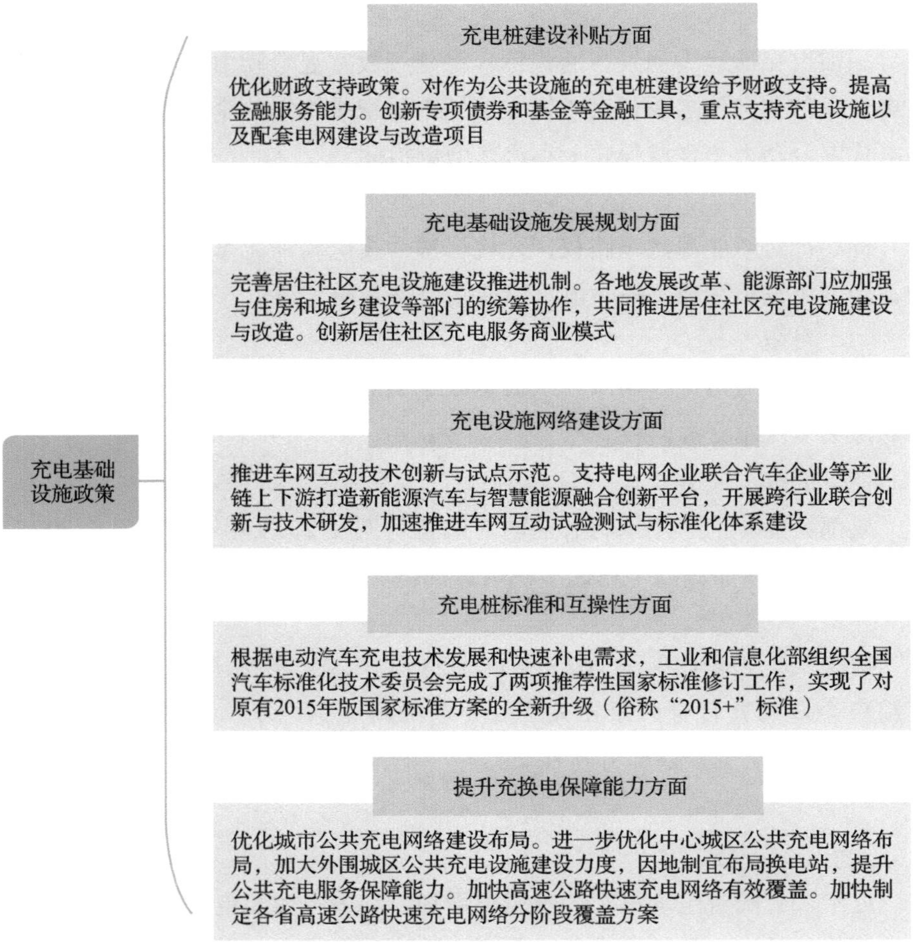

充电基础设施政策

**充电桩建设补贴方面**

优化财政支持政策。对作为公共设施的充电桩建设给予财政支持。提高金融服务能力。创新专项债券和基金等金融工具，重点支持充电设施以及配套电网建设与改造项目

**充电基础设施发展规划方面**

完善居住社区充电设施建设推进机制。各地发展改革、能源部门应加强与住房和城乡建设等部门的统筹协作，共同推进居住社区充电设施建设与改造。创新居住社区充电服务商业模式

**充电设施网络建设方面**

推进车网互动技术创新与试点示范。支持电网企业联合汽车企业等产业链上下游打造新能源汽车与智慧能源融合创新平台，开展跨行业联合创新与技术研发，加速推进车网互动试验测试与标准化体系建设

**充电桩标准和互操作性方面**

根据电动汽车充电技术发展和快速补电需求，工业和信息化部组织全国汽车标准化技术委员会完成了两项推荐性国家标准修订工作，实现了对原有2015年版国家标准方案的全新升级（俗称"2015+"标准）

**提升充换电保障能力方面**

优化城市公共充电网络建设布局。进一步优化中心城区公共充电网络布局，加大外围城区公共充电设施建设力度，因地制宜布局换电站，提升公共充电服务保障能力。加快高速公路快速充电网络有效覆盖。加快制定各省高速公路快速充电网络分阶段覆盖方案

图 3-1　充电基础设施政策

创新居住社区充电服务商业模式。鼓励"临近车位共享""多车一桩"等新模式。

### 3. 充电设施网络建设

推进车网互动技术创新与试点示范。支持电网企业联合汽车企业等产业链上下游打造新能源汽车与智慧能源融合创新平台，开展跨行业联合创新与技术研发，加速推进车网互动试验测试与标准化体系建设。积极推进试点示范，探索新能源汽车参与电力现货市场的实施路径，研究完善新能源汽车消费和储放绿色电力的交易和调度机制。探索单位和园区内部充电设施开展

"光储充放"一体化试点应用。

鼓励将智能有序充电纳入充电桩和新能源汽车产品功能范围，加快形成行业统一标准。

### 4. 充电桩标准

根据电动汽车充电技术发展和快速补电需求，工业和信息化部组织全国汽车标准化技术委员会完成了两项推荐性国家标准修订工作，实现了对原有2015年版国家标准方案的全新升级（俗称"2015+"标准）。

### 5. 提升充换电保障能力

优化城市公共充电网络建设布局。进一步优化中心城区公共充电网络布局，加大外围城区公共充电设施建设力度，因地制宜布局换电站，提升公共充电服务保障能力。

加快高速公路快速充电网络有效覆盖。加快制定各省高速公路快速充电网络分阶段覆盖方案。力争到2025年，国家生态文明试验区、大气污染防治重点区域的高速公路服务区快速充电站覆盖率不低于80%，其他地区不低于60%。

## （三）绿色节能减排政策

抓好节能减排重点工程是推动经济社会发展全面绿色转型行之有效的办法。

2020年，中国正式宣布力争2030年前实现碳达峰，2060年前实现碳中和。双碳目标的提出给仍在快速发展的交通运输领域带来了严峻压力与挑战。在双碳目标背景下，交通运输领域面临更加严峻的减排压力。

节能减排政策是我国制定的一项重要政策，对于汽车行业，主要是通过减少汽车排放和促进新能源汽车的发展，实现环境保护和可持续发展的目标。政府加快了汽车排放标准的制定和实施。对于传统燃油汽车，政府规定了更加严格的排放标准，要求企业提高车辆的排放标准。对于新能源汽车，政府也制定了相应的标准，以推动新能源汽车的发展，对新能源汽车给予了大力支持和鼓励。

针对碳达峰和碳中和目标，我国提出在十个领域开展转型和创新，其中，构建绿色低碳交通运输体系和推动绿色低碳技术创新涉及汽车节能技术，包括纯电动、混合动力和氢燃料电池等汽车节能技术。同时，《节能与新能源汽车技术路线图 2.0》指出，我国汽车行业的发展目标是"产业碳排放总量先于国家碳减排承诺于 2028 年左右提前达到峰值，到 2035 年排放总量较峰值下降 20% 以上。"

为了实施交通物流节能减排工程，完善充换电基础设施建设，提升新能源汽车使用比例，推进公共领域用车全面电动化，2021 年 12 月，国务院发布了《"十四五"节能减排综合工作方案》，旨在推动绿色铁路、绿色公路、绿色港口、绿色航道、绿色机场建设，有序推进充换电、加注（气）、加氢、港口机场岸电等基础设施建设。提高城市公交、出租、物流、环卫清扫等车辆使用新能源汽车的比例。

到 2025 年，新能源汽车新车销售量达到汽车新车销售总量的 20% 左右，铁路、水路货运量占比进一步提升。2022 年 1 月，国家发展和改革委员会、工业和信息化部、住房和城乡建设部、商务部、市场监管总局、国家机关事务管理局、中共中央直属机关事务管理局印发的《促进绿色消费实施方案》等政策，全面促进消费绿色低碳转型升级，加大新能源汽车推广力度，完善新能源汽车配套基础设施，促进汽车电动化发展。绿色节能减排政策的背景与目标如图 3-2 所示。

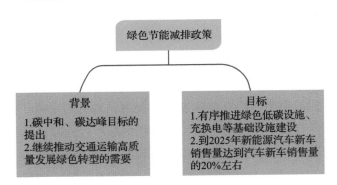

图 3-2　绿色节能减排政策的背景和目标

现有的汽车绿色节能减排政策主要包括尾气排放标准的制定、新能源汽车的推广、车辆燃油消耗标准的实施等。这些政策旨在减少汽车的能源消耗和尾气排放，推动汽车行业向更加环保和可持续发展的方向转变，并为低碳出行提供更多选择。同时，政府也需要密切关注技术发展和市场需求的变化，及时调整和完善相关政策，以应对未来的挑战。

## （四）技术标准

### 1. 里程标准

插电式（含增程式）混合动力乘用车纯电动续驶里程应满足有条件的等效全电里程不低于 43 km。包括乘用车在内的不同种类 PHEV 的里程标准见表 3-3。

表 3-3 各类插电式混合动力电动汽车里程标准

| 类别 | 乘用车 | 客车 | 货车 | 专用车 | 测试方法 |
|---|---|---|---|---|---|
| 插电式（含增程式）混合动力 | ≥50km/h（工况法）<br>≥70km/h（等速法） | ≥50km/h | ≥50km/h | ≥50km/h | M1、N1 类采用工况法或 60km/h 等速法，其他采用 40km/h 等速法 |

注：M1 类是指包括驾驶人座位在内，座位数不超过九座的载客车辆；N1 类是指最大设计总质量不超过 3500kg 的载货车辆。

### 2. 燃油经济性标准

插电式（含增程式）混合动力乘用车电量保持模式试验的燃料消耗量（不含电能转化的燃料消耗量）与 GB 19578—2021《乘用车燃料消耗量限值》中车型对应的燃料消耗量限值相比应当小于 70%；电量消耗模式试验的电能消耗量应小于电能消耗量目标值的 135%，相关燃料消耗量标准见表 3-4 ～ 表 3-10。按整备质量 $m$（单位为 kg）的不同，百公里电能消耗量目标值 $Y$ 应满足以下要求。

$$\begin{cases} Y = 0.0112m + 0.4, & m \leq 1000 \\ Y = 0.0078m + 3.8, & 1000 < m \leq 1600 \\ Y = 0.0048m + 8.6, & m > 1600 \end{cases} \quad （3-1）$$

表 3-4 节能重型商用车综合工况燃料消耗量限值标准（货车）

（单位：L/100km）

| 最大设计总质量（GVW）/kg | 2022 年 | 2023 年 |
|---|---|---|
| 3500＜GVW≤4500 | 10.2 | 9.9 |
| 4500＜GVW≤5500 | 10.8 | 10.5 |
| 5500＜GVW≤7000 | 12.3 | 11.9 |
| 7000＜GVW≤8500 | 14.4 | 14.0 |
| 8500＜GVW≤10500 | 16.2 | 15.7 |

（续）

| 最大设计总质量（GVW）/kg | 2022 年 | 2023 年 |
|---|---|---|
| 10500＜GVW≤12500 | 18.8 | 18.2 |
| 12500＜GVW≤16000 | 21.3 | 20.6 |
| 16000＜GVW≤20000 | 23.9 | 23.2 |
| 20000＜GVW≤25000 | 28.7 | 27.8 |
| 25000＜GVW≤31000 | 33.1 | 32.1 |
| 31000＜GVW | 34.0 | 33.0 |

注：上述限值基于 C-WTVC⊖工况。

表 3-5　节能重型商用车综合工况燃料消耗量限值标准（半挂牵引车）

（单位：L/100km）

| 最大设计总质量（GCW）/kg | 2022 年 | 2023 年 |
|---|---|---|
| GCW≤18000 | 24.8 | 24.0 |
| 18000＜GCW≤27000 | 27.0 | 26.1 |
| 27000＜GCW≤35000 | 28.3 | 27.5 |
| 35000＜GCW≤40000 | 30.1 | 29.2 |
| 40000＜GCW≤43000 | 31.4 | 30.4 |
| 43000＜GCW≤46000 | 33.6 | 32.6 |
| 46000＜GCW≤49000 | 35.4 | 34.3 |
| 49000＜GCW | 35.9 | 34.8 |

注：上述限值基于 C-WTVC 工况。

表 3-6　节能重型商用车综合工况燃料消耗量限值标准（客车）

（单位：L/100km）

| 最大设计总质量（GVW）/kg | 2022 年 | 2023 年 |
|---|---|---|
| 3500＜GVW≤4500 | 9.4[①] | 9.1[①] |
| 4500＜GVW≤5500 | 10.2[①] | 9.9[①] |
| 5500＜GVW≤7000 | 11.8[①] | 11.4[①] |
| 7000＜GVW≤8500 | 12.8 | 12.4 |
| 8500＜GVW≤10500 | 14.1 | 13.7 |
| 10500＜GVW≤12500 | 15.7 | 15.2 |

---

⊖　C-WTVC 工况是国家对重型商用车进行油耗认证的标准工作循环，同时也是重型混合动力电动汽车、纯电动汽车能量消耗量测试的推荐工况。

（续）

| 最大设计总质量（GVW）/kg | 2022 年 | 2023 年 |
|---|---|---|
| 12500＜GVW≤14500 | 16.9 | 16.3 |
| 14500＜GVW≤16500 | 17.7 | 17.2 |
| 16500＜GVW≤18000 | 18.8 | 18.2 |
| 18000＜GVW≤22000 | 19.7 | 19.1 |
| 22000＜GVW≤25000 | 21.3 | 20.6 |
| 25000＜GVW | 22.1 | 21.5 |

注：上述限值基于 C-WTVC 工况。

①对于汽油车，其限值是表中相应限值乘以 1.2，求得的数值圆整（四舍五入）至小数点后一位。

表 3-7　节能轻型商用车综合工况燃料消耗量限值标准（N1 类车辆）

（单位：L/100km）

| 整车整备质量（CM）/kg | 汽油 | 柴油 |
|---|---|---|
| CM≤750 | 4.5 | 4.1 |
| 750＜CM≤865 | 4.7 | 4.2 |
| 865＜CM≤980 | 5.0 | 4.5 |
| 980＜CM≤1090 | 5.2 | 4.7 |
| 1090＜CM≤1205 | 5.4 | 5.0 |
| 1205＜CM≤1320 | 5.8 | 5.2 |
| 1320＜CM≤1430 | 6.1 | 5.4 |
| 1430＜CM≤1540 | 6.4 | 5.7 |
| 1540＜CM≤1660 | 6.7 | 5.9 |
| 1660＜CM≤1770 | 7.1 | 6.2 |
| 1770＜CM≤1880 | 7.4 | 6.4 |
| 1880＜CM≤2000 | 7.8 | 6.7 |
| 2000＜CM≤2110 | 8.2 | 7.1 |
| 2110＜CM≤2280 | 8.6 | 7.4 |
| 2280＜CM≤2510 | 9.0 | 7.7 |
| 2510＜CM | 9.5 | 8.1 |

注：上述限值基于 NEDC⊖工况。

----

⊖　NEDC 全称为 New European Driving Cycle，意为新欧洲驾驶周期，也称为"新标欧洲循环测试"。

中国插电式混合动力电动汽车产业发展报告

表 3-8　节能轻型商用车综合工况燃料消耗量限值标准
（最大设计总质量不大于 3500 kg 的 M2 类载人车辆）

（单位：L/100km）

| 整车整备质量（CM）/kg | 汽油 | 柴油 |
| --- | --- | --- |
| CM≤750 | 4.1 | 3.8 |
| 750＜CM≤865 | 4.4 | 4.1 |
| 865＜CM≤980 | 4.7 | 4.3 |
| 980＜CM≤1090 | 5.0 | 4.5 |
| 1090＜CM≤1205 | 5.4 | 4.8 |
| 1205＜CM≤1320 | 5.7 | 5.0 |
| 1320＜CM≤1430 | 6.0 | 5.3 |
| 1430＜CM≤1540 | 6.3 | 5.5 |
| 1540＜CM≤1660 | 6.7 | 5.8 |
| 1660＜CM≤1770 | 7.0 | 6.0 |
| 1770＜CM≤1880 | 7.3 | 6.3 |
| 1880＜CM≤2000 | 7.7 | 6.5 |
| 2000＜CM≤2110 | 8.1 | 6.8 |
| 2110＜CM≤2280 | 8.5 | 7.1 |
| 2280＜CM≤2510 | 8.9 | 7.5 |
| 2510＜CM | 9.3 | 7.8 |

注：上述限值基于 NEDC 工况。

表 3-9　节能乘用车综合工况燃料消耗量限值标准
（基于 NEDC 型式认证的车型燃料消耗量标准）

（单位：L/100km）

| 整车整备质量（CM）/kg | 两排及以下座椅 | 三排或以上座椅 |
| --- | --- | --- |
| CM≤750 | 4.0 | 4.3 |
| 750＜CM≤865 | 4.2 | 4.4 |
| 865＜CM≤980 | 4.3 | 4.5 |
| 980＜CM≤1090 | 4.5 | 4.7 |
| 1090＜CM≤1205 | 4.7 | 4.9 |
| CM＞1205 | 4.9 | 4.9 |

表 3-10　节能乘用车综合工况燃料消耗量限值标准
（基于 WLTC<sup>⊖</sup>型式认证的车型燃料消耗量标准）

（单位：L/100km）

| 整备质量（CM）/kg | 两排及以下座椅 | 三排或以上座椅 |
|---|---|---|
| CM≤750 | 4.45 | 4.82 |
| 750＜CM≤1415 | 0.0026×(CM−1415)+6.18 | 0.0026×(CM−1415)+6.55 |
| 1415＜CM | 6.18 | 6.55 |

## 二、技术现状及发展趋势

PHEV 区别于以往的混合动力汽车，既可以外接充电，又可以动力发电。用纯电力驱动可供续驶 50km 左右，电能用完后可以用燃油发动机驱动。传统混合动力电动汽车虽然也节省燃油，但动力电池容量小，仅在启 / 停、加 / 减速的时候供应 / 回收能量，无法在纯电动模式下长距离行驶，不能外接充电。

纯电动汽车只能用电驱动，在充电网络建设不完善的现阶段可能会存在电能耗光无法充电或充电时间过长等缺陷。

PHEV 有纯电动汽车的全部优点，以纯电动工况行驶时为零排放，可在晚间用电低谷时充电，降低对石油或天然气燃料的依赖。对于距离较短的行驶，可以不使用燃料，利用外部公共电网充电，可降低车辆的使用成本。

PHEV 的动力电池比纯电动汽车的容量小许多，这样不但可以降低车辆制造成本，而且还减轻了整车的质量，使车辆不会因为车体质量过大而耗费行驶能量，因此，相比之下前者的性价比更高。

当前国内插电式混合动力电动汽车先进技术如图 3-3 所示。

### （一）动力系统

混合动力系统技术架构形式多样，特点各异。混合动力系统架构方案发展至今，根据动力机构的转矩转速耦合方式的不同，其类型可分为串联、并联和混联形式；此外，按照驱动方式不同还可以分为电耦合动力系统、机械耦合动力系统和机械 – 电耦合动力系统。串联系统是将发动机的能量通过发

---

⊖　WLTC 全称为 World Light Vehicle Test Cycle，意为世界轻型汽车测试循环工况。

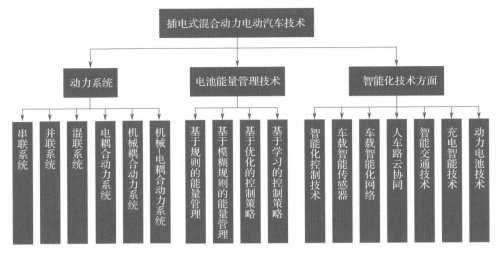

图 3-3　插电式混合动力电动汽车先进技术

电机转化为电能，适用于中低速行驶；并联系统主要由发动机提供驱动力，电机辅助以减少效率损失；混联系统融合了串联和并联系统优势，具有更灵活的能量调度能力。按驱动方式不同可分为电耦合动力系统，即通过电耦合器实现动力传输；机械耦合动力系统，即通过机械装置传输动力，能量损失较低，但工作效率受限；机械-电耦合动力系统，结合两种耦合器，工作点更灵活，但复杂度和成本较高。

## （二）电池能量管理技术

能量管理技术是混合动力电动汽车的核心技术。其主要任务是根据车辆的动力需求、动力系统的运行状态以及不同动力源在工作效率、瞬态响应特性、负载能力等方面的差异协调不同动力源之间的动力分配，目的是实现包括燃料消耗、污染物排放、驾驶机动性以及动力源使用寿命在内的单目标或多目标优化。

然而，由于动力系统复杂的非线性结构、驾驶工况的不确定性以及在线应用过程的实时性要求，开发高效且自适应的能量管理系统是一项挑战性极高的任务。

混合动力电动汽车作为新能源汽车的重要车型，因为其具有续驶里程长、油耗低等优势，是汽车企业和高校的研究热点。PHEV 作为传统燃油汽车向纯电动汽车发展的过渡车型，与其他混合动力电动汽车相比，具有能够连接电网充电的独特优势。如何将独特的优势运用起来，使用最佳的能量分配提高车辆的续驶里程，成为当前的重要问题，因此，探索合理的能量管理策略对提高 PHEV 能量利用率至关重要。

### 1. 基于规则的能量管理策略

基于确定性规则的能量管理策略是指根据设计者的"专家经验"制定控制规则，在满足车辆动力需求的前提下实现系统工作模式的切换与多动力源之间的功率分配。近些年，人们将低通滤波器以及小波变换等引入能量管理技术，目的是实现动力源之间的频率解耦控制，常见的机械 – 电耦合动力系统如图 3-4 所示。

实验结果表明，相关方法可以在满足车辆动力需求的前提下控制慢

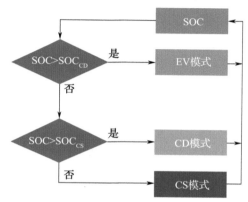

图 3-4　机械 – 电耦合动力系统
EV—纯电动　CD—电量消耗　CS—电量保持

动态的能量源（内燃机或燃料电池）提供基本 / 低频功率，快动态的能量源（动力电池或超级电容）提供峰值 / 高频功率。真实驾驶环境下，整车需求功率具有极高的不确定性，而频率解耦控制可以有效降低瞬态 / 峰值功率对动力系统（尤其是燃料电池）造成的损害。

### 2. 基于模糊规则的能量管理策略

模糊控制在多域、时变、非线性的控制问题中具有较好的鲁棒性与自适应性，因此被广泛用于车辆的能量管理问题。从控制系统的架构来看，可以将模糊控制策略分为单模糊控制器策略和多模糊控制器策略。单模糊控制器策略，通常以整车需求功率、动力电池 SOC 以及实时车速为状态变量，发动机 / 电机输出功率为动作变量，通过输入量化—模糊化—模糊推理—解模糊化—输出量化完成对能量流的鲁棒控制，其结构简图如图 3-5 所示。多模糊控制器策略通常基于模糊逻辑实现对激进、普通、保守等模糊概念的描述以识别驾驶人的驾驶风格，或进行驾驶意图以及驾驶工况类型的识别。将识别结果作为功率分配控制器的输入，实现基于多模糊逻辑的自适应能量管理。

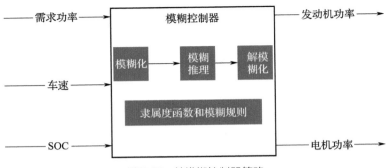

图 3-5　单模糊控制器策略

### 3. 基于优化的控制策略

基于优化的控制策略可分为离线优化控制策略和在线优化控制策略两类。

离线优化控制策略是在全局工况信息已知的前提下首先将控制问题离散化，再应用最优化方法求解固定驾驶循环下的最优控制动作。常见的离线优化控制策略有动态规划、庞特里亚金最小值原理，以及遗传算法、粒子群优化和模拟退火等元启发式搜索方法。

在线优化控制策略与离线优化控制策略不同，在线优化控制策略追求的是在有限计算时间与内存资源下的在线优化能力。在线优化策略通常以瞬时燃油消耗或未来几秒内的燃油消耗为优化目标，典型的方法包括模型预测控制策略和等效消耗最小化策略。

与离线优化控制策略相比，模型预测控制策略可以更好地处理实际工况的不确定性，具有良好的动态控制能力与鲁棒性。等效消耗最小化策略将电机消耗的电能转化为等效的燃油消耗，再通过最小化综合燃油消耗实现能量管理的优化。此方法不足之处在于策略的优劣严重依赖于等效因子，对工况的敏感性较大。为了保证等效消耗最小化策略的有效性，人们提出了大量等效因子估计方法，大致可以分为离线估计和在线估计两大类。随着约束条件、模型精度以及问题离散化程度的增加，在线优化控制策略的计算量也会呈现指数型增加的变化趋势。

### 4. 基于学习的控制策略

随着大数据、人工智能与计算机技术的发展，机器学习被积极地应用于能量管理问题中，为突破传统方法的限制提供了研究思路。与上述方法不同的是，基于学习的控制策略既不依赖设计者的"专家经验"定义控制规则，也不依赖被控对象的数字化模型计算最优控制动作，而是基于先进的数据挖掘方法与大量的历史 / 实时经验数据获得预测结果或控制策略。如图 3-6 所示，根据学习方式的不同可将该类策略分为监督学习、无监督学习以及强化学习三大类。

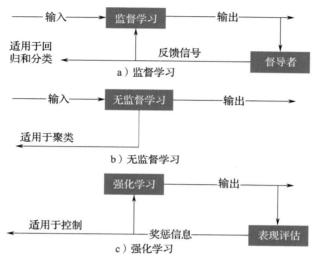

图 3-6 基于学习的控制策略

　　监督学习以事先定义的特征数据与目标数据作为训练集，基于这种已知的组合关系训练最优控制模型，目的是使模型具有一定的预测以及分类识别能力。因此，监督学习可以被进一步分为回归监督学习和分类监督学习。回归监督学习通常被集成在基于模型预测控制框架中，用于实现车速、发动机转矩以及动力电池功率等信息的预测。对广义的指数变化、马尔可夫链，以及基于神经网络的预测器进行比较后的结果表明，神经网络预测器在一系列验证和真实驾驶循环中提供了最佳的整体性能。其中，径向基函数神经网络优于对时间序列问题有效的递归神经网络和反向传播神经网络。

　　与监督学习相对应，无监督学习的主要功能是在探索性数据分析阶段发现隐藏的模式或者对数据进行分组。在车辆能量管理领域，无监督学习主要用于驾驶循环的分类或数据降维，辅助完成高效的控制策略开发。

　　强化学习是基于智能体与环境的持续交互实现策略优化的一种机器学习方法。如果智能体的行为导致了环境对智能体的积极奖励，那么这种动作被再次采取的趋势就会有所增加。反之，产生消极惩罚的行为在未来被采取的概率会降低。因此，除了智能体和环境两个交互对象之外，强化学习还包括状态、奖励与动作三个关键要素。

在各类能量管理方法中，基于规则的方法对控制器的算力要求较低且易于实现，但需要大量的人工参数校准工作，并且策略的最优性与适应性较差。基于优化的控制策略可以达到全局最优或接近全局最优的控制效果，但需要基于被控对象的数字化模型进行大量的计算，存在最优性与计算时长的矛盾。基于学习的控制策略通过先进的数据挖掘技术与大量的历史或实时经验数据挖掘输入到输出的最优映射关系，是近些年能量管理领域的研究热点。将三种控制策略在离线仿真和硬件在环这两种系统下的测试结果进行分析，测试结果表明：基于粒子群优化的改进型模糊逻辑控制策略控制效果最好，基于模糊逻辑的控制策略次之，基于逻辑门限值的控制策略最差。

通过查阅资料，未来能量管理技术的研究可以包括以下内容。

1）基于车路协同的分布式 EMS 训练架构：通过云平台所搭载的全局经验缓存系统收集同类型车辆在不同交通环境中的运行数据与控制参数。基于离线策略学习方法（例如离线强化学习）提取全局经验并进行学习以提高能量管理能力。

2）智能网联多车系统的协同控制：利用个体之间的行为一致性和耦合性，在保证驾驶安全性的条件下，通过对多车驾驶行为的协同控制降低空气阻力，改善多车系统的能源消耗。

3）智能混合动力电动汽车的生态驾驶技术：在智能网联环境下，能量管理策略的功能不再局限于固定车速曲线下的功率分配。驾驶行为规划与功率分配的协同优化将在很大程度上提高 PHEV 的节能减排表现。

## （三）智能化技术

### 1. 智能化控制技术

汽车智能化技术是指机器视觉技术、雷达技术、磁导航技术，高精度数字地图和卫星导航技术是智能汽车重要技术的融合，对这些技术的发展产生直接影响。其中，机器视觉技术使用设备中的复杂硬件在软件设计中开发更新的视觉算法，以模拟人眼的工作方式，系统随着速度变化自动变化调整相机的焦距，自行适应不平的路面环境。此外，车载导航也是智能化的主要应用方向之一，随着智能化技术的提高，车载导航不仅可以进行方向指导，还能够对环境进行分析。

### 2. 车载智能传感器

传感器更大规模应用，不仅能够为汽车的各种智能化技术水平的提升提供保障，所采集的大数据的潜在价值也将被逐渐挖掘。采用机器学习技术能够使汽车根据传感器采集到的数据进行自动化学习，进一步提高汽车的智能化水平。

### 3. 车载智能化网络

随着汽车电气化、智能化程度的不断提升，网络攻击对汽车的威胁将会愈加严重，因此，汽车需要在设计阶段就考虑到信息安全的问题。需构建不同的网络平台，进行各种功能的集成，通过平台来与车内的设备终端进行信息交互，根据不同需求采用不同的平台进行网络交互，以实现相应的目的。

### 4. 人车路云协同

在向自动驾驶迈进的过程中，人车路云协同的程度越来越高，出行服务越来越成为汽车企业的重点关注领域，甚至作为核心业务来布局，传统的汽车产业与信息服务方、道路运营方等之间的合作越来越紧密。未来汽车产业的边界将日趋扩展，产业链、价值链和创新链不断延伸，共同向人、车、路、云等多要素融合的未来汽车产业体系迈进。

### 5. 智能交通技术

智能交通系统是一个综合性系统，从业务层面可以分为终端层（主要负责数据采集、服务应用等）、支撑层（主要负责数据信息的传输、计算、存储、处理等）和应用层（主要负责交通管理和服务）。该系统可实现对各路口、路段的车流量数据的自动采集，以及对数据的智能分析，可提供最佳的路口交通信号配时方案，并通过远程干预和微调，提高路口的通行能力，实现通行有序化，形成具有"线上资源合理分配、线下高效优质运行"特点的新业态和新模式，从而提高公众出行效率，促进城市节能减排。

### 6. 充电智能技术

电动汽车电能补给方式包括传导充电、无线充电和换电，传导充电又包括直流充电和交流充电。未来的充电发展愿景是以电池储能 V2G 微电网为主，就是车电互动，以分布式可再生能源与电动汽车微电网协同平抑快速充电负荷。电动汽车快速充电功率峰值与可再生能源间歇峰值协调互动，实现电网的平衡稳定。

### 7. 动力电池技术

动力电池是新能源汽车的核心总成，关系到新能源汽车的安全性、动力性、经济性、续驶里程特征与充电便利性等。

我国磷酸铁锂电池的单体能量密度已达到 $140W \cdot h/kg$，接近国际先进水平，其产业成熟度和规模国际领先。比亚迪一直聚焦磷酸铁锂电池研发和重点突破，推出了"刀片电池"，在保证安全的前提下，取消了里面的小盒子，解决了电池能量密度与安全兼容的问题。

### （四）回收利用

#### 1. 新能源汽车动力电池回收利用现状

随着新能源汽车产业的快速发展，我国已成为世界第一大新能源汽车产销国。在新能源汽车产业快速发展的同时，动力电池装机量也在逐年攀升。

截至 2023 年，我国新能源汽车产销量已经连续 9 年保持全球第一。按照动力电池 4~8 年的使用寿命估算，2017 年前后国内大规模装机的新能源汽车动力电池也将迎来回收放量期。同时，在碳酸锂大幅涨价的带动下，废旧动力电池价格也随之"水涨船高"，部分企业反映，部分电池折扣系数（废料价与新货价的比值）已由 2021 年的最低 60% 上升至 2022 年的 100% 以上。特别是随着动力电池装机大规模放量，锂资源供需矛盾将进一步加剧，动力电池回收的市场价值也将更加凸显。有关研究机构测算，到 2030 年，我国动力电池回收的市场规模可达 1406 亿元，比 2022 年实际市场规模增长近 9 倍。

动力电池回收是新能源产业可持续发展的重要环节，也是锂、镍、钴等战略性矿产资源可持续供应的关键，对实现"双碳"目标具有重要意义。

动力电池的回收分为梯次利用和拆解回收两个阶段，也就是动力电池剩余容量降至 70%~80% 时必须"退役"，部分状态良好的动力电池在检测、加工之后进行梯次利用，用作基站、发电系统的储能电池或者备用不间断电源（UPS）；无利用价值的动力电池则拆解回收，提炼出锂、钴、镍等材料重复利用。

电池回收的主要技术难点在于电池含有活性材料，在粉碎分选时容易出现着火爆炸和环境污染问题，常见的火法和湿法回收技术都存在不足之处。火法是指直接采用高温分解的方法提取电极中的金属或金属氧化物，缺点在于能耗和建设成本非常高；湿法则是将电池破碎后溶解，在酸或生物溶液中浸取金属，但由于电池属于易燃材料，拆解过程中面临着火等危险。

动力电池报废之后会造成严重的环境污染和资源浪费。把废旧动力电池中的钴、镍、锂等材料分离出来，可以降低对进口矿石的依赖，为生产商节约原材料成本，促进新能源行业的快速可持续发展，是解决资源供给矛盾的有效途径。

动力电池回收的一大经济价值体现在降低新能源汽车的碳强度。新能源汽车虽然用的是电，但不代表不产生碳排放。2021 年 3 月 10 日，欧洲议会通过"碳边境调节机制（CBAM）"议案，将对欧盟进口的部分商品征收碳税。这就意味着，产品碳强度极有可能改变出口企业的竞争优势，对中国汽车产业"破浪出海"产生直接影响。

相关数据显示，2021 年中国废旧锂离子电池回收量高达 59.1 万 t，其中废旧动力电池理论回收量为 29.4 万 t，3C 产品（计算机、通信和消费电子产品）及小动力废旧锂离子电池理论回收量为 24.2 万 t，其他相关的废料理论回收量为 5.5 万 t。伊维经济研究院预计，2026 年中国理论废旧锂离子电池回收量将达到 231.2 万 t，市场规模将达到 943.2 亿元。

政策扶持助力回收稳步发展。在国家层面，为规范动力电池回收市场，实现对动力电池全生命周期的管理，近年来，我国也大力支持动力电池回收产业发展，出台了一系列支持政策，为动力电池回收产业提供了良好的政策环境。

根据上海有色金属网（SMM）数据，我国 2022 年全年废旧锂离子电池共回收 300258t（包含电池、极片和黑粉形态的回收废料）。如图 3-7 所示，按照废料类型维度分类来看：三元废料回收量为 188692t，占比 63%；磷酸铁锂废料回收量为 94551t，占比 31%；钴酸锂废料回收量为 17015t，占比 6%。

此外，我们还可以按照废料的形态来进行分类。如图 3-8 所示，按照废料形态分类来看：废旧电池回收量为 68141t，占比 23%，包含退役动力锂电池与 3C 产品的废旧电池；废旧正极片回收量为 99024t，占比 33%，即电池企业生产过程中产生的报废正极片；废旧黑粉回收量为 133093t，占比 44%，包括电池粉与极片粉。

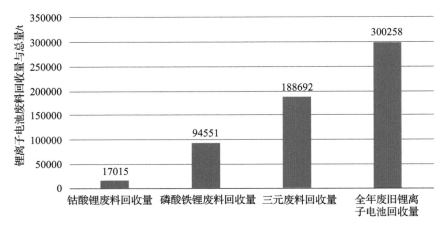

图 3-7　基于废料类型维度的锂离子电池回收量与总量

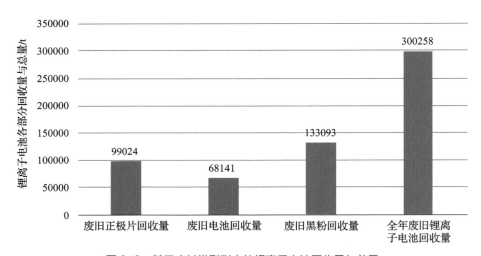

图 3-8　基于废料类型形态的锂离子电池回收量与总量

除锂离子电池相关材料的回收量显著之外，其他类型动力电池的相关材料回收量同样十分显著，对环境保护发挥了重大作用。上海有色金属网（SMM）数据显示，2022 年共回收得到硫酸镍 32380 金属吨，硫酸钴 25418 金属吨，氧化钴 977 金属吨，工业级碳酸锂 18708t，电池级碳酸锂 21560t，粗制碳酸锂 18323t。

随着动力电池退役浪潮的来临，回收规模将继续扩大，回收金属占电池原料供应的比例或将进一步攀升。随着新能源汽车产业的爆发式增长，动力电池"退役潮"紧随其后。数据显示，2023 年我国废旧动力电池退役量超过 58 万 t；到 2025 年，我国动力电池退役量将达 82 万 t；2028 年后，动力电池退役量将超过 260 万 t。

### 2. 新能源汽车动力电池回收利用面临的问题

尽管近年来产业链上下游企业竞相布局动力电池回收领域，但整体竞争格局仍暂时呈现"小、散、乱"的局面。

1）动力电池回收利用相关法律法规不健全。目前，欧洲、美国、日本等汽车工业发达的国家或地区均在电池回收利用方面出台了相关法律，形成了较完善的回收利用体系。相较而言，我国针对新能源汽车动力电池回收利用的专门立法还有所欠缺。

2）动力电池回收利用标准体系亟待完善。目前，动力电池回收利用涉及多项技术标准，如"可梯次利用设计指南""剩余寿命评估规范""回收处理报告编制规范"等标准仍未出台。

3）动力电池回收关键技术发展相对滞后。目前，动力电池性能衰减机理、健康状态评价以及一致性检测等问题还没有相对有效的解决方案。动力电池再生利用过程仍然存在物料分选效率低、装备自动化水平低等问题。

4）动力电池回收利用体系尚未真正形成。多数回收企业采取自建回收网点的方式，缺乏统一规划，存在网点分布不合理、利用率较低、投入高、管理不规范等问题。

### 3. 新能源汽车动力电池回收利用健康发展建议

随着"退役潮"临近，规范动力电池回收迫在眉睫。为此，建议从以下四方面发力，加快建立科学规范的动力电池回收体系。

1）加快完善动力电池回收利用法律法规。加快动力电池回收利用相关法律的完善，加强对相关责任主体的履责约束力度。

2）建立动力电池回收利用行业标准化体系。加快研究制定碳核算方法、再生原料评价、绿色生产、安全管理、节能减污降碳、剩余寿命评估规范等标准。建立国家碳排放因子及数据库，在全球范围内建立行业优势和话语权。

3）加快关键核心技术创新研发。加强废旧动力电池一致性检测、梯次利用系统集成、精细化智能化拆解等方面的科技攻关。推广动力电池回收利用高效节能技术产品和技术。

4）因地制宜优化回收利用产业布局。积极推动在新能源汽车保有量较大的区域进行网点铺设和规范化改造。推动汽车生产企业、电池生产企业、报废汽车拆解企业及综合利用企业等合作共建共享动力电池回收渠道。

## （五）典型案例

### 1.比亚迪

纯电动与插电式混合动力"双擎"驱动，新能源汽车自主龙头稳步前行。比亚迪"DM-i超级混动"技术，区别于传统插电式混合动力系统将电机与发动机两套动力系统安装到一辆车上，比亚迪"DM-i超级混动"将电机和发动机整合在一起，改变了传统混合动力技术主要依赖发动机、以油为主的设计架构，从而大幅降低油耗，进一步提高混合动力电动汽车的节能环保性，如图3-9所示。

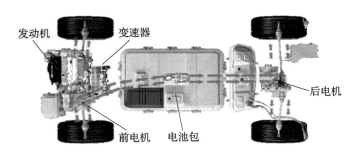

图3-9　比亚迪"DM-i超级混动"系统

举例而言，电量充足时，搭载"DM-i超级混动"系统的车辆是一辆纯电动汽车；电量不足时，搭载"DM-i超级混动"系统的车辆就是一辆超低油耗的混合动力电动汽车。在市区行驶时，有99%的工况是用电机驱动的，驾乘体验无限接近纯电动汽车；有81%的工况发动机处于熄火状态，完全零油耗。高速行驶时，以并联直驱为主，发动机在高效区间驱动，简化了能量传递环节，实现超高效率和超低油耗。

"DM-i超级混动"平台的核心部件包括双电机的"EHS超级电混"系统（可同时提供交流慢速充电和直流快速充电两种充电方式），"骁云"——插电式混合动力专用高效发动机，"DM-i超级混动"专用功率型"刀片电池"，以及整车控制系统、发动机控制系统、电机控制系统、电池管理系统。核心部件及关键技术均由比亚迪自主研发。"DM-i超级混动"系统以电驱动为主，以紧凑型轿车秦PLUS为例，其在亏电状态下的油耗可低至

3.8L/100km（NEDC 工况）；同时，纯电动续驶里程可达 120km，既用油又用电的综合续驶里程突破 1200km（NEDC 工况）。

比亚迪为"DM-i 超级混动"平台打造了"骁云"——插电式混合动力专用 1.5L 高效发动机。该款发动机可实现 15.5 的高压缩比，同时采用阿特金森循环，配备排气再循环（EGR）系统，采取一系列减小摩擦措施，并针对高热效率目标优化了发动机控制系统。在该款发动机上，比亚迪首次采用发动机分体冷却技术，通过对缸盖和缸体的温度控制，按需为缸盖和缸体精准提供冷却，使缸盖和缸体都能处在最佳工作温度，进一步提升发动机效率，冷起动暖机过程时间缩短 15%~20%，降低了暖机过程的油耗和排放。

目前，搭载"DM-i 超级混动"平台的车型有"王朝"系列的"秦、宋、唐、汉"及"海洋"系列的"驱逐舰 05、护卫舰 07"，涵盖 A 级轿车、A 级 SUV、B 级 SUV、B 级轿车，全面覆盖当前主流市场。

2. 长安

2022 年 3 月，长安汽车推出首款搭载长安"蓝鲸 iDD"混合动力系统的车型——长安 UNI-KiDD，该款车型搭载 30.74kW·h 的 PHEV 蓄电池，NEDC 工况下纯电动续驶里程为 130km，油电综合续驶里程可达到 1100km。长安蓝鲸混合动力专用发动机如图 3-10 所示。

图 3-10　长安蓝鲸混合动力专用发动机

长安"蓝鲸 iDD"混合动力系统主要由"蓝鲸 NE"发动机、"蓝鲸"混合动力变速器、PHEV 电池盒、指挥控制系统四大组件构成。其中，"蓝鲸 NE"发动机采用高压直喷技术、智能热管理系统、米勒循环、智能润滑系统等技术进一步提升发动机热效率。"蓝鲸"混合动力变速器采用高压液压系统、电子双泵技术、"S-winding"绕组技术和三离合集成技术，是自主品牌中少有的采用单电机 P2 并联的系统。相比串并联混合动力系统，单电机 P2 并联系统少了一个电机及控制器，在成本控制上具备一定优势，同时，可在传统变速器基础上通过改装升级实现，开发成本较小。在上述技术的加持下，整套变速器可实现电驱动综合效率达到90%、电机控制器最高效率超过98.5%、电机功率密度达到10kW/kg、液压系统压力达到60bar（1bar=$10^5$Pa）。

### 3. 长城

长城汽车"哈弗枭龙MAX"车型采用双电机插电式混合动力系统。作为长城汽车"哈弗"品牌的全新车型，"哈弗枭龙MAX"基于长城全新"Hi4"混合动力架构打造，同时也是该架构下的首款车型。动力系统方面，"哈弗枭龙MAX"搭载了长城"Hi4"混合动力技术（由1.5L混合动力专用发动机、前后双电机、电池组、2档混合动力专用变速器等部件组成的插电式混合动力系统），系统综合功率为205kW，NEDC工况纯电动续驶里程为105km。四轮驱动比两轮驱动更稳、更安全。

长城"Hi4"技术采用了串并联+2档混合动力变速器（DHT）+前后桥双电机的架构，提供了9种模式，而纯电动四轮驱动、并联四轮驱动、双轴能量回收为新增模式（对比"柠檬混动"DHT系统），使得整车在输出动力强劲的同时又能保证较好的燃油经济性。

采用长城汽车旗下的"魏牌"智能DHT的PHEV车型最大纯电动续驶里程达320km。"魏牌"智能DHT系统采用了P1+P3的双电机串并联拓扑结构，同时，发动机直驱模式下提供两个驱动档位，在40km/h以上车速下即可进入发动机直驱模式，实现97%的最高传动效率，以及43%~50%的动力系统综合效率，"玛奇朵"DHT车型的NEDC工况油耗为4.7L/100km。长城DHT混合动力总成如图3-11所示。

图3-11　长城DHT混合动力总成

在兼顾良好经济性表现的同时，两档设计还可以在全速域内充分发挥各动力源的最大能力，实现更好的加速性能，同时有效改善高速工况下的NVH（噪声、振动与声振粗糙度）性能表现。目前已具备三种不同规格的动力总成，以满足不同级别车型的需求。在 PHEV 架构下，"摩卡 DHT-PHEV"搭载 39.67kW·h 的动力电池，其两轮驱动长续驶里程版可提供204km 的纯电动续驶里程。后续，"魏牌"智能 DHT 还将提供 320km 超长纯电动续驶里程方案，应用的新型电池包电量达到 58.96kW·h，其采用了全新的 L 型长电芯和电芯集成到电池包（CTP）方案，整体形成了模块化布置，实现了在电压平台允许范围内的自由配组，不再受传统模组串数约束，同时，使电量相较以往增加 24%，能量密度增加 9%，空间利用率增加17%。此外，结合高精度地图可实现智能预测的能量管理系统也将在"魏牌"混合动力平台上进行搭载应用，其可根据路况条件，智能动态地调整制动能量回收策略，以实现更好的节能效果。

### 4. 吉利汽车

在 2021 年，吉利就进入了动力科技电气化的新时代，推出了全新的动力科技品牌，取得了多个世界第一的成就，在核心技术上全面超越了日系混合动力电动汽车。据了解，第四代"帝豪"搭载全球首款 1.8 L 醇电混动发动机和 3 档混合动力电驱"DHT Pro"变速器，实现了强动力和低能耗兼备。其中，1.8L 醇电混动专用发动机的热效率达到了 41.5%，3 档混合动力电驱"DHT Pro"变速器拥有全球领先的 3 档传动比，是目前全球最紧凑的混合动力专用变速器，最大输出转矩达到 4920N·m，转矩质量比为 41N·m/kg，以 97.5% 的传动效率实现了同级别最强的 40% 节能率。

此外，吉利旗下的"雷神"系列汽车在混合动力汽车技术方面也屡有突破。

"雷神动力"将目光聚焦于混合动力技术的核心模块，并打造出模块化智能混合动力平台——"雷神智擎 Hi·X"，如图 3-12 所示。

"雷神动力"产品矩阵包括"雷神智擎 Hi·X"混合动力系统、高效传动系统、高效发动机，以及新一代电驱装置"E 驱"。其中，"雷神智擎Hi·X"作为世界级模块化智能混合动力平台，包含 1.5TD/2.0TD 混合动力专用发动机，以及"DHT（1 档变速器）/DHT Pro（3 档变速器）"混合动力

图 3-12　"雷神智擎 Hi·X"混合动力系统

专用变速器，实现对 A0~C 级车型全覆盖，同时，涵盖 HEV、PHEV、增程式混合动力（REEV）等多种混合动力技术。"雷神智擎 Hi·X"混合动力系统包含的 1.5TD 混合动力专用发动机，是世界上首款量产的增压直喷混合动力专用发动机，拥有权威机构"能效之星"认证的 43.32% 的量产混合动力发动机全球最高热效率记录。"DHT Pro"变速器拥有 3 档传动比，最大输出转矩可达 4920N·m、转矩质量比可达 41N·m/kg。

### 5. 奇瑞

奇瑞第三代混合动力科技——"鲲鹏超性能电混 C-DM"，搭载第五代"ACTECO"1.5TGDI 发动机，如图 3-13 所示。

奇瑞的混合动力"新三大件"由混合动力高效发动机、混合动力专用变速器、混合动力专用电池及电池管理系统组成。这套动力系统不仅搭载奇瑞第五代"ACTECO"1.5TGDI 高效混合动力专用发动机，还可配备全新迭代的 3 档"超级电混"DHT 或驾

图 3-13　第五代"ACTECO"
1.5TGDI 发动机

驶感优越的"无级超级电混"DHT，结合混合动力专用电池管理系统实现性能和节能兼具。

"鲲鹏超性能电混 C-DM"凝聚了奇瑞混合动力技术 18 年的积累，是奇瑞集团全面向新能源化转型的重要技术支撑。其融合了奇瑞在多个技术领域的先进实力，对现有"技术围城"进行全方位创新突破，拥有 1400km 以上

的续驶里程、热效率大于44.5%、百公里油耗4.2L、百公里加速时间4.26s等优势性能。

"鲲鹏超性能电混C-DM"拥有全速段强劲的动力输出，可轻松适用起步、通勤、高速行驶等各类日常用车场景，给予用户高性能的混合动力出行体验。例如，面对市内通勤的拥堵路况，从30km/h加速到70km/h仅需3s，不仅跟车不掉队，超车也更轻松；在高速场景，从90km/h加速到120km/h的时间为3.6s，超车更加轻快、安全。

"鲲鹏超性能电混C-DM"为用户提供3个档位。从原理上来看，随着变速器档位的增加，车辆可以在低速、中速、高速等不同路况下分配不同的驱动力，从而降低动力负荷。奇瑞3档"超级电混"DHT在双电机驱动+3档DHT模式的赋能下，最高传动效率大于97.6%，轮端输出转矩大于4000N·m，可实现全速段动力强输出。为此，可使整套动力输出在传动匹配上。

从混合动力技术来说，"鲲鹏超性能电混C-DM"的动力传输可以因为动力电池和电机的加入而变得更高效，且依托电机的作用，整车的性能也可以得到提升。

### 6. 上汽集团

作为中国汽车行业的龙头企业之一，上海汽车集团股份有限公司（简称上汽）从2008年起，就开始攻关插电式混合动力电动汽车的关键技术，并于2009年成立了上海捷能汽车技术有限公司，研发新能源汽车三电（电池、电机和电控）产品及技术。"3.0T绿色澎湃动力"搭载了上汽"蓝芯"1.5TGI缸内中置直喷涡轮增压发动机、100kW高功率高效永磁同步电机、全球首款10档二代EDU（电控驱动单元）智能电驱变速器等领先技术，最大功率224kW，最大转矩480N·m，动力输出比肩主流3.0T燃油车型，并且可实现小于0.2s的跑车级动力响应，传动效率为94%以上，真正做到"强动力低油耗"。

上汽乘用车首款搭载"3.0T绿色澎湃动力"的插电式混合动力SUV产品——"荣威RX5 ePLUS"在继承了"荣威RX5 PLUS"的五大"PLUS"实力的同时，更在动力性能上有了显著提升，百公里加速时间为7.5s；同时，新车百公里油耗低至1.6L。

智能方面，"荣威RX5 ePLUS"搭载4G互联娱乐行车系统，支持OTA无线升级迭代。

此外，安全性上，"荣威RX5 ePLUS"还拥有自适应巡航控制（ACC）

系统、车道偏离预警（LDW）系统等智能驾驶辅助系统。动力电池严格按照美国最权威的 UL 2580《用于电动汽车的电池安全标准》设计，三电系统都达到了 IP67<sup>⊖</sup>防水防尘标准，全天候保障车辆安全。

### （六）未来产业布局

随着我国科技创新不断取得突破，制造业发展突飞猛进，汽车行业发展也取得了质的飞跃。新能源汽车种类繁多，纯电动汽车虽然绿色环保，但是现阶段其续驶里程短、动力电池容量小、制造成本高；混合动力汽车既能降低污染物的排放量，又能弥补现有电动汽车的不足，因此广受青睐。

当前插电式混合动力电动汽车前景良好，已与传统燃油车型的用户满意度水平基本持平，其中，国产中高端产品总体满意度评价相对更高。

未来产业布局主要依托以下原则：强化整车集成技术创新，以纯电动汽车、插电式混合动力（含增程式）电动汽车、燃料电池电动汽车为"三纵"，布局整车技术创新链；研发新一代模块化高性能整车平台，攻关纯电动汽车底盘一体化设计、多能源动力系统集成技术，突破整车智能能量管理控制、轻量化、低摩擦阻力等共性节能技术，提升电池管理、充电连接、结构设计等安全技术水平，提高新能源汽车整车综合性能。

新能源汽车、交通、信息通信等领域企业跨界协同，围绕多元化生产与多样化应用需求，通过开放合作和利益共享，打造涵盖解决方案、研发生产、使用保障、运营服务等产业链关键环节的生态主导型企业。在产业基础好、创新要素集聚的地区，发挥龙头企业带动作用，培育若干上下游协同创新、大中小企业融通发展、具有国际影响力和竞争力的新能源汽车产业集群，提升产业链现代化水平。

建立健全动力电池模块化标准体系，加快突破关键制造装备，提高工艺水平和生产效率。完善动力电池回收、梯级利用和再资源化的循环利用体系，鼓励共建共用回收渠道。建立健全动力电池运输仓储、维修保养、安全检验、退役退出、回收利用等环节管理制度，加强全生命周期监管。

同时，基于以下我国汽车发展面向 2035 年的六大目标，相关部门提出了新的技术路线图，如图 3-14 所示。

---

⊖ IP67 是外壳防护等级，指可以防止金属线接近危险部件、灰尘密封且防短时间浸水影响。

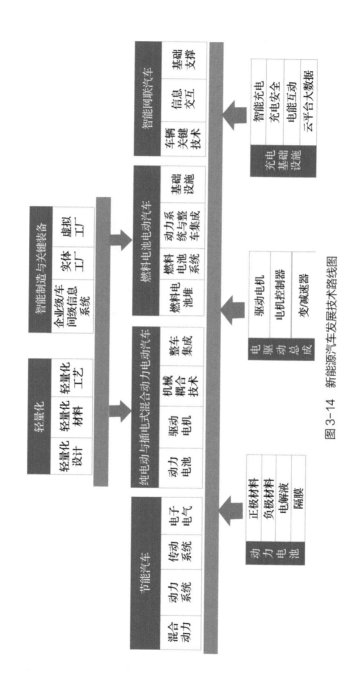

图3-14 新能源汽车发展技术路线图

1）我国汽车产业碳排放将于 2028 年左右先于国家碳减排承诺提前达峰，至 2035 年，碳排放总量较峰值下降 20% 以上。

2）新能源汽车将逐渐成为主流产品，汽车产业基本实现电动化转型。

3）中国方案智能网联汽车核心技术国际领先，产品大规模应用。

4）关键核心技术自主化水平显著提升，形成协同高效、安全可控的产业链。

5）建立汽车智慧出行体系，形成汽车、交通、能源、城市深度融合生态。

6）技术创新体系基本成熟，具备引领全球的原始创新能力。

路线图延续了"总体技术路线图 + 重点领域技术路线图"的研究框架，并将研究布局深化拓展至"1+9"，形成了"总体技术路线图 + 节能汽车、纯电动和插电式混合动力电动汽车、氢燃料电池电动汽车、智能网联汽车、汽车动力电池、新能源汽车电驱动总成系统、充电基础设施、汽车轻量化、汽车智能制造与关键装备"的"1+9"研究布局。

根据上述原则，加之混合动力电动汽车仅需装用纯电动汽车 1/10 的动力电池容量，整车有较为贴近市场需求的性价比，因此，混合动力电动汽车仍将是近期实现产业化的主要电动汽车种类。

但是，考虑到我国国情，目前仍应大力推广使用混合动力大客车，进一步降低制造成本，减少油耗和排放。在混合动力电动汽车方面，首先在乘用车上推广使用具有怠速停车功能和起动电机、发电机一体化的轻度混合动力轿车技术，将其应用到使用率较高的领域，如城市出租车；其次是在城市公交车辆上推广应用具有制动能量回收功能的混合动力系统，逐步扩大其应用范围。

## 三、插电式混合动力乘用车特征

在零排放转型方面，乘用车具有明确和清晰的转型方向，即以电动化为基本路线。近年来油价高企，新能源汽车使用端性价比进一步凸显，插电式混合动力电动汽车也实现了对燃油汽车市场的分流。

为了降低对石油能源的依赖，减少碳排放，降低车辆排放污染，汽车行业正在由传统的内燃机驱动转向混合动力电动汽车、纯电动汽车以及燃料电池电动汽车等方向。电动化变革中，单纯依赖石油资源的内燃机动力将被逐渐淘汰，取而代之的是使用蓄电池储能并由电力驱动的纯电动汽车、综合内燃机和电机优势技术的混合动力电动汽车，以及使用氢燃料电池提供电能并由电力驱动的燃料电池电动汽车等。

其中，纯电动汽车近年的发展最为迅猛，但从未来的 5~10 年来看，混合动力电动汽车将占据主流，原因是，《插电式混合动力汽车发展现状及趋势研判》等相关资料的研究表明，PHEV 的性能已全面超过燃油汽车，且环境适应性好于纯电动汽车。虽然目前插电式混合动力电动汽车的初期使用成本仍高于燃油汽车，但随着充换电服务网不断完善，充电电价优势将更加凸显，成本差距有望逐步缩小至接近持平。而且，随着新能源汽车普及率提高、购车成本降低、保值率升高，插电式混合动力电动汽车的综合使用成本将持续降低。

此外，PHEV 可以有效平衡里程焦虑、使用场景和动力电池价格之间的关系。在汽车电动化时代全面到来之前，行业应给予消费者充足的适应期。因此，在未来一段时间内，PHEV 和纯电动汽车将共存。

据了解，PHEV 的核心技术优势是兼顾动力与经济性，并提高了驾乘体验。

插电式混合动力乘用汽车的特点如下：普通混合动力电动汽车的动力电池容量很小，仅在起 / 停、加 / 减速的时候供应 / 回收能量，不能外部充电，不能用纯电动模式较长距离行驶；插电式混合动力乘用车的动力电池相对较大，可以外部充电，可以用纯电动模式行驶，动力电池电量耗尽后再以混合动力模式（以内燃机为主）行驶，并适时向动力电池充电。

插电式混合动力乘用车的主要特点如图 3-15 所示，具体内容如下。

（1）可持续性和环境友好

由于插电式混合动力乘用车可以通过充电来实现电能驱动，因此它可以减少对燃油的依赖，降低尾气排放，对环境更加友好。同时，当动力电池电量耗尽时，仍能依靠燃油发动机继续行驶，保证了长途驾驶时的便利性。

（2）高效节能

插电式混合动力乘用车利用电力驱动车辆时，具有高效能和节能的特点。电机在低速和起动时提供动力，而燃油发动机则主要用于中高速行驶。通过智能能量管理系统的控制，实现了能量的最大化回收和利用，从而提高

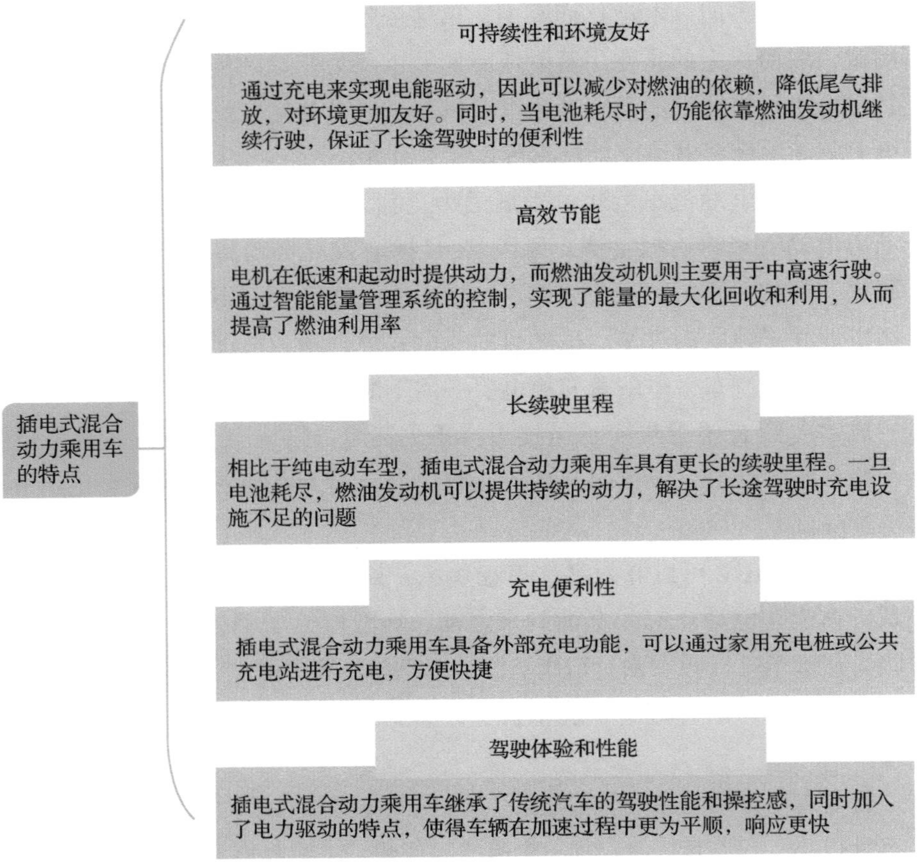

可持续性和环境友好

通过充电来实现电能驱动，因此可以减少对燃油的依赖，降低尾气排放，对环境更加友好。同时，当电池耗尽时，仍能依靠燃油发动机继续行驶，保证了长途驾驶时的便利性

高效节能

电机在低速和起动时提供动力，而燃油发动机则主要用于中高速行驶。通过智能能量管理系统的控制，实现了能量的最大化回收和利用，从而提高了燃油利用率

长续驶里程

相比于纯电动车型，插电式混合动力乘用车具有更长的续驶里程。一旦电池耗尽，燃油发动机可以提供持续的动力，解决了长途驾驶时充电设施不足的问题

充电便利性

插电式混合动力乘用车具备外部充电功能，可以通过家用充电桩或公共充电站进行充电，方便快捷

驾驶体验和性能

插电式混合动力乘用车继承了传统汽车的驾驶性能和操控感，同时加入了电力驱动的特点，使得车辆在加速过程中更为平顺，响应更快

插电式混合动力乘用车的特点

图 3-15　插电式混合动力乘用车特点

了燃油利用率。

（3）长续驶里程

相比于纯电动车型，插电式混合动力乘用车具有更长的续驶里程，没有续驶焦虑。虽然插电式混合动力电动汽车的纯电续驶里程比较短，但它既可用油，又可用电，长途行驶时，即使动力电池电量耗尽，燃油发动机也可以提供持续的动力，解决了长途驾驶时充电设施不足的问题。

（4）充电便利性

插电式混合动力乘用车具备外部充电功能，可以通过家用充电桩或公共充电站进行充电，方便快捷。并且，不同于纯电动车型需要较长的充电时间，PHEV 可以通过快速充电技术在短时间内充电至一定程度。

（5）驾驶体验和性能

插电式混合动力乘用车继承了传统汽车的驾驶性能和操控感，同时加入了电力驱动的特点，使得车辆在加速过程中更为平顺，响应更快。此外，电力驱动模式下的安静性和平顺性也为驾乘者带来了更舒适的体验。

总而言之，插电式混合动力乘用车兼具燃油汽车和纯电动汽车的优点，减少了尾气排放，提高了燃油利用率，同时又保留了长续驶里程和充电便利性。它是一种可持续发展的解决方案，未来在汽车市场上有着广阔的发展前景。

## 四、插电式混合动力商用车特征

在我国商用车领域，电气化是一条公认的低碳发展道路，但在车型方面，相较于乘用车而言，商用车之中纯电动商用车仍处于主流。

商用车是指用于商业运输目的的汽车，包括货车、客车、半挂牵引车等。这些汽车通常用于运输货物或人员，满足不同行业的运输需求。商用车具有承载能力强、耐用性好等特点，能够满足商业运输要求。商用车的类别划分如图 3-16 所示。

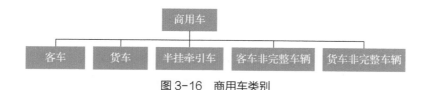

图 3-16　商用车类别

在商用车领域，受经济成本、应用场景多以及长途高负荷运行特征等因素综合影响，车辆零排放转型面临多种技术路径选择及不确定性。在商用车领域发展混合动力技术的优势在于，混合动力系统效率高于纯电动效率，能更好地解决低速大转矩问题，与传统燃油汽车相比，车身不需要大改，不会大量增加车身质量，且对长距离运输车辆而言没有里程焦虑问题。不过就现状而言，混合动力商用车发展面临的困难也较多，如无明确政策支持，国内厂商的技术储备有待提升，较同级燃油汽车成本偏高等。

尽管商用车整体保有量规模远低于乘用车，但商用车平均能耗高、行驶里程长，对道路交通碳排放的"贡献"也十分可观。更重要的是，商用车是重要的氮氧化物和颗粒物等汽车尾气污染物的排放源，这些污染物对人体健康造成了严重的损害。因此，推动商用车清洁化和电动化显得尤为重要。但与乘用车相比，商用车电动化技术仍处于初级阶段，现阶段也不具备成本优势，推动商用车电动化面临诸多困难。在美国、欧洲、日本等汽车产业发达国家或地区，商用车电动化也处于起步阶段。

混合动力车辆能够节能降耗的基本原理在于，它能够在低速、低负荷的高比油耗区域尽可能让电机工作，而让发动机更多地工作在低比油耗区域，从而实现更高的热效率。

商用车混合动力系统的动力总成主要有串联式、并联式和混联式三种，根据系统开发方式不同，又可分为附加式混合动力系统和专用混合动力系统，前者是在已有的自动变速器上加入电机，整体改动较少；后者则是通过集成一个或多个电机到变速器中形成带电机的自动变速器系统。专用混合动力系统开发的成本高昂，需要有规模化的市场需求作为支撑。

以下将按照图 3-16 的场景分类依据，对不同场景商用车类别的低碳发展现状及趋势进行分析。

### 1. 客车

插电式混合动力技术主要应用在大型城市客车上。城市客车，即公交车，是城市公共交通的重要组成部分。2017 年之后，随着相关补贴不断下调，PHEV 在城市客车中的占比也迅速下降，但 2020 年该比例较前几年又有所回升。一方面，城市中可用于建设充电桩的土地越来越紧张，某些城市因此倾向于选择 PHEV；另一方面，纯电动城市客车的补贴也在不断下降，相比之下，PHEV 在运营上可能更容易管理，因而销量有所回升。

### 2. 货车

混合动力重型商用车综合优势明显，见表 3-11。其运营模式与传统燃油重型货车相同，且购置成本相对较低，通过节省燃油成本，3 年可以完成成本回收，而且不新增运营基础设施建设，从某种层面上来看，这也是节约成本的有力措施。重型混合动力商用车有环境适应性强、燃料补充方便、续驶里程长、使用成本较低、构型多样、整车可靠性高等优点，有利于实现国家、整车企业、零部件企业、用户多方共赢。

表 3-11 重型商用车技术方案对比

| 技术方案 | 传统燃油 | 混合动力 | 燃气 | 纯电动 | 燃料电池 |
|---|---|---|---|---|---|
| 成本 | 较低 | 稍高 | 较高 | 高 | 非常高 |
| 环境适应性 | 好 | 好 | 一般 | 较差 | 较差 |
| 续驶里程 | 长 | 长 | 一般 | 短 | 一般 |
| 能量补充便利性 | 好 | 好 | 一般 | 较差 | 差 |
| 基础设施成本 | 低 | 低 | 一般 | 较低 | 较高 |
| 使用成本 | 一般 | 较低 | 较低 | 低 | 较高 |
| 排放 | 一般 | 较低 | 较低 | 零排放 | 零排放 |

### 3. 半挂牵引车

半挂牵引车一般用于重型货物运输和周转，最大组合质量普遍很高。以 2020 年的销量数据测算，最大组合质量在 46~49t 之间的半挂牵引车占比高达 92%，40~43t 的车型销量占比达到 6%，质量段集中度很高。目前，牵引车领域仍以柴油和天然气车型为绝对主力，电动车型年销量约在百辆左右的规模，相较而言，混合动力电动汽车优势并不明显。

### 4. 客车非完整车辆

客车非完整车辆主要是指用于改装的客车底盘或三类底盘（可以行驶的底盘）。这些底盘可以被用于制造各种特殊用途的车辆。目前购买客车底盘的主要是客车公司，客车公司在底盘上安装上车身制作成大客车，因此，客车底盘电动化程度与客车的电动化程度紧密相连。随着部分城市客车中 PHEV 占比提升，客车非完整车辆中 PHEV 占比也将会有所提升。

### 5. 货车非完整车辆

货车非完整车辆主要是指货车专用底盘，其用途一般是装载各项专业设备来构成专用车辆。根据客户需求，货车非完整车辆可以改装成具有各种特定用途的车辆产品，如环卫车、自卸车、冷藏车等。目前，相关专用车辆的电动化程度并不高，如环卫车的电动化程度不足 5%，尤其在重型环卫车领域，电动化程度更低，相应地，货车非完整车辆电动化程度也较低。

中国插电式混合动力电动汽车产业发展报告

# 第四章
# 插电式混合动力电动汽车产品效能评估

## 一、PHEV 与燃油汽车和其他新能源汽车对比

### （一）PHEV 与燃油汽车

#### 1. 动力系统结构

PHEV 配备了一个或多个电机和较大容量的蓄电池组。这些电机可以独立驱动汽车，并且依靠电力源供电。传统燃油汽车则不配备电机和蓄电池组，主要依赖内燃机提供动力。

#### 2. 燃料效率

PHEV 通常比传统燃油汽车的燃油效率更高，尤其是在城市驾驶条件下。这是因为，它们可以在纯电动模式下行驶，减少了燃料消耗。而传统燃油汽车通常在高速公路驾驶条件下表现较好，但在城市交通中的燃油效率较低。

传统燃油汽车的燃料利用效率通常以燃油消耗量来衡量，即每行驶一定距离所消耗的燃油量。燃料利用效率会受到多种因素的影响，包括发动机的设计、车辆的质量、驾驶方式、行驶条件等。一般而言，传统燃油汽车的燃料利用效率在 20%~30% 之间。这意味着约有 70%~80% 的能量在燃烧过程中转化为废热而不被有效利用。这是因为，汽车发动机在燃烧燃油时存在能量损失，其中一部分转化为动力用于推动车辆，而另一部分则以废热形式散失到周围环境中。

虽然传统燃油汽车的燃料利用效率相对较低，但随着技术的发展和改进，目前已经采用了一些节能措施，以提高燃料利用效率。例如，引入了直

喷发动机、涡轮增压技术、起停系统和轻量化材料等。这些技术及改进旨在减少能量损失和废热散失，从而提高整体的燃料利用效率。

然而，尽管已经进行了一些改进，传统燃油汽车的燃料利用效率仍然相对较低。与之相比，电动汽车（特别是纯电动汽车）具有更高的燃料利用效率，通常可以达到 80% 以上。电动汽车可以直接将电能转化为机械能来驱动车辆，减少了燃料燃烧和能量损耗的过程，因此能够更高效地利用能源。

PHEV 结合了传统燃油发动机和电机的动力系统，在燃料利用效率方面相较传统燃油汽车有所提高。PHEV 可以通过插电充电来获得电力，同时也可以依靠燃油发动机提供动力。由于 PHEV 具备电力驱动系统，它可以在短途行驶时完全依靠电力驱动，这时的燃料利用效率非常高。当动力电池电量不足时，PHEV 可以切换到燃油发动机模式，这时燃料利用效率会接近传统燃油汽车的水平。具体来说，PHEV 的燃料利用效率取决于电力驱动系统的动力电池容量、发动机的效率以及驾驶方式等因素。一般情况下，PHEV 的燃料利用效率可达到 30%~40%，相对于传统燃油汽车有明显提高。需要注意的是，PHEV 的燃料利用效率也会受到驾驶模式、充电频率以及充电电力来源等因素的影响。如果经常进行插电充电且充电电力来源是可再生能源，如太阳能或风能，则 PHEV 的燃料利用效率将进一步提高，部分用户甚至可以实现零排放行驶。

在城市交通拥堵情况下，PHEV 通常具有更好的燃料利用效率。这是因为，PHEV 可以切换到纯电动模式，在低速行驶或停车等待时使用动力电池供电，从而减少了燃料的消耗。传统燃油汽车则依赖内燃机的运行，无法实现零排放驾驶。在高速公路上以较高速度行驶时，传统燃油汽车通常会表现得更为高效。这是因为，传统燃油汽车的发动机经过几十年的技术发展，可以在高速稳定行驶时实现较高的燃料利用效率。相比之下，PHEV 的功率供应需要同时满足驱动力和动力电池充电两个方面的需求，因此，在高速行驶时可能会消耗较多的燃料。

PHEV 可以充电并使用电力来驱动车辆，从而减少对石油燃料的依赖。它们的燃料成本通常比传统燃油汽车更低，尤其是在以电力驱动的纯电动模式下。传统燃油汽车则完全依赖石油燃料，燃油成本可能会随油价的波动而变化。

总之，传统燃油汽车的燃料利用效率通常较低，约在 20%~30% 之间，

PHEV 相对于传统燃油汽车在燃料利用效率方面有一定的提升，尤其在短途行驶和能源可再生的条件下更具优势。然而，具体的燃料利用效率仍然会因车型和驾驶条件的不同而有所差异。

3. 排放

排放是 PHEV 和传统燃油汽车之间显著的区别之一。PHEV 在纯电动模式下不产生尾气排放，这有助于减少环境污染。但其在混合动力模式下，仍然会排放废气。传统燃油汽车在运行时会排放废气，对空气质量和环境产生负面影响。

传统燃油汽车主要通过燃烧燃料（如汽油或柴油）来产生动力，同时也会产生废气排放。这些废气排放主要包括二氧化碳、一氧化碳、氮氧化物和挥发性有机物，具体排放情况如下。

（1）二氧化碳（$CO_2$）

$CO_2$ 是一种主要的温室气体，对气候变化有重要影响。传统燃油汽车燃烧燃料时会释放二氧化碳，而二氧化碳的排放量与燃料的消耗成正比。

（2）一氧化碳（CO）

CO 是无色、无味的有害气体，对人体健康有害。它是由不完全燃烧产生的，传统燃油汽车在燃烧过程中可能会产生一氧化碳。

（3）挥发性有机化合物（VOC）

挥发性有机化合物（Volatile Organic Compounds，VOC）是指在大气中易挥发的化学物质，包括一些有害物质，如苯、甲醛等。

传统燃油汽车在燃烧燃料时会产生一些挥发性有机化合物。这些废气排放对空气质量和环境有一定的影响，它们是传统燃油汽车面临的污染问题之一。为了减少传统燃油汽车的废气排放，各国采取了一系列政策和技术措施，如实施排放标准、推广尾气净化装置等，以限制和降低这些废气排放的数量和对环境的影响。

PHEV 相对于传统燃油汽车在污染物排放方面有一定的改善。PHEV 结合了燃油发动机和电力驱动系统，可以通过插电充电获取电力，并在短途行驶时可以完全依靠电力驱动。当 PHEV 处于使用燃油发动机驱动的模式时，其尾气排放与传统燃油汽车类似，包括二氧化碳（$CO_2$）、一氧化碳（CO）、氮氧化物（$NO_x$）、挥发性有机化合物（VOC）等，因为燃油发动机在这种模式下正常燃烧燃料。当 PHEV 通过电力驱动时，其实际的排放量取决于电力的来源。如果电力来自清洁能源，如太阳能、风能或水力发电等，PHEV 在电力驱动模式下几乎不会产生直接的排放。但如果电力来自煤炭或其他高碳能源的发电厂，则电力部分会有相应的排放。当长途行驶时，由于 PHEV 可以依靠内燃机行驶，当它们在混合动力模式下运行时，与传统燃油汽车相比，其排放水平可能更接近传统燃油汽车。在长途高速行驶条件下，内燃机可能需要更多的燃料供给，导致排放增加。

总体而言，PHEV 相对于传统燃油汽车在排放方面具有一定的优势，尤其在纯电动模式下行驶时，可以实现零排放。然而，在混合动力模式下和高速长途行驶情况下，PHEV 的排放水平可能与传统燃油汽车接近。不过，由于 PHEV 的燃油效率通常较高，它们可以在实际驾驶中减少对内燃机的依赖，从而降低总体的排放水平，减少对环境产生的影响。

4. 续驶里程

PHEV 和传统燃油汽车在续驶里程方面存在着显著的区别。传统燃油汽车的续驶里程主要取决于燃料箱的容量和燃料利用效率。一般而言，传统燃油汽车在一次加满燃料后可以行驶更长的距离，通常能够满足长途旅行的需求。传统燃油汽车并不依赖动力电池容量或电动模式，因此，它们的续驶里程相对较高，不受充电桩分布、充电时间或动力电池损耗等因素的限制。然而，实际的续驶里程可能会受到行驶条件和驾驶方式的影响。例如，高速行驶、急加速和频繁的停车起步都会增加燃油消耗，从而缩短续驶里程。此外，行驶在山区、路况不佳的道路或恶劣的天气条件下，也可能导致燃油效率下降。

而 PHEV 的续驶里程取决于其动力电池容量和电力驱动系统的设计。PHEV 不同于传统燃油汽车，它不仅搭载电力驱动系统，还有燃油发动机作为备用动力来源。PHEV 的动力电池容量通常较小，主要用于提供短程电力驱动，而非长途行驶，具体的续驶里程会因车型而异。在纯电动模式下，PHEV 的续驶里程在 30~80km 之间，这取决于动力电池容量、驾驶条件、车辆负载等。随着技术的进步，部分新型 PHEV 车型可能提供更长的纯电动续驶里程。当动力电池电量耗尽后，PHEV 还可以依靠燃油发动机继续行驶，就像传统燃油汽车一样。因此，如果需要长途行驶，PHEV 的续驶里程不仅取决于动力电池容量，还受到燃油发动机的支持，总续驶里程可能在数百到上千千米之间，具体取决于燃油箱容量和燃油消耗率。另外，使用纯电动模式行驶时，PHEV 的续驶里程会受到驾驶方式、外部温度和电力设备（如空调）使用的影响。恶劣的天气条件和大功率电力设备的使用可能会导致动力电池耗电更快，从而降低续驶里程。

总体而言，传统燃油汽车的续驶里程通常较长，而 PHEV 车型的续驶里程取决于动力电池容量和混合动力模式的使用情况。选择哪种类型的车辆将取决于个人的驾驶需求，包括日常行驶距离、驾驶模式、充电设施的可用性以及对电力驱动和环保性能的关注程度。

### 5. 制造成本

传统燃油汽车和 PHEV 在制造成本方面存在一些明显的区别。

（1）动力系统和组件

传统燃油汽车的制造成本主要涉及内燃机、传动系统、燃油供应系统等。而 PHEV 拥有一套包含内燃机、电机、动力电池和控制系统的混合动力系统。混合动力电动汽车的制造成本相对于传统燃油汽车会更高，因为它需要额外的电机和动力电池系统。

（2）电池技术和成本

PHEV 需要动力电池来储存电力并驱动电机。动力电池成本是制造成本的一个主要组成部分，因为它们通常比传统燃油汽车的发动机和传动系统更昂贵。虽然随着技术的进步和生产规模的扩大，动力电池的成本正在逐渐下降，但仍然是影响混合动力电动汽车制造成本的重要因素。

（3）控制系统和电子组件

混合动力电动汽车需要复杂的控制系统来协调内燃机和电机的功率输出，并实现能量的高效利用。这些控制系统涉及许多电子组件和传感器，增加了制造成本。相比之下，传统燃油汽车的控制系统相对简单。

（4）研发和创新成本

PHEV 的制造涉及更多的研发和创新成本。开发高效的混合动力系统、优化动力电池技术以及实现内燃机和电机的协同工作都需要大量的研发投入。这些额外的成本可能会增加制造成本。

（5）市场需求和定价策略

混合动力电动汽车市场在一定程度上受到政府政策和消费者需求的影响。政府的补贴政策和环保要求，可能会对混合动力电动汽车的制造成本产生一定影响。另外，混合动力电动汽车的定价策略可能会因为市场需求和竞争状况而有所不同，这可能影响制造成本。

传统燃油汽车和 PHEV 的制造成本会受到许多因素的影响，并且随着技术的进步和市场规模的扩大，成本可能会发生变化。此外，政府的支持政策也可能对制造成本产生相应的影响。

### （二）PHEV 与纯电动汽车

#### 1. 动力系统结构

纯电动汽车包括以单一蓄电池组作为动力源的纯电动汽车和装有辅助动力源的纯电动汽车。使用单一蓄电池组的纯电动汽车电力和机械动力传输系统如图 4-1 所示。

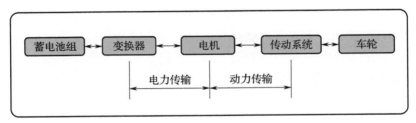

图 4-1　使用单一蓄电池组的纯电动汽车电力和机械动力传输系统

使用单一蓄电池组作为动力源的纯电动汽车，蓄电池的能量密度和比功率偏低，蓄电池的质量和体积较大。因此，某些纯电动汽车增加辅助动力源，如超级电容器、太阳能电池等，改善纯电动汽车的起动性能，增加续驶里程。装有辅助动力源的纯电动汽车的电力和动力传输系统如图 4-2 所示。

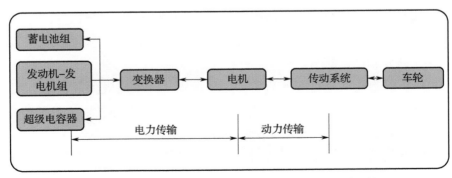

图 4-2　装有辅助动力源的纯电动汽车电力和动力传输系统

BEV包括电力驱动子系统、主能源子系统和辅助控制子系统。电力驱动子系统由电机、电控单元、功率变换器、机械传动装置、变（减）速器、差速器和车轮等组成；主能源子系统由蓄电池组、能量管理系统和充电系统等组成；辅助控制子系统由动力转向单元、温度控制单元和辅助动力源等组成。PHEV的动力系统通常由内燃机和电机组成。内燃机通常是传统的汽油或柴油发动机，用于提供额外的动力并为蓄电池组充电。电机通常用于辅助或代替内燃机，在纯电动模式下驱动车辆。PHEV的动力系统结构允许车辆在不同的驾驶模式下切换，包括纯电动模式、混合动力模式和内燃机模式。

### 2. 主要动力来源

BEV的动力来源是蓄电池组。这些蓄电池组通常采用锂离子电池，但也可以是其他类型的蓄电池，如钠离子蓄电池或固态电池。这些蓄电池储存了电能，然后通过电机将电能转化为机械能，从而驱动汽车前进。蓄电池组需要定期充电，通常通过电源插座、专用充电设备或充电站进行充电。在充电过程中，电能从外部电源传输到蓄电池组中，将蓄电池充满或充至所需SOC水平。蓄电池组是电动汽车的关键部件，由许多蓄电池单元组成。这些蓄电池单元通常是锂离子电池，它们具有较高的能量密度和较低的自放电率，是电动汽车的理想选择。蓄电池组储存电能，以备在需要时供给电机。电动汽车搭载一个或多个电机，它们是将电能转化为机械能的关键部件。电机通过旋转轴驱动汽车的车轮，从而推动汽车前进。电动汽车通常采用交流电机或直流电机，具体设计和配置因制造商而异。

PHEV的动力来源是蓄电池组和内燃机。这种车辆结合了传统的内燃机和电机两种动力系统，可以通过电源插座或专用充电设备进行充电。电能从电源传输到蓄电池组中，将蓄电池充满或者达到所需的SOC水平。一旦蓄电池组充满电，它会将电能储存在蓄电池中，以供后续使用。蓄电池组通常是锂离子电池或其他类型的高能量密度蓄电池，用于储存电能。

根据驾驶条件和需求，PHEV可以以纯电动模式行驶，也可以以混合动力模式行驶。在纯电动模式下，电能直接从蓄电池组供应给电机，驱动汽车前进。在混合动力模式下，电机可以与内燃机配合使用，提供额外的动力。当蓄电池组的电能耗尽或需求增加时，内燃机会起动并连接到发电机，以产生电能。这些电能将被输送到电机或蓄电池组，以提供所需的动力。同时，内燃机还可以通过回馈制动将减速过程中车辆的惯性转化为电能，再储存到蓄电池组中，以提高能量的回收效率。电机将电能转化为机械能，传递到驱动轮以驱动汽车的运动。驾驶员可以通过控制加速踏板、制动踏板和方向盘来控制汽车的速度和方向。但是，由于 PHEV 还需要搭载内燃机，因此，PHEV 的电池组容量和纯电续驶里程相对于 BEV 可能较小。

3. 充电需求

BEV 和 PHEV 在充电需求方面存在一些明显的区别。

（1）充电频率

纯电动汽车需要更频繁地进行充电，因为它们依赖蓄电池作为唯一的能量来源。纯电动汽车通常需要每天或每几天进行一次充电，以保持足够的电池电量供应，满足日常的行驶需求。充电频率取决于每天的行驶里程和电池容量。PHEV 有内燃机作为备用能源，因此，相较于纯电动汽车，PHEV 的充电频率较低。PHEV 可以通过内燃机行驶，从而减少对充电的需求。

（2）充电时间

BEV 的充电时间相对较长。充电时间取决于电池容量和充电设备的功率。通常，快速充电设备可以在较短的时间内将电池充电至 80% 左右，但要充满电池则可能需要数小时。充电时间的长短也取决于使用的充电桩功率和车辆支持的充电速度。PHEV 与 BEV 相比，充电时间较短，这是因为，PHEV 的电池容量较小，充电速度可能更快。此外，PHEV 在充电时可以利用内燃机发电或可以在车辆行驶时充电，从而减少纯粹依赖外接充电设备进行充电的时间。

（3）充电桩需求

BEV 充电需要充电桩或充电设备。充电桩可分为家用充电设备和公共充电设备。家用充电设备可以安装在住宅或停车场中，方便用户在家进行充电。公共充电设备则分布在公共停车场、商业区、加油站等区域，提供公共充电服务。BEV 用户通常需要在停车时寻找可用的充电桩进行充电。

（4）充电基础设施

BEV 更依赖充电基础设施的完善程度。充电基础设施的覆盖范围和充电桩数量对于纯电动汽车的使用和充电便利性至关重要。不同地区的充电基础设施建设情况可能存在差异，这会影响 BEV 用户在充电方面的便利性。

总体而言，相对于 PHEV，BEV 的充电需求更为频繁和重要。BEV 需要更频繁地进行充电，充电时间较长，依赖充电桩基础设施的完善程度。而

PHEV 的充电需求较小，可以通过内燃机在行驶时发电减少对充电的依赖。

## （三）PHEV 与增程式电动汽车

增程式电动汽车是一种搭载车载辅助发电系统（亦称增程器）的电动汽车。该类汽车系统包括发动机、发电机和控制器，其中，发动机与车辆驱动系统之间不存在传动轴或其他直接传动连接。该类汽车以电能作为主要驱动能源，当车载可充电储能系统无法满足车辆的续驶里程需求时，增程器将为车辆动力系统提供电能，从而延长续驶里程。增程式电动汽车的工作模式可分为纯电动模式和增程模式两种。在这两种模式中，车轮驱动力均由电机独立提供，发动机并未直接参与驱动，其主要作用仅限于为车辆提供电能。

增程式电动汽车与插电式混合动力电动汽车的区别主要体现在工作原理、动力系统结构和续驶里程三个方面。

### 1. 工作原理

增程式电动汽车通过引入增程器，进一步提升了其纯电动模式的续驶里程，增程式电动汽车的动力系统仅包含驱动电机。其创新之处在于巧妙地利用增程器，通过发电机发电为动力电池充电的形式，增加了车辆的续驶里程，以满足用户对续驶能力的需求。

相较之下，插电式混合动力电动汽车演变自混合动力电动汽车，其动力装置由发动机和驱动电机两者构成。继承混合动力电动汽车特点的同时，插电式混合动力电动汽车通过采用比混合动力电动汽车能量密度更大的能量型电池，确保动力电池提供足够的能量，使车辆在纯电动模式下能行驶一定距离，实现零排放和无油耗的出行。此转变为插电式混合动力电动汽车赋予了更为灵活的动力选择，兼顾了燃油效率和零排放出行的平衡。

### 2. 动力系统结构

增程式电动汽车的动力系统主要由电机、增程器（发动机与发电机）和动力电池组成。电机是驱动车辆的动力来源，用于直接驱动车辆；发动机专门用于带动发电机发电，给动力电池充电，而不直接驱动车轮，发电机通常与发动机一体化，构成整个增程系统。插电式混合动力汽车的动力系统主要包括发动机、混合动力变速器（集成电机的机电耦合系统）和动力电池等组成，可通过插电方式充电。动力电池提供电力，通过驱动电机可以直接驱动车辆，内燃机也可以直接连接传动系统，直接驱动车辆或者与驱动电机一起驱动车辆，也可以带动发电机用于发电以便给动力电池充电。

### 3. 续驶里程

在续驶里程方面，增程式电动汽车更适合长途驾驶，其主要的续驶里程能源支持来自发动机发电提供的电能，当动力电池电量耗尽时，发动机起动以继续为电机提供电能，续驶里程与燃油箱容量和燃油效率有关，但当发电机发电来为车辆提供更多电能时，往往会降低车辆整体的燃油效率。

PHEV 更适合短途城市驾驶，其续驶里程可以由纯电动模式和混合动力模式的切换决定。在纯电动模式下，续驶里程取决于动力电池的容量和电机的效率，在混合动力模式下，续驶里程将受到内燃机的影响，内燃机可以直接驱动车辆或为动力电池充电。插电式混合动力电动汽车通常更适用于城市驾驶，但在纯电动模式下的续驶里程相对有限。

总体而言，增程式电动汽车更适合长途驾驶，因为发动机可以在长时间行驶时提供电能，而插电式混合动力电动汽车更适合短途城市驾驶，尤其是在充电设施充足的情况下，可以更多地依赖动力电池进行驱动。这些续驶里程的差异主要由动力系统的设计和车辆的使用场景决定。

### （四）PHEV 与非插电式混合动力电动汽车

非插电式混合动力电动汽车即常规混合动力电动汽车，是不能外接充电设备给动力电池充电的电动汽车。非插电式混合动力电动汽车动力系统的电机可以作为发电机使用，通过发动机驱动发电机来给动力电池充电，低速起动时可仅靠电机驱动行驶，还可通过发动机直接驱动车轮，或由电机与发动机共同驱动车轮。低速时用电机驱动，中高速时用发动机驱动，在发动机工作时可以带动电机发电，给动力电池充电。代表车型有丰田 Prius、雷克萨斯 CT200h、丰田凯美瑞等。PHEV 和非插电式混合动力电动汽车之间的主要区别涉及以下四个方面。

### 1. 充电方式和电池容量

PHEV 具有可插拔式充电接口，因此可以使用外部电源进行充电。这意味着用户可以将 PHEV 连接到家用充电桩或公共充电设施进行充电。通常，

PHEV 配备了较大容量的动力电池，这使得它们能够支持更长的纯电动驾驶距离。非插电式混合动力电动汽车（例如普通混合动力车辆）主要通过车辆内部动力系统来为动力电池充电。这些车辆利用制动回收能量和发动机工作时的余电来充，不需要外部充电装置。而且，非插电式混合动力电动汽车的电池容量相对较小，主要用于辅助发动机和提供动力辅助。

### 2. 纯电动驾驶距离

由于 PHEV 拥有较大容量的可充电电池，因此，它们能够实现更长的纯电动驾驶距离。具体的纯电动驾驶距离取决于特定的车型和电池容量，但通常能够覆盖数十到数百千米的距离。这使得 PHEV 成为在短途日常通勤或城市驾驶中实现零排放的良好选择。另一方面，非插电式混合动力电动汽车主要依赖于内燃机，并且其动力电池容量相对较小。因此，非插电式混合动力电动汽车通常只能在低速行驶或特定条件下，进行短距离的纯电动驾驶。

### 3. 驾驶模式

PHEV 具有不同的驾驶模式，可以根据需要在纯电动模式和混合动力模式之间进行切换。在纯电动模式下，PHEV 只使用动力电池供电，从而实现完全零排放的驾驶，这对于短途行驶或在城市环境中降低尾气排放非常有用。而在混合动力模式下，PHEV 可以同时使用动力电池和发动机提供动力，以满足更高的加速性能或长距离行驶需求。相比之下，非插电式混合动力电动汽车只能以混合动力模式运行，无法实现纯电动驾驶。

### 4. 车辆性能和油耗

PHEV 具有更大容量的动力电池，使得其在纯电动模式下具有更低的排放和更高的燃油效率。在纯电动模式下，PHEV 完全依靠动力电池供电，因此能够实现零尾气排放，并且在电量充足的情况下，可以很大程度地降低燃油消耗。另一方面，非插电式混合动力电动汽车主要依赖于内燃机，并且其燃油经济性取决于发动机的效率和辅助电机的协同工作。因此，非插电式混合动力电动汽车相对于 PHEV 的油耗会更高。

综上所述，PHEV 和非插电式混合动力电动汽车在充电方式、纯电动驾驶距离、驾驶模式和车辆性能等方面存在明显的区别。

### （五）PHEV 与燃料电池电动汽车

采用燃料电池做电源的电动汽车称为燃料电池电动汽车，它利用氢和氧的结合产生电能来驱动汽车。其动力系统主要包括电驱动系统、动力控制单元、燃料电池堆、燃料电池空气系统、水系统及氢气系统等。燃料电池的反应机理是将燃料中的化学能不经过燃烧直接转换为电能，即通过电化学反应将化学能转换为电能，通过氢和氧的化学反应生成水并释放电能。电化学反应的还原剂一般为氢气，氧化剂为氧气，因此，最早开发的燃料电池电动汽车大多直接采用氢燃料。例如，可采用液化氢、压缩氢气或金属氢化物储氢。由于燃料电池的反应不经过热机过程，因此，其能量转化效率不受卡诺循环的限制，能量转化效率高。另外，它的排放主要是水，非常清洁，不产生任何有害物质。因此，燃料电池技术的研究和开发备受各国政府与大公司的重视，该技术被认为是 21 世纪最洁净高效的发电技术之一。PHEV 和 FCEV 是两种不同类型的电动汽车，它们之间存在一些主要区别，涉及以下几方面。

#### 1. 动力系统

FCEV 使用燃料电池堆，其中氢气与氧气反应产生电能。这个过程是通过氢气在阳极与氧气在阴极之间的电化学反应来实现的。这些燃料电池堆通常包含多个单元，以提供足够的电能来驱动车辆。FCEV 配备了氢气储存罐，通常位于车辆的底盘上。这些储存罐储存着高压氢气，作为车辆燃料的来源。FCEV 同样配备了驱动电机，它使用燃料电池堆生成的电能来驱动车辆。总的来说，PHEV 的动力系统包括动力电池、内燃机和电机，可以通过多种模式工作。而 FCEV 的动力系统依赖于燃料电池堆和氢气储存，不包括内燃机。此外，PHEV 可以插电充电，而 FCEV 需要加注氢气，这也是它们之间的一个重要区别。

#### 2. 能源来源

FCEV 的能量来源主要是氢气和氧气。这类汽车使用燃料电池堆来使氢气和氧气反应产生电力，从而驱动电机来提供动力。氢气是燃料电池电动汽车的主要能源。氢气通常储存在高压氢气储存罐中，这些储存罐通常位于车辆的底盘下部。氢气可以通过氢气加注站（简称加氢站）进行加注，类似于传统汽车加油的过程。在加氢站，压缩的氢气被充入车辆的氢气储存罐中，然后可以在车辆内的燃料电池堆中与氧气反应以产生电力。氧气通常来自大气中的空气，燃料电池堆需要从外部供应氧气，通过车辆前部或侧部的进气口来吸入大气中的氧气。在燃料电池堆中，氢气和氧气发生电化学反应，产生电子和水蒸气。这个过程是高效、零排放的，因为唯一的排放物是水蒸气。在燃料电池堆内，氢气和氧气的反应产生电子，这些电子通过电池堆的电极流动，产生电流。这个电流被送往驱动电机，驱动车辆前进。燃料电池堆的输出电力可以根据需要进行调整，以满足不同驾驶条件下的功率需求。燃料电池电动汽车的能源来自氢气，需要在加氢站加注，这与 PHEV 的插电充电不同，但类似于传统汽车的加油过程。

### 3. 排放

燃料电池电动汽车的排放非常清洁，主要排放物是水蒸气。这是因为，燃料电池电动汽车的动力系统基于氢气和氧气的电化学反应来产生电力，而这个过程的唯一副产品是水。在燃料电池堆内，氢气与氧气反应，产生电力和水。这个水以水蒸气的形式排放到大气中。因此，燃料电池电动汽车的主要排放物是水蒸气，这使其成为一种零排放的交通工具。与传统内燃机车辆不同，燃料电池电动汽车不会排放一氧化碳（CO）或氮氧化物（$NO_x$）。这些物质是常见的空气污染物，会对环境和人类健康产生负面影响。尽管燃料电池电动汽车本身不排放二氧化碳（$CO_2$），但氢气的生产过程可能涉及二氧化碳排放，这取决于氢气的生产方式。如果氢气是通过清洁的、可再生能源驱动的电解过程生成的，那么其二氧化碳排放量将很低。然而，如果氢气是通过天然气蒸汽重整等传统方法生产的，则可能伴随有二氧化碳的排放。

## 二、PHEV 能耗影响因素分析

### （一）动力系统架构对能耗的影响

驱动电机是混合动力系统不可或缺的重要组成部分，其安装位置的选定影响着动力系统的整体设计与整车能耗，不同构型的混合动力系统节油效果也不相同。近几年，行业内诞生了一种比较科学的分类标准，按照参与驱动的电机在整车中安装位置的不同，加上数字代码表示类别，即 P0、P1、P2、P3、P4 构型混合动力系统，如图 4-3 所示。P0 构型驱动电机位于发动机前端，将原本的发电机替换为驱动电机；P1 构型驱动电机位于发动机后端、离合器之前，替代原有的飞轮；P2 构型驱动电机位于两个离合器之间、变速器输入轴前端；P3 构型驱动电机安装在变速器之后、主减速器之前；P4 构型驱动电机通常安装在汽车后轴上。

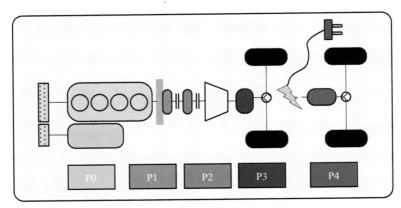

图 4-3　P0、P1、P2、P3、P4 构型混合动力系统

P0 构型驱动电机位于发动机前端，代替传统燃油发动机上的起动电机，采用传动带与发动机柔性连接，兼顾起动和发电功能，即传统的 BSG 电机⊖。P0 构型具有生产成本低、体积小、布置方便等优点。汽车制动时，P0 构型可实现制动能量回收，将汽车制动时产生的能量回收并再次利用。汽车匀速行驶时，驱动电机可对发动机进行弹性微调，使得发动机处于热效率较高的区间。同时，配合发动机起动功能，P0 构型相较于传统燃油汽车，可实现 10% 左右的节能效果。另外，P0 构型驱动电机受带传动影响，功率与转矩较小，多用于弱混合动力车型。

P1 构型中驱动电机位于发动机后端、离合器之前，直接与发动机相连，因此，系统结构简单。对传统燃油汽车发动机与传动系统进行简单改造，将原本的飞轮替换为一个电机就可实现该构型，改造难度小。相较于 P0 构型，该构型驱动电机功率更高，可对发动机实现更大范围调节，减少整车排放与能耗，节能效果一般在 10%~15%。由于 P1 构型驱动电机与发动机刚性连接，且驱动电机功率不高，故无法配备纯电动行驶模式，同时，在制动能量回收阶段，也会因为驱动电机带动发动机空转而消耗能量并产生噪声与振

---

⊖　BSG 是 Belt-Driven Starter Generator 的缩写，即利用传动带传动，既有起动又有发电功能的电机。

动，使得 P1 构型的能量回收效率并不高。

P2 构型中驱动电机位于变速器输入轴之前、两个离合器之间。P1 构型与 P2 构型主要的区别就在于发动机和驱动电机之间是否有一个离合器。正因为增加了一个离合器，P2 构型驱动电机能够独立驱动车辆前进，即纯电动行驶模式，同时，该构型可用在 PHEV 上。P2 构型目前是国内外比较主流的一种混合动力技术解决方案。P2 构型可以不改变传统燃油汽车发动机和变速器的结构形式，只需在发动机和变速器之间增加一个电机，如用电机将原有的液力变矩器进行替换。这种方式系统改造成本低，但节油效果一般，主要用于前期研发。近几年，各个汽车生产商与零部件供应商开始了集成度较高的 P2 构型混合动力系统开发，将 P2 构型驱动系统模块化，以解决由于增加驱动电机和离合器而导致的传动系统轴向尺寸增加的问题，同时，使模块化的驱动系统满足不同车型的需求。

P3 构型中驱动电机位于变速器输出轴之后、主减速器之前或集成在主减速器上。这种动力耦合方式相对于其他构型更加直接，可以减小传统燃油汽车发动机功率与尺寸，以及原来变速器传递与承受的各种载荷，降低传动系统设计难度，增加系统布置空间，同时充分发挥驱动电机的功率。P3 构型具有制动能量回收效率高、节油效果明显、整车加速性能好等优点。该构型通常会在驱动电机输出轴前端增加一个固定齿比的减速器，以增加驱动电机输出转矩。但在高转速的情况下电机效率下降较快，同时，由于驱动电机离发动机较远，无法对发动机进行适当的调节，难以实现在不同工况下对驱动电机和发动机的最优协调，对控制系统要求高。

P4 构型中驱动电机位于变速器之后，通常安装在汽车后桥或集成为轮毂电机。P4 构型驱动电机可以直接驱动无动力车轮，发动机驱动另外两个车轮，达到两轮驱动或四轮驱动的目的，既能节省燃油消耗，又能在需要动力的情况下提供足够的转矩。由于前后驱动切换会产生较大的顿挫感，因此，P4 构型不能快速地在发动机单独驱动模式和纯电驱动模式之间转换。目前，P4 构型因其结构复杂、集成度高、成本高、控制较难等特点，多用于混合动力跑车以及 SUV 上。

综上所述，各构型优缺点见表 4-1。P0 与 P1 型由于驱动电机功率较小，没有纯电动行驶模式，节油效果一般，主要用于弱混合动力或轻度混合动力车型，且目前技术较为成熟；而 P2、P3、P4 构型节油效果明显，但结构较为复杂，开发难度高。

表 4-1　混合动力电动汽车各构型优缺点

| 构型 | 优点 | 缺点 | 节能效果 | 应用车型 |
|---|---|---|---|---|
| P0 | 成本低，技术成熟，容易实现 | 电机功率较低，节油效果不明显 | 0%～10% | 奥迪 SQ7 TDi |
| P1 | 可实现制动能量回收储存，可靠性高且成本低 | 电机与发动机刚性连接，动力输出有限 | 10%～15% | 本田 CR-Z、奔驰 S400 |
| P2 | 技术易实现，投资少，节油效果明显 | 受限于发动机与变速器之间的加装空间 | 15%～25% | 奥迪 A3、高尔夫 GTE、大众图昂 |
| P3 | 制动能量回收效率高，节油效果明显 | 电机无法与变速器或发动机进行整合，需要占用一定的空间 | 15%～25% | 比亚迪秦、长安逸动 |
| P4 | 可实现纯电驱动，适合运动型车型，节油效果明显 | 结构复杂，成本较高，价格较贵 | 15%～25% | 保时捷 918、讴歌 NSX、宝马 i8 |

## （二）能量管理策略对能耗的影响

混合动力电动汽车与传统内燃机汽车相比，一般至少具有两个能量源，对于混合动力电动汽车而言，一般为电能与燃料内能。如何控制与利用这两种能源的特性实现互补，在保证车辆正常行驶的同时实现能量的最大化利用，是混合动力电动汽车研究工作的重点与难点，这也就是通常所说的能量管理控制策略。具体来说，控制策略的核心在于根据汽车实际行驶过程中的能量需求，合理动态协调地控制电机与发动机的输出功率，以获得具有最佳燃油经济性、最低排放与最佳驱动性能的混合动力电动汽车。PHEV 的能量管理策略对车辆能耗有显著影响，这些策略旨在最大化电池电量的使用，减少内燃机的工作时间，从而提高燃油效率和降低尾气排放。

根据控制策略是否在线优化，可以将控制策略分为在线控制策略与离线控制策略。目前应用于实际 PHEV 的控制策略均为离线优化控制策略，这是由于通常的基于优化理论的控制策略计算量较大，且一般需要已知未来路况，故暂时无法应用在线控制策略。但是，随着车联网、GPS、云端计算等先进技术的发展，在线优化控制策略在未来可以慢慢推广。目前也有相关的研究将最优控制算法应用于实际，并做了相关的硬件在环实验以验证算法的可行性与可靠性。根据控制策略是否基于优化模型，可将控制策略分为基于规则逻辑的控制策略、基于优化模型的控制策略与基于模型预测的控制策略，不同的控制策略可以不同程度上降低 PHEV 的油耗，提高燃油经济性。目前，很多学者在全局优化的能量管理策略领域做了很多研究。各种算法的优缺点见表 4-2，燃油经济性提升率见表 4-3。

表 4-2　主要能量管理策略的优缺点

| 控制策略 | 主要优点 | 主要缺点 |
| --- | --- | --- |
| 线性规划（LP） | 全局最优、计算负荷低 | 离线控制、需要周期信息 |
| 动态规划（DP） | 全局最优、基准 | 维数灾难、离线控制、需要周期信息、计算负荷高 |
| 随机动态规划（SDP） | 在线控制、可实施性强、不需要周期信息 | 计算负荷高 |
| 无导数优化（DFO） | 多目标、最优化、摆脱局部最优 | 离线控制、不能保证找到最优解、精度与迭代次数相关、计算负荷高 |
| 神经网络（NN） | 在线控制、计算负荷低 | 结构复杂、鲁棒性依赖于训练数据 |
| 等效油耗最小化策略（ECMS） | 在线控制、可实施性强、不需要周期信息 | 局部最优 |
| 模型预测控制（MPC） | 在线控制、不需要周期信息、计算负荷低 | 性能高度依赖于模型准确度 |

表 4-3　能量管理策略相关研究的燃油经济性提升率

| 研究人名称 | 研究方法 | 燃油经济性提升率 |
| --- | --- | --- |
| Fengqi Zhang 等 | 卷积神经网络 | 0.2%~5% |
| 邓涛等 | A-ECMS 控制策略 | 4.18% |
| 陈渠等 | 动态规划和神经网络结合 | 7.51% |
| 李奎良等 | K-means 和神经网络算法 | 10.5% |
| 石琴等 | DL-MOPSO 算法 | 10.28% |
| Cristian Musardo 等 | 自适应 ECMS | 20% |

## （三）车辆设计参数对能耗的影响

除了控制策略会对整车能耗产生影响外，设计参数也会影响整车能耗。设计参数对整车能耗经济性的影响主要体现在需求功率、动力源的匹配功率和动力源传递的损失。因此，可以将整车设计参数分为三大类：整车基础设计参数、动力源功率扩大系数和动力传动系统效率。其中，整车基础设计参数会对车辆在任意条件下驱动的需求功率产生影响；动力源功率扩大系数影响车辆在驱动状态下或者制动状态下可输出的最大功率；动力传动系统效率主要影响从动力源端传递至车轮端过程中的功率损失量。

**1. 整车基础设计参数**

根据车辆纵向动力学公式：

$$F_t = F_f + F_i + F_w + F_j = Mgf\cos\alpha + Mg\sin\alpha + \frac{C_D A v^2}{21.15} + Ma\delta \qquad (4-1)$$

$$P = F_t v = \frac{v}{3600\eta_t \eta_m \eta_{ess}}(Mgf\cos\alpha + Mg\sin\alpha + \frac{C_D A v^2}{21.15} + Ma\delta) \qquad (4-2)$$

式中，$F_t$ 是牵引力；$F_f$ 是滚动阻力；$F_i$ 是坡度阻力；$F_w$ 是空气阻力；$F_j$ 是加速阻力；$M$ 是车辆的质量；$g$ 是重力加速度；$\alpha$ 是坡度；$C_D$ 是空气阻力系数；$A$ 是车辆迎风面积；$v$ 是车速；$a$ 是车辆的加速度；$\delta$ 是旋转质量换算系数；$P$ 是车辆功率；$\eta_t$ 是机械传动效率；$\eta_m$ 是制动能量回收充电效率；$\eta_{ess}$ 是逆变器转化效率。

由式（4-1）和式（4-2）可以看出，影响车辆功率的整车基础设计参数包括整备质量 $M$、空气阻力系数 $C_D$ 和滚动阻力系数 $f$。

**（1）整备质量**

整备质量是指车辆在满足出厂的技术条件下，完整地配备各种配件，以及各种附加油液补充完毕后的质量。从车辆纵向动力学公式可以看出，整备质量主要对车辆克服滚动阻力和加速阻力的需求输出功率有影响。

纯电动模式下，动力电池组每时刻的 SOC 消耗量以整备质量为自变量，因空气阻力产生的 SOC 消耗可看作为常量。动力电池组 SOC 消耗量 $\Delta$SOC 随着整备质量 $M$ 的增加呈非线性增加。

发动机单独驱动模式下，发动机每时刻的燃油消耗量以整备质量 $M$ 为自变量，空气阻力产生的燃油消耗量可作为常量。发动机的燃油消耗量 $Q$ 随着整备质量 $M$ 的变化而变化，二者之间存在正比例关系。

混合动力驱动模式下，整车每时刻的折算燃油消耗量以整备质量为自变量，空气阻力产生的燃油消耗量可作为常量，折算燃油消耗量随着整备质量 $M$ 的增加而非线性增加。

综上所述，通过整车模型进行仿真，分析整备质量对于整车燃油消耗量的影响趋势，如图 4-4 所示，百公里折算油耗与整备质量基本呈线性关系，但是在 1710~1760kg 区间，曲线的斜率减小。通过对数据进行进一步详细分析，发现当整备质量在 1460~1710kg 区间内时，发动机的部分工作点向外特性曲线上聚集，发动机效率下降，驱动电机部分工作点向较高效区移动，其效率略有提升，但动力源输出功率增加导致整车能耗增加，因此，百公里折算油耗迅速增加；在 1710~1760kg 区间内，发动机工作点在高效区聚集，发动机效率提升，驱动电机工作点不变，但动力源输出功率增加导致了整车能耗增加，在这两种正负效应下，百公里油耗增速放缓；在 1760~1810kg 区间内，发动机、驱动电机工作点分布区域不变，但动力源输出功率增加导致了整车能耗增加，因此，百公里油耗迅速增加。

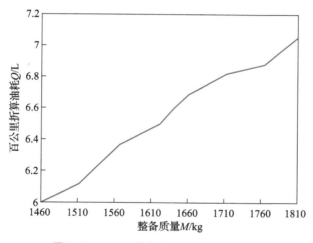

图 4-4 PHEV 能耗随整备质量变化曲线

（2）空气阻力系数

空气阻力系数决定了车辆驱动状态下克服空气阻力的需求功率，纯电驱动模式下，动力电池组每时刻的 SOC 消耗量以空气阻力系数为自变量，滚动阻力和加速阻力产生的 SOC 消耗可看作常量。因此，动力电池组 SOC 消耗量随着空气阻力系数的增加而非线性增加。

发动机单独驱动模式下，发动机每时刻的燃油消耗量以空气阻力系数为自变量，滚动阻力和加速阻力产生的燃油消耗量可看作常量。发动机的燃油消耗量与空气阻力系数存在正比例关系。

混合动力驱动模式下，车辆每时刻的折算燃油消耗量以空气阻力系数为自变量，滚动阻力和加速阻力产生的燃油消耗量可看作常量。折算燃油消耗量随着空气阻力系数的增加而非线性增加。

运用整车模型仿真分析空气阻力系数对整车燃油消耗量的影响趋势，如图 4-5 所示，百公里折算油耗与空气阻力系数基本上呈线性关系。

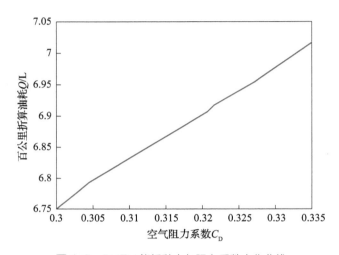

图 4-5　PHEV 能耗随空气阻力系数变化曲线

（3）滚动阻力系数

滚动阻力系数决定了车辆在驱动状态下克服滚动阻力的需求功率，纯电驱动模式下，动力电池组每时刻的 SOC 消耗量以滚动阻力系数为自变量，空气阻力和加速阻力产生的 SOC 消耗可看作常量。因此，动力电池组 SOC 消耗量 $\Delta SOC$ 随着滚动阻力系数的增加而非线性增加。

发动机单独驱动模式下，发动机每时刻的燃油消耗量以滚动阻力系数为自变量，空气阻力和加速阻力产生的燃油消耗量可看作常量。发动机的燃油消耗量与滚动阻力系数存在正比例关系。

混合动力驱动模式下，整车每时刻的折算燃油消耗量以滚动阻力系数为自变量，空气阻力和加速阻力产生的折算燃油消耗量可看作常量。折算燃油消耗量随着滚动阻力系数的增加而非线性增加。

运用整车模型进行仿真，分析滚动阻力系数对于整车燃油消耗量的影响趋势，如图 4-6 所示，百公里折算油耗与滚动阻力系数基本上呈线性关系，当滚动阻力系数处于 0.013~0.014 区间时，曲线斜率明显减小。通过对数据的进一步分析，发现滚动阻力系数在 0.008~0.013 区间内时，发动机的部分工作点向外特性曲线上聚集，发动机效率下降，驱动电机小部分工作点向较高效区移动，但动力源输出功率增加导致了整车能耗增加，因此，百公里折算油耗迅速增加。在 0.013~0.014 区间内，发动机工作点在高效区聚集，发动机效率提升，驱动电机工作点不变，但动力源输出功率增加导致整车能耗增加，综合两种作用，百公里油耗增速放缓。在 0.014~0.015 区间内，发动机工作点与驱动电机工作点分布区域没有变化，但动力源输出功率增加导致整车能耗增加，因此，百公里折算油耗迅速增加。

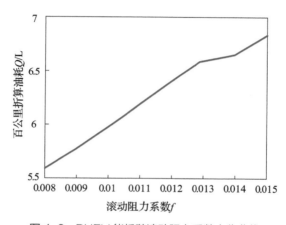

图 4-6 PHEV 能耗随滚动阻力系数变化曲线

### 2. 动力源功率扩大系数

动力源功率扩大系数主要包括发动机功率扩大系数、驱动电机功率扩大系数和发电机功率扩大系数。其中，发动机功率扩大系数是发动机最大输出功率的扩大倍数；驱动电机功率扩大系数是驱动电机工作状态最大输出功率的扩大倍数；发电机功率扩大系数是发电机工作状态下最大输出功率的扩大倍数。

（1）发动机功率扩大系数

如图 4-7 所示，随着发动机功率扩大系数的增加，百公里折算油耗逐渐降低，两者近似呈线性关系。通过对数据的进一步分析，发现动力源累积输出能量的变化趋势与百公里折算油耗变化趋势保持一致。随着发动机功率扩大系数的增加，SOC 消耗速度开始放缓，发动机的部分工作点由外特性的较低效率区向高效区的最佳经济性曲线上聚集，驱动电机工作点由高速低效率区域向中低速高效区聚集，从而降低了整车的电能消耗。综合两种因素，随着发动机功率扩大系数的增加，整车的能耗反而下降。

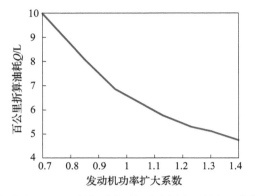

图 4-7　PHEV 能耗随发动机功率扩大系数变化曲线

（2）驱动电机功率扩大系数

如图 4-8 所示，随着驱动电机功率扩大系数的增加，百公里折算油耗与驱动电机功率扩大系数基本呈线性关系，但曲线斜率较小。通过对数据的进一步分析，发现动力源输出功率的变化趋势与百公里折算油耗变化趋势保持一致，随着驱动电机功率扩大系数的增加，SOC 消耗速度加快，发动机的工作点分布区域保持一致，因此主要对驱动电机工作点进行分析。驱动电机工作点向低效率区域聚集，驱动电机工作效率降低，增加了整车的电能消耗。因此，百公里折算油耗增加。

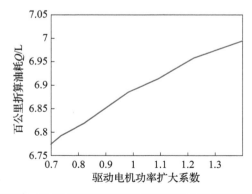

图 4-8　PHEV 能耗随驱动电机功率扩大系数变化曲线

（3）发电机功率扩大系数

发电机功率扩大系数决定了车辆处于串联驱动模式和并联行车充电模式

下整车的发电能力。如图 4-9 所示，随着发电机功率扩大系数的增加，百公里折算油耗逐渐减少。通过对数据的进一步分析，发现随着发电机功率扩大系数的增加，发动机的工作点分布区域保持一致，因此主要对发电机工作点进行分析。随着发电机功率扩大系数的增加，发电机工作点向高效率区域聚集，发电机工作效率提高，降低了整车的电能消耗，故百公里折算油耗减少。

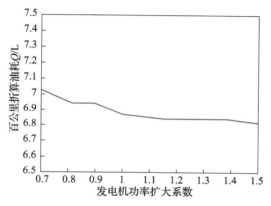

图 4-9　PHEV 能耗随发电机功率扩大系数变化曲线

### 3. 动力传动系统效率

动力传动系统效率主要包括发动机热效率、驱动电机效率、发电机效率和机械传动效率。

（1）发动机热效率

发动机热效率是一个表示发动机将热能转化为机械功的能力参数。它表示发动机输入的热能中有多少被转化为有用的机械功，通常以百分比形式表示。

对于 PHEV，发动机热效率对于能耗经济性的影响主要出现在串联驱动模式、发动机单独驱动模式以及并联混合动力驱动模式下。串联驱动模式下，发动机和发电机提供能量来源，驱动电机输出驱动功率。该模式下车辆驱动需求功率的燃油消耗量可以看成以发动机热效率为自变量的一个函数。车辆驱动需求功率的燃油消耗量随着发动机热效率的增加而减少。发动机单独驱动模式下，车辆驱动需求功率的燃油消耗量可以看成以发动机热效率为自变量的一个函数。车辆驱动需求功率的燃油消耗量随着发动机热效率的增加而减少。并联混合动力驱动模式下，发动机和驱动电机同时提供驱动需求功率。发动机并联驱动模式下，车辆驱动需求功率的燃油消耗量可看成以发动机热效率为自变量的一个函数。车辆驱动需求功率的燃油消耗量随着发动机热效率的增加而减少。如图 4-10 所示，百公里折算油耗与发动机热效率增加量基本呈线性关系。

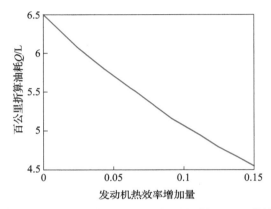

图 4-10    PHEV 能耗随发动机热效率增加量变化曲线

（2）驱动电机效率

电机的效率通常在不同的工作点（不同负载和转速）下会有所变化。高效率意味着在转换电能为机械功时损失较少，因此更多的输入电能被用来驱动车辆，减少了能源浪费。制造商通常会在不同工况下测试电机的效率，以便消费者了解电动汽车在不同条件下的性能。高效的电机设计可以提高电动汽车的续驶里程，减少电量消耗，从而提高整车的能效。因此，提高电机效率是电动汽车技术发展中的一个重要目标。

如图 4-11 所示，对于 PHEV，驱动电机效率对于能耗经济性的影响主要出现在纯电驱动模式、串联驱动模式以及并联混合动力行车助力模式下。纯电驱动或串联驱动模式下，发动机带动发电机满足驱动电机能量需求，驱动电机输出驱动功率。该模式下车辆驱动需求功率的燃油消耗量可以看成以驱动电机效率为自变量的一个函数。车辆驱动需求功率的燃油消耗量随着驱动电机效率的增加而减少。并联混合动力行车助力模式下，发动机和驱动电机同时提供驱动需求功率。该模式下车辆驱动需求功率的燃油消耗量可看成以驱动电机效率为自变量的一个函数。车辆驱动需求功率的燃油消耗量随着驱动电机效率的增加而减少。

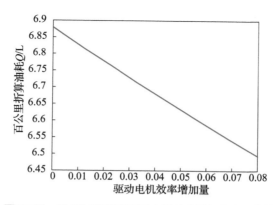

图 4-11　PHEV 能耗随驱动电机效率增加量变化曲线

（3）发电机效率

发电机的效率通常小于 100%，因为在能源转换的过程中会有能量损失。这些损失包括机械摩擦损失、电磁损耗、冷却损失等。高效的发电机设计可以减少这些损失，从而提高发电机的效率。发电机效率对于能源生成和分配至关重要，因为高效的发电机可以更有效地将能源转换为电能，减少浪费和资源消耗。在电力系统中，提高发电机效率可以减少电能传输损失，降低能源成本，同时也能减少对环境的负面影响。总之，发电机效率是描述发电机性能的关键参数，它衡量了发电机在将不同形式的能量转化为电能时的效率，对于能源生成和分配系统的运行至关重要。

如图 4-12 所示，对于 PHEV，发电机效率对于能耗经济性的影响主要出现在串联驱动模式和并联混合动力行车充电模式下。串联驱动模式下，发动机连同发电机为驱动电机提供能量来源，驱动电机输出驱动功率。该模式下车辆驱动需求功率的燃油消耗量可以看成以发电机效率为自变量的一个函数。

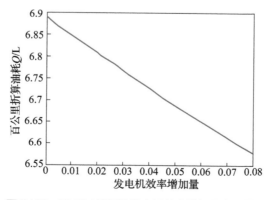

图 4-12　PHEV 能耗随发电机效率增加量变化曲线

车辆驱动需求功率的燃油消耗量随着发电机效率的增加而减少。并联混合动力行车充电模式下，发动机提供驱动需求功率的同时将富余功率输出至发电机用于发电。该模式下车辆驱动需求功率的燃油消耗量可以看成以发电机效率为自变量的一个函数。车辆驱动需求功率的燃油消耗量随着发电机效率的增加而减少。

（4）机械传动效率

对于 PHEV，机械传动效率对于能耗经济性的影响体现在车辆的各个工作模式中。因此，优化 PHEV 的机械传动系统对于提升能耗经济性具有重要意义。纯电驱动模式 / 串联驱动模式下，纯电驱动模式与串联驱动模式的能量流是一致的。此时整车驱动输出功率的能量都来自燃油消耗。纯电驱动模式 / 串联驱动模式下，车辆驱动需求功率的燃油消耗量可以看成以机械传动效率为自变量的一个函数。车辆驱动需求功率的燃油消耗量随着机械传动效率的增加而减少。发动机单独驱动模式下，车辆驱动需求功率的燃油消耗量可以看成以机械传动效率为自变量的一个函数。车辆驱动需求功率的燃油消耗量随着机械传动效率的增加而减少。并联混合动力驱动模式下，车辆驱动需求功率的燃油消耗量可以看成以机械传动效率为自变量的一个函数。车辆驱动需求功率的燃油消耗量随着机械传动效率的增加而减少。

如图 4-13 所示，当机械传动效率处于 0.92~0.93 区间时，随着机械传动效率的增加，其能耗经济性灵敏度与其他区间呈现相反的趋势。通过对数据的进一步分析，发现当机械传动效率处于 0.92~0.93 区间时，发动机部分工作点由最佳经济性曲线偏移至外特性曲线上，降低了其工作效率，百公里折算油耗有一定的增加。

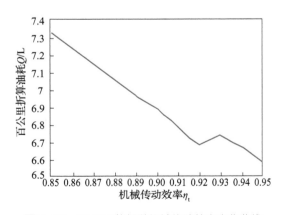

图 4-13　PHEV 能耗随机械传动效率变化曲线

# 第五章
# 插电式混合动力电动汽车技术效能评价

## 一、PHEV 全生命周期减排评估

### （一）全生命周期评价方法概述

全生命周期评价（Life Cycle Assessment，LCA）是指在系统边界的全生命周期过程中，将研究对象的所有输入、输出及造成的环境排放进行汇总和评价的研究方法。

### （二）全生命周期评价框架

根据国家标准 GB/T 24040—2008《环境管理　生命周期评价　原则与框架》指定的技术路线，将产品的生命周期评价分为四个阶段：目的和范围确定、生命周期清单分析、生命周期影响评价和生命周期解释。这四个过程之间相互影响，任何一个过程出现错误和误差均会导致结果的真实性减弱。它们之间的关系如图 5-1 所示。

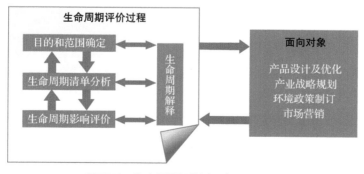

图 5-1　生命周期评价过程与面向对象

### 1. 目的和范围确定

在进行产品生命周期评价之前，需要先确定研究目的以及研究范围，以确保研究的深度和广度。

系统边界的划分主要是确定产品对象研究界限，其对评价的可行性、深度、广度、合理性至关重要。在系统边界外主要是明确输入与输出，如能源、矿产资源的输入与输出的各种污染排放物；在系统边界内主要包括产品生命周期评价的主要进程，在各个进程中又具体划分为中间基础流和各进程之间的相互联系。针对汽车产品本身，LCA 的方法分为两种，一种是从摇篮到门（CTW），另一种是从摇篮到坟墓（CTE），它们的主要区别在于评估的周期不同。

CTW 方法主要关注产品或服务制造和使用阶段的环境影响，适用于短期评估和改进；而 CTE 方法则涵盖了整个生命周期，适用于长期评估和整体优化。针对 PHEV 车型，对其进行 CTE 评估效果更佳。可将车辆的生命周期划分为原材料获取、制造装配、运行使用、报废回收四个阶段。本书参考美国阿贡实验室的系统及部件划分模型，将 PHEV 整体的主要部件类别划分为七个主要系统：车身、传动系统、变速器、底盘、电动机、发电机、电子控制器。

### 2. 生命周期清单分析

生命周期清单（Life Cycle Inventory，LCI）分析主要是对系统边界确定的各个过程，即从原材料生产、加工、零部件生产制造、运输、运行使用、维修直至报废回收等过程进行数据的收集和整理，主要包括材料清单、质量占比、能耗清单等数据。此外，清单分析过程还应随着汽车产品的不断细化进行相应的修改，对最新数据及时更新，最后确定出完整的数据清单以达到最佳的使用需求。

### 3. 生命周期影响评价

生命周期评价的第三步是进行生命周期影响评价（Life Cycle Impact Assessment，LCIA），即对前面两步工作做完之后的工作结果进行量化评价。它是对产品系统清单分析阶段所映射的环境影响类型进行定量或定性的表征评价，即确定产品系统的物质、能量交换对资源的消耗以及对外部环境的影响。

汽车全生命周期环境影响从温室气体排放（二氧化碳、甲烷）角度入手，具体如下。

（1）二氧化碳（$CO_2$）

二氧化碳是大气的重要组成成分，动植物及人类活动、燃烧、工业产品生产均会产生二氧化碳，二氧化碳在强烈吸收地面长波辐射后能向地面辐射出波长更长的长波，是全球气候变暖贡献最大的温室气体。

（2）甲烷（$CH_4$）

甲烷是现代工业的重要原料，广泛用于颜料、油漆、橡胶的生产。甲烷同样是温室气体，并且从 2007 年开始，在甲烷浓度开始上升的同时，其导致的温室效应也水涨船高，甲烷已经成为主要的温室气体。

### 4. 生命周期解释

生命周期解释是生命周期评价研究的最后一步，主要是根据规定的目的和范围要求，对清单分析和所建模型的环境影响评价结果进行评估，然后对其进行总结和进一步分析，以形成准确的结论和建议。研究目的和范围的限制、当前技术实现的难易程度等因素，往往会使得超出评价范围的评价结果具有一定的局限性。

## （三）全生命周期评价特点

### 1. 全生命周期评价的优势与局限性

（1）优势

1）边界划分清晰：通过将产品划分为原材料开采、原材料冶炼、产品加工制造、产品使用及维修直至报废等多个阶段，有效规避产品实际生产过程中的交错复杂关系，避免物料和能源消耗的反复核算。

2）定量分析：涵盖各种不同类型的环境影响评价因素，对这些因素分类计算，避免环境排放在这些影响类型之间相互转移，排放清单通常以归一化的形式整合到一起。

3）标准体系完善：生命周期评价方法目前有相对完整的标准体系，国际引用较多的 ISO 14040：2006《环境管理　生命周期评价　原则与框架》系列标准可以等同转化为 GB/T 24040—2008《环境管理　生命周期评价　原则与框架》系列标准，避免了不同国家和地区之间标准体系不同引起的生命周期界定混乱。

4）适用范围广：生命周期评价是多学科交叉的评价方法，适用于对多种产品和服务的环境评价，为各种技术性、管理性或政策性的决策提供资源环境数据支持。

（2）局限性

1）信息和数据的限制：一个大型的生命周期评价项目通常涉及成千上万条数据，而能得到的准确的信息和数据很有限。因此，在研究中常采用典型工艺的平均水平、国内外相似数据或采用经验公式估算等方式获取数据，但容易造成评价结果不准确、误差偏大，同时耗费时间较长。

2）时间和地域的局限：由于 LCA 描述的对象是复杂的产品生产与消费活动，具有大尺度的时空跨度，而且这种活动不断变动，因而难以反复测量并统计分析。

3）区域性明显：由于经济发展水平和地理环境的不同，许多资源消耗和环境排放所造成的环境影响具有明显的区域性。

4）综合评价指标的客观性：由于现代工业的复杂性，产品的生命周期会造成多种类型的环境影响，因此通常采用权重因子衡量不同指标所代表环境损害的严重性，以此将各类环境影响因素累加，得出综合指标以及明确的对比分析结论。但权重因子中包含人为主观因素，因而这一方法削弱了生命周期评价的客观性和科学性。

2. 评价目标和范围

（1）评价目标

从全生命周期的角度出发，结合研究背景及目的，综合考虑车辆技术成熟度、市场保有量、使用区域、代表性及现实参考价值，选取某一车型作为评价目标。该车型性能参数见表 5-1。

表 5-1　PHEV 典型车型基本参数

| 参数名称 | 参数 |
| --- | --- |
| 电池类型 | 锂离子电池 |
| 整备质量 /kg | 1525 |
| 发动机排量 /L | — |
| 动力电池容量 /kW·h | 4.4 |
| 发动机功率 /kW | 60 |
| 电机功率 /kW | 73 |

（2）评价范围

以 PHEV 全生命周期评价及其造成的环境影响分析为主要目标，从 PHEV 的生产制造、运行使用、报废回收的角度，分析其产生的碳排放和常规污染物排放。本书将 PHEV 的生命周期划分为原材料获取阶段、制造阶段、装配阶段、运行使用阶段和报废回收阶段。

其中，原材料获取阶段指的是矿产资源加工冶炼为金属和非金属材料的过程，对于矿产资源和其他材料的开采造成的排放本书不予追溯；制造阶段和装配阶段是指将金属和非金属材料加工为汽车零部件，并进行组装匹配形成汽车产品的过程；运行使用阶段指汽车产品被运输进入市场，并被不断使用的过程；报废回收阶段指维修至不满足国家相关法规的汽车产品被回收拆解和二次利用的过程。

PHEV 的全生命周期环境效益，主要从温室气体排放方面进行分析。其中，温室气体包括二氧化碳、甲烷等。考虑到汽车产品的复杂性，清晰且不重复地划分单元并建立模型是得到科学结果的基础。因此，根据 PHEV 布置的特点，将一辆完整的 PHEV 进一步划分为十大部分：车身、起动电池、变速器、底盘、电动机、发电机、电子控制器、动力电池、流体、发动机，忽略一些质量和体积较小或对评价结果影响较小的材料或零件。其系统边界如图 5-2 所示。

3. 碳排放核算方法

汽车行业的产量规模大、产业高度集中，是我国节能减排的重要行业之一。因此，对汽车生产的各个过程进行核算很重要。碳排放核算方法主要有实测法和排放系数法等方法。

实测法是通过监测手段或国家环保部门认定的连续计量设备，测量排放气体的流速、流量和浓度，进而计算气体排放总量的统计计算方法。但采用这种方法对碳排放量单独进行连续监测的成本很高，因此，这种方法不适用于汽车制造企业的碳排放测算。

排放系数法是联合国政府间气候变化专门委员会（Intergovernmental Panel on Climate Change，IPCC）提供的能源消费碳排放计算模式，指在正常技术经济和生产管理条件下，生产单位产品所产生气体排放量的统计平均值。排放系数也称排放因子，其数值是企业在正常生产环境下生产单位产品所产生的碳排放量。排放系数法的计算公式如下。

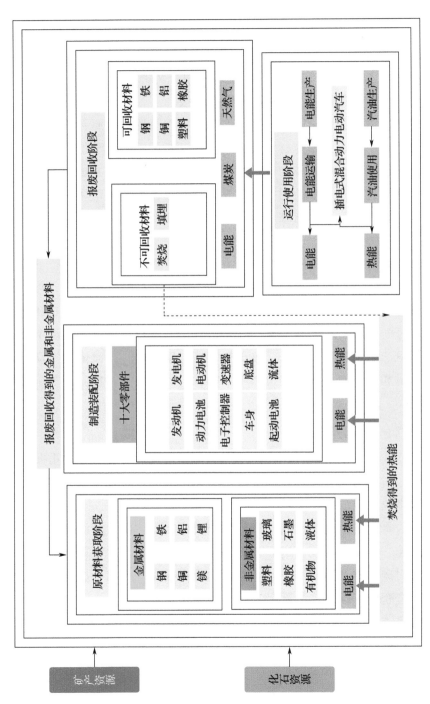

图5-2 插电式混合动力电动汽车生命周期评价系统边界

$$E = \sum E_i = \sum M_i F_i \qquad (5-1)$$

式中，$E$ 是总的碳排放量，单位为 $kgCO_2\,eq$；$E_i$ 是第 $i$ 种物质的碳排放量，单位为 $kgCO_2\,eq$；$M_i$ 是第 $i$ 种物质的消耗量，单位为 $kg$；$F_i$ 是第 $i$ 种物质的碳排放系数，单位为 $kgCO_2\,eq/kg$。

本书涉及的部分材料和能源的碳排放系数分别见表 5-2 和表 5-3。

表 5-2 部分工业材料碳排放系数

| 材料名称 | 数值 | 单位 |
| --- | --- | --- |
| 钢 | 2.38 | kg $CO_2$ eq/kg |
| 铸铁 | 1.82 | kg $CO_2$ eq/kg |
| 铜及铜合金 | 4.23 | kg $CO_2$ eq/kg |
| 铝及铝合金 | 16.38 | kg $CO_2$ eq/kg |
| 橡胶 | 3.08 | kg $CO_2$ eq/kg |
| 热塑性材料 | 3.96 | kg $CO_2$ eq/kg |
| 热固性材料 | 4.57 | kg $CO_2$ eq/kg |

表 5-3 部分能源生产碳排放系数

| 材料名称 | 数值 | 单位 |
| --- | --- | --- |
| 钢 | 2.38 | kg $CO_2$ eq/kg |
| 铸铁 | 1.82 | kg $CO_2$ eq/kg |
| 铜及铜合金 | 4.23 | kg $CO_2$ eq/kg |
| 铝及铝合金 | 16.38 | kg $CO_2$ eq/kg |
| 橡胶 | 3.08 | kg $CO_2$ eq/kg |
| 热塑性材料 | 3.96 | kg $CO_2$ eq/kg |

为统一度量整体温室效应的结果，需要一种量度单位。由于 $CO_2$ 增温效应最明显，因此将其他温室气体等效为相应的 $CO_2$ 含量，这种方法得到的结果称为二氧化碳当量。将其作为度量温室效应的基本单位，计算方法见式（5-2）。

$$CO_2eq = GWP \times m \qquad (5-2)$$

式中，$CO_2eq$ 是二氧化碳当量；$GWP$ 是全球变暖潜值，$CO_2$ 的 $GWP$ 值为 1；$m$ 是温室气体质量，单位为 $kg$。

全球变暖潜值（Global Warming Potential，GWP）是 IPCC 提出的用

于衡量混合温室气体相对于单位质量二氧化碳在所选定的时间内进行积分的辐射强迫指标，用来估测及比较不同气体的排放对气候系统的潜在影响。IPCC 第三次评估报告对 GWP 的定义为"某化学物质的全球变暖潜值定义为从开始释放 1kg 该物质起，一段时间内辐射效应对时间积分，相对于同条件下释放 1kg 参考气体（二氧化碳）对应时间积分的比值"。常见温室气体的 GWP 值见表 5-4。

表 5-4  常见温室气体的 GWP 值

| 温室气体名称 | GWP 值 |
|---|---|
| 二氧化碳（$CO_2$） | 1 |
| 甲烷（$CH_4$） | 23 |
| 氧化亚氮（$N_2O$） | 296 |
| 六氟乙烷（$C_2F_6$） | 11900 |
| 二氟甲烷（$CH_2F_2$） | 550 |

### （四）PHEV 碳排放核算模型

本书依托美国阿贡国家实验室根据 GREET（温室气体、管制排放和运输中的能源使用）模型，以计算的混合动力电动汽车能源使用和排放为基础，应用 GaBi 软件进行动态建模。此外，根据国内相关研究专家的研究成果，搭建 PHEV 的全生命周期碳排放评价模型。模型总共包含原材料获取、部件制造、整车装配、运行使用和报废回收阶段的碳排放量，具体模型见式（5-3）。

$$P_{LCA\text{-}CO_2} = P_{1\text{-}CO_2} + P_{2\text{-}CO_2} + P_{3\text{-}CO_2} + P_{4\text{-}CO_2} + P_{5\text{-}CO_2} \tag{5-3}$$

式中，$P_{1\text{-}CO_2}$ 表示原材料获取阶段排放量；$P_{2\text{-}CO_2}$ 表示部件制造阶段排放量；$P_{3\text{-}CO_2}$ 表示整车装配阶段碳排放量；$P_{4\text{-}CO_2}$ 表示运行使用阶段碳排放量；$P_{5\text{-}CO_2}$ 表示报废回收阶段碳排放量；$P_{LCA\text{-}CO_2}$ 表示 PHEV 全生命周期碳排放量。

#### 1. 原材料获取阶段

材料生产是将矿物资源转化为用于零部件制造的汽车材料的过程。使用的材料首先在四个主要类别中确定，然后为每个主要类别使用 GaBi 软件建模。各主要类别的材料组成数据均基于文献。根据清单分析结果，本书将一辆完整的 PHEV 主要零部件划分为十大部分：车身、起动电池、变速器、底盘、电动机、发电机、电子控制器、动力电池、发动机。

原材料获取阶段的碳排放量计算公式见式（5-4）。

$$P_{1-\mathrm{CO_2}} = \sum_{K} [(m_{ij})_{K \times n} (p_{0ij})_{1 \times n}] \tag{5-4}$$

式中，$m_{ij}$ 表示整车第 $i$ 个部件所包含的第 $j$ 种车用材料的质量，单位为 kg；$K$ 表示整车的部件数量；$n$ 表示车用材料的种类数；$p_{0ij}$ 表示生产单位质量第 $i$ 种车用材料的碳排放当量，单位为 kg。

由于部分零部件数据限制，本书将对电动机、变速器、车身、底盘、电子控制器、主减速器、起动电池、动力电池几部分重点分析。

（1）电动机

电动机主要由定子与转子组成，通电导线在磁场中受力运动的方向跟电流方向和磁感线方向有关，组成材料主要是钢、铝、铜等，质量占比见表 5-5。

表 5-5　电动机组成材料质量占比

| 材料 | 质量占比 |
|---|---|
| 钢 | 31.5% |
| 铝 | 39.5% |
| 铜 | 15.8% |
| 钕铁 | 13.2% |

（2）变速器

变速器由变速传动机构和操纵机构组成，有些还有动力输出机构。传动机构大多用普通齿轮传动，也有行星齿轮传动。普通齿轮传动变速传动机构一般用滑移齿轮和同步器等，各种组成材料质量占比见表 5-6。

表 5-6　变速器组成材料质量占比

| 材料 | 质量占比 |
|---|---|
| 钢 | 30.0% |
| 铝 | 30.0% |
| 铸铁 | 30.0% |
| 橡胶 | 5.0% |
| 塑料 | 5.0% |

（3）车身

车身包含的零部件众多，主要包括发动机舱盖总成、顶盖总成、翼子板及侧围总成、行李舱盖总成、前/后侧面车门总成、动力电池支架总成、前/后围板总成、地板总成等，对于质量较小的部分予以忽略。主要包含的材料为钢、锻铝、铜、镁、塑料、玻璃、橡胶等。车身各部分材料质量占比见表5-7。

表5-7　车身组成材料质量占比

| 材料 | 质量占比 |
| --- | --- |
| 钢 | 68.7% |
| 铝 | 0.8% |
| 铜 | 1.9% |
| 塑料 | 17.4% |
| 其他 | 11.2% |

（4）底盘

汽车底盘由传动、转向、行驶、制动四大系统组成，包含传动轴、转向器、轮胎、制动器、差速器等众多零部件，主要使用钢、铸铁、铸铝、铜、塑料、橡胶等材料，质量占比情况见表5-8。

表5-8　底盘组成材料质量占比

| 材料 | 质量占比 |
| --- | --- |
| 钢 | 82.3% |
| 铝 | 1.0% |
| 铸铁 | 6.3% |
| 铜 | 2.3% |
| 橡胶 | 4.2% |
| 塑料 | 3.3% |
| 其他 | 0.6% |

（5）电子控制器

PHEV电子控制器主要有三个部分，分别是传感器、控制单元和执行器。电子控制器主要组成部件有三个模块，分别为逆变器模块、整车控制器

（VCU）软起动器模块和散热器模块。另外，在常见的电子控制器中，主要考虑电路板、散热器、基座和支撑的材料质量占比情况。其中，电路板的基本材料为铜和塑料，散热器的主要材料是铸铝，基座和支撑材料主要为钢，电子控制器中各组成部分的材料质量占比见表5-9。

表5-9　电子控制器组成材料质量占比

| 材料 | 质量占比 |
| --- | --- |
| 钢 | 5.0% |
| 铝 | 47.5% |
| 铜 | 8.3% |
| 橡胶 | 3.8% |
| 塑料 | 23.0% |
| 其他 | 12.4% |

（6）主减速器

主减速器是在传动系统中起降低转速、增大转矩作用的主要部件，当发动机纵置时还具有改变转矩旋转方向的作用。它是依靠齿数少的齿轮带动齿数多的齿轮来实现减速的，采用锥齿轮传动则可以改变转矩旋转方向。主减速器组成材料质量占比见表5-10。

表5-10　主减速器组成材料质量占比

| 材料 | 质量占比 |
| --- | --- |
| 钢 | 60.6% |
| 铝 | 20.0% |
| 铜 | 19.0% |
| 塑料 | 0.2% |
| 其他 | 0.2% |

（7）起动电池

汽车起动电池的作用是为起动电机供电，完成发动机的起动工作。汽车起动电池一般为铅酸蓄电池，主要材料包括铅、硫酸等，具体质量占比见表5-11。

表 5-11　铅酸蓄电池组成材料质量占比

| 材料 | 质量占比 |
| --- | --- |
| 铅 | 69.0% |
| 硫酸 | 7.9% |
| 塑料（PP） | 6.1% |
| 水 | 14.1% |
| 玻璃纤维 | 2.1% |
| 其他 | 0.8% |

（8）动力电池

动力电池一般是锂离子电池。锂离子电池是以锂合金金属氧化物为正极材料，石墨为负极材料，使用非水电解质的一种二次电池，一般作为 PHEV 的动力电池使用。其主要材料质量占比见表 5-12。

表 5-12　锂离子电池组成材料质量占比

| 材料 | 质量占比 |
| --- | --- |
| 锰酸钾 | 27.8% |
| 石墨 | 12.2% |
| 黏结剂 | 2.1% |
| 铜 | 14.8% |
| 锻铝 | 22.9% |
| 磷酸乙烯 | 1.7% |
| 碳酸次乙酯 | 4.9% |
| 碳酸二甲酯 | 4.9% |
| 塑料（PP） | 2.2% |
| 塑料（PE） | 0.4% |
| 塑料（PET） | 1.7% |
| 钢 | 1.9% |
| 保温层材料 | 0.3% |
| 乙醇 | 1.3% |
| 电子部件材料 | 0.9% |

### 2. 部件制造阶段

部件制造是一种将车辆材料转化为准备组装的车辆部件的过程，计算组件制造过程中的能源使用量和排放量描述每个车辆部件的制造过程，并收集这些过程中与功耗相关的数据。铅酸蓄电池用于处理车辆起动和附件负载，锂离子电池作用于电力驱动系统。流体类别包括发动机机油、动力转向液、制动液、变速器液、动力总成冷却液、风窗玻璃液和黏合剂，制造工艺和数据基于文献，主要组件的权重基于 GaBi 数据库，锂离子电池和铅酸蓄电池等的质量均基于文献。由于在材料生产阶段考虑了流体的生产过程，因此，流体生产过程碳排放并不包括在组件制造中。

部件制造阶段碳排放计算公式如下。

$$P_{2-CO_2} = \sum_K [(e_{1ij})_{k \times r}(p_{1ij})_{1 \times r}] \qquad (5-5)$$

式中，$K$ 表示整车的部件数量；$e_{1ij}$ 表示汽车第 $i$ 个部件制造过程所需的第 $j$ 种能源量，单位为 MJ；$p_{1ij}$ 表示生产第 $i$ 种能源所排放的第 $j$ 种污染物排放量，单位为 kg/MJ；$r$ 表示能源的种类数。

在部件制造阶段，通常会涉及一些汽车常用的材料，例如钢、铸铁、铝、铜和橡胶等。根据 GaBi 数据库的数据，一般情况下，生产 1kg 钢的碳排放量为 2.41kg，生产 1kg 铝的碳排放量为 20.7kg，生产 1kg 铸铁的碳排放量为 2.38kg，生产 1kg 铜的碳排放量为 4.76kg，生产 1kg 橡胶的碳排放量为 2.96kg。这些数据提供了不同材料生产过程中的碳排放量情况，为部件制造提供参考。

（1）动力电池

动力电池一般为锂离子电池，而且在加工制造过程中主要涉及正极、负极、隔膜等主体部分的生产加工。锂离子电池制造过程能量消耗和排放情况见表 5-13。

表 5-13 锂离子电池制造过程能量消耗和排放情况

| 主要类别 | 锂离子电池 |
| --- | --- |
| 原油 /MJ | 3570.000 |
| 硬煤 /MJ | 2380.000 |
| 天然气 /MJ | 2320.000 |
| $CO_2$/kg | 729.000 |

（续）

| 主要类别 | 锂离子电池 |
|---|---|
| CO/kg | 0.422 |
| NO$_x$/kg | 1.290 |
| SO$_x$/kg | 1.959 |
| NMVOC/kg | 0.196 |
| CH$_4$/kg | 1.800 |
| PM10/kg | 0.259 |
| PM2.5/kg | 0.239 |

（2）起动电池

车用起动电池主要采用铅酸蓄电池作为能量储存装置。与动力电池相比，铅酸蓄电池的加工工艺在某些方面是类似的，但也存在一些差异。铅酸蓄电池制造过程能量消耗和排放情况见表5-14。

表5-14 铅酸蓄电池制造过程能量消耗和排放情况

| 主要类别 | 铅酸蓄电池 |
|---|---|
| 原油/MJ | 46.100 |
| 硬煤/MJ | 62.000 |
| 天然气/MJ | 55.300 |
| CO$_2$/kg | 12.800 |
| CO/kg | 0.050 |
| NO$_x$/kg | 0.023 |
| SO$_x$/kg | 0.260 |
| NMVOC/kg | 0.003 |
| CH$_4$/kg | 0.019 |
| PM10/kg | 0.001 |
| PM2.5/kg | 0.001 |

（3）流体

汽车生产过程中使用的流体主要包括六种：制动液、冷却液、发动机润滑油、变速器润滑油、风窗玻璃清洗液（俗称玻璃水）、黏合剂。其中，润滑油由基础油与添加剂构成，制动液主要成分是乙醇，冷却液主要成分是水和乙醇组成的混合物。生产流体主要消耗的原材料有原油、硬煤和天然气，其所需的能量消耗和排放情况见表 5-15。

表 5-15　流体制造过程能量消耗和排放情况

| 主要类别 | 流体 |
|---|---|
| 原油 /MJ | 173.000 |
| 硬煤 /MJ | 11.900 |
| 天然气 /MJ | 19.700 |
| $CO_2$/kg | 125.000 |
| CO/kg | 0.107 |
| $NO_x$/kg | 0.228 |
| $SO_x$/kg | 0.534 |
| NMVOC/kg | 0.006 |
| $CH_4$/kg | 0.718 |
| PM10/kg | 0.081 |
| PM2.5/kg | 0.036 |

（4）主要部件

主要组件类别有七个：车身、动力总成、传动系统、底盘、电动机、发电机、电子控制器，主要部件制造过程能量消耗和排放情况见表 5-16。

表 5-16　主要部件制造过程能量消耗和排放情况

| 主要类别 | 主要组件 |
|---|---|
| 原油 /MJ | 5080.000 |
| 硬煤 /MJ | 7140.000 |
| 天然气 /MJ | 5370.000 |
| $CO_2$/kg | 8320.000 |
| CO/kg | 31.100 |
| $NO_x$/kg | 12.600 |
| $SO_x$/kg | 30.118 |
| NMVOC/kg | 0.404 |
| $CH_4$/kg | 25.300 |
| PM10/kg | 6.608 |
| PM2.5/kg | 4.150 |

（5）车身

车身在加工制造过程中主要涉及的制造工艺有冲压、焊接、涂装和总装，各个工艺过程主要包括铸造、锻造、机械加工、热处理、模塑以涂油漆防腐。车身制造过程能量消耗见表5-17。

表 5-17　车身制造过程能量消耗情况

| 组件 | 原油 /MJ | 无烟煤 /MJ | 天然气 /MJ |
|---|---|---|---|
| 车身 | 62.30 | 2280.00 | 65.90 |

（6）动力系统

PHEV由两套动力系统组成，分别为电机驱动系统和发动机驱动系统。PHEV动力系统由发动机、电动机、发电机、控制器、传输机构等几部分构成，制造过程复杂。动力系统制造过程能量消耗情况见表5-18。

表 5-18　动力系统制造过程能量消耗情况

| 组件 | | 原油 /MJ | 无烟煤 /MJ | 天然气 /MJ |
|---|---|---|---|---|
| 动力系统 | 发动机 | 5.54 | 275.00 | 7.24 |
| | 电动机 | 16.20 | 785.00 | 88.80 |
| | 发电机 | 16.20 | 785.00 | 88.80 |
| | 控制器 | 6.46 | 320.00 | 8.44 |
| | 传输机构 | 96.10 | 4450.00 | 1220.00 |

（7）底盘

汽车底盘由传动、转向、行驶、制动四大系统组成，包含支架、传动轴、差速器、悬架系统、制动系统、轮胎、车轮、转向系统等，组成复杂，能量消耗巨大。底盘制造过程能量消耗情况见表5-19。

表 5-19　底盘制造过程能量消耗情况

| 组件 | | 原油 /MJ | 无烟煤 /MJ | 天然气 /MJ |
|---|---|---|---|---|
| 底盘 | 支架 | 1.94 | 76.60 | 2.07 |
| | 传动轴 | 16.70 | 714.00 | 237.00 |
| | 差速器 | 24.70 | 1140.00 | 314.00 |
| | 悬架系统 | 1.84 | 22.40 | 121.00 |
| | 制动系统 | 2.18 | 108.00 | 2.84 |

（续）

| 组件 | | 原油 /MJ | 无烟煤 /MJ | 天然气 /MJ |
|---|---|---|---|---|
| 底盘 | 轮胎 | 4.18 | 140.00 | 5.54 |
| | 车轮 | 4.92 | 244.00 | 6.43 |
| | 转向系统 | 1.29 | 63.80 | 1.68 |

（8）驾驶舱内

PHEV 驾驶舱内情况较为复杂，为了方便数据核算，我们选择座椅和仪表盘来代表车内。驾驶舱内组件制造过程能量消耗情况见表 5-20。

表 5-20　驾驶舱内组件制造过程能量消耗情况

| 组件 | | 原油 /MJ | 无烟煤 /MJ | 天然气 /MJ |
|---|---|---|---|---|
| 车内 | 座椅 | 29.90 | 2717.80 | 48.10 |
| | 仪表盘 | 2.13 | 106.00 | 2.78 |

3. 整车装配阶段

基于对装配厂的能源效率研究、油漆制造和油漆工艺的生命周期分析的数据，计算了与汽车装配相关的能源使用和污染排放。这些数据来源于文献，装配过程的主要能耗来自硬煤，见表 5-21，整车装配阶段中硬煤消耗量最大。从表 5-21 中可以看出，污染排放以二氧化碳为主，其次是 $SO_x$、甲烷、PM2.5、$NO_x$、CO、PM10 和 NMVOC。

表 5-21　整车装配阶段的能源消耗及排放情况

| 项目 | 数值 |
|---|---|
| 原油 /MJ | 580.000 |
| 硬煤 /MJ | 29200.000 |
| 天然气 /MJ | 698.000 |
| $CO_2$/kg | 2870.000 |
| CO/kg | 3.570 |
| $NO_x$/kg | 6.390 |
| $SO_x$/kg | 8.150 |
| NMVOC/kg | 0.808 |
| $CH_4$/kg | 8.040 |

（续）

| 项目 | 数值 |
|------|------|
| PM10/kg | 0.820 |
| PM2.5/kg | 6.830 |

整车装配阶段碳排放计算公式如下。

$$P_{3-CO_2}^I = Q_1 (s/100)(C_1 + C_2) \qquad （5-6）$$

式中，$Q_1$ 是汽车的百公里燃油消耗量，单位为 L/100km；$s$ 是全生命周期的行驶里程，单位为 km；$C_1$ 是生产的碳排放因子，单位为 kg/L；$C_2$ 是汽油燃烧的碳排放因子，单位为 kg/L。燃料加工生产的碳排放采用 GaBi 数据库数值，$C_1$=0.396kg/L；燃料燃烧过程的排放参考 GB 27999—2019《乘用车燃料消耗量评价方法及指标》中的 $CO_2$ 转换系数，$C_2$=2.37kg/L。

### 4. 运行使用阶段

PHEV 有三种驱动模式：全电动驱动模式、Eco 混合动力驱动模式和动力驱动模式。PHEV 使用阶段的能源消耗取决于电动行驶里程，而电动行驶里程则受到荷电状态和驱动模式的影响。

本书选择北京的每日车辆行驶里程（DVKT）来计算使用阶段的能源使用量。我们设定选择的车辆使用寿命为 25 万 km。结果见表 5-22，表中数据说明主要的能源消耗为原油，污染排放以二氧化碳为主，其次是 CO、NMVOC、$NO_x$、PM10、PM2.5、甲烷和 $SO_x$。对于 PHEV，汽车使用过程排放的二氧化碳来源主要为汽油。

表 5-22  运行使用阶段的能源消耗及排放情况

| 项目 | 数值 |
|------|------|
| 原油 /MJ | 264000.000 |
| 硬煤 /MJ | 26800.000 |
| 天然气 /MJ | 0.000 |
| $CO_2$/kg | 23000.000 |
| CO/kg | 443.000 |
| $NO_x$/kg | 14.000 |
| $SO_x$/kg | 0.750 |
| NMVOC/kg | 14.750 |

（续）

| 项目 | 数值 |
| --- | --- |
| $CH_4$/kg | 0.750 |
| PM10/kg | 4.250 |
| PM2.5/kg | 2.000 |

运行使用阶段碳排放计算公式如下。

$$P^I_{4-CO_2} = Q_1(s / 100)(C_1 + C_2) \tag{5-7}$$

式中，$Q_1$ 是汽车的百公里燃油消耗量，单位为 L/100km；$s$ 是全生命周期的行驶里程，单位为 km；$C_1$ 是生产的碳排放因子，单位为 kg/L；$C_2$ 是汽油燃烧的碳排放因子，单位为 kg/L。燃料加工生产的碳排放采用 GaBi 数据库数值，$C_1 = 0.396$kg/L；燃料燃烧过程的排放参考 GB 27999—2019《乘用车燃料消耗量评价方法及指标》中的 $CO_2$ 转换系数，$C_2 = 2.37$kg/L。

### 5. 报废回收阶段

报废回收阶段分为汽车主体粉碎和电池报废处理两个过程，车辆经过一定的行驶里程及规定的使用年限后，经过拆解、粉碎、再生产、再制造、再利用等主要程序对其进行合理的报废回收，有利于资源的再次利用和节约能耗。本书将车辆的报废回收分为车辆主体报废回收和动力电池报废回收，其中，车辆主体的回收主要考虑了发动机、变速器、车身、底盘等各大部件金属材料的再生利用。

在车辆报废回收过程中，回收部分零部件需要以消耗一定的能源为基础，回收的材料对环境产生了正向效益，综合回收部件材料所产生的间接资源和能源节约，两者的综合值即为整个报废回收阶段所产生的排放，以此建立报废回收阶段的核算模型。

由于缺乏报废回收过程中拆解和粉碎等工艺的能耗和排放数据，参考行业内学者依托理论所提出的显著金属数据替代的方法，即主要考虑金属部件的钢、铸铁、铝和铜这 4 种金属的回收利用。设钢、铸铁、铝和铜 4 种金属的回收率分别为 $\xi_1$、$\xi_2$、$\xi_3$ 和 $\xi_4$。汽车报废回收阶段的碳排放计算方法为公式（5-8）。

$$P_{5-CO_2} = \sum_K [(m_{ij}\xi_j)_{K \times 4}[(e_{3ij})_{r \times 4}(p_{1ij})_{r \times 1} - (p_{0ij})_{4 \times 1}] \tag{5-8}$$

式中，$e_{3ij}$ 表示回收单位质量金属 $i$ 的过程中所需的第 $j$ 种能源量，单位为 MJ/kg。

## （五）PHEV 主要部件生命周期评价

根据上述划分，我们进一步将 PHEV 部件划分为车身、玻璃、座椅、仪表板、发动机、电动机、发电机、控制器、传输机构、支架、传动轴、差速器、悬架系统、制动系统、轮胎、车轮、转向系统、铅酸蓄电池、锂离子电池等部分。这些组件制造时的各种污染排放量见表 5-23。

表 5-23　组件制造时的污染排放量

（单位：kg）

| | 组件 | $CO_2$ | CO | $NO_x$ | $SO_x$ | NMVOC | $CH_4$ | PM10 | PM2.5 |
|---|---|---|---|---|---|---|---|---|---|
| 驾驶舱内 | 车身 | 225 | 0.28 | 0.50 | 0.64 | 0.06 | 0.63 | 0.06 | 0.53 |
| | 玻璃 | 45.50 | 0.06 | 0.10 | 0.13 | 0.01 | 0.13 | 0.01 | 0.11 |
| | 座椅 | 195 | 0.28 | 0.90 | 1.33 | 0.01 | $2.37 \times 10^{-3}$ | — | — |
| | 仪表板 | 10.40 | 0.01 | 0.02 | 0.03 | $2.94 \times 10^{-3}$ | 0.03 | $2.97 \times 10^{-3}$ | 0.02 |
| 动力系统 | 发动机 | 27.00 | 0.03 | 0.06 | 0.09 | 0.01 | 0.08 | 0.01 | 0.06 |
| | 电动机 | 81.50 | 0.10 | 0.18 | 0.22 | 0.02 | 0.23 | 0.02 | 0.18 |
| | 发电机 | 81.50 | 0.10 | 0.18 | 0.22 | 0.02 | 0.23 | 0.02 | 0.18 |
| | 控制器 | 31.50 | 0.04 | 0.07 | 0.09 | 0.01 | 0.09 | 0.01 | 0.08 |
| | 传输机构 | 506 | 0.61 | 1.07 | 1.25 | 0.15 | 1.37 | 0.13 | 1.04 |
| | 支架 | 7.56 | 0.01 | 0.02 | 0.02 | $2.14 \times 10^{-3}$ | 0.02 | $2.16 \times 10^{-3}$ | 0.02 |
| | 传动轴 | 83.90 | 0.10 | 0.18 | 0.20 | 0.03 | 0.23 | 0.02 | 0.17 |
| | 差速器 | 130 | 0.16 | 0.28 | 0.32 | 0.04 | 0.35 | 0.03 | 0.27 |
| 底盘 | 悬架系统 | 9.70 | 0.01 | 0.02 | 0.01 | $3.55 \times 10^{-3}$ | 0.02 | $6.45 \times 10^{-3}$ | 0.01 |
| | 制动系统 | 10.60 | 0.01 | 0.02 | 0.03 | $3.00 \times 10^{-3}$ | 0.03 | $3.03 \times 10^{-3}$ | 0.03 |
| | 轮胎 | 14.10 | 0.02 | 0.03 | 0.04 | $3.97 \times 10^{-3}$ | 0.04 | $3.95 \times 10^{-3}$ | 0.03 |
| | 车轮 | 24.00 | 0.03 | 0.05 | 0.07 | 0.01 | 0.07 | 0.01 | 0.06 |
| | 转向系统 | 6.28 | 0.01 | 0.01 | 0.02 | $1.77 \times 10^{-3}$ | 0.02 | $1.79 \times 10^{-3}$ | 0.01 |
| 电池 | 铅酸蓄电池 | 6.68 | 0.01 | 0.01 | 0.02 | $1.89 \times 10^{-3}$ | 0.02 | 1.91 | 0.02 |
| | 锂离子电池 | 101 | 0.13 | 0.23 | 0.29 | 0.03 | 0.28 | 0.03 | 0.24 |

以 PHEV 对降低二氧化碳的影响为例，考虑到 PHEV 结构的复杂性，重点分析组件制造时的碳排放，如图 5-3 所示。

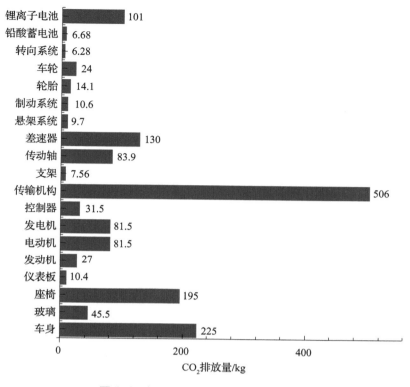

图 5-3　组件制造过程各组件碳排放情况

　　图中，纵坐标轴为 PHEV 各组件名称，横坐标轴为各组件在制造过程产生的二氧化碳，单位为 kg。其中，制造过程碳排放量最高的是动力系统的传输部分，其次是车身，然后是座椅和底盘的差速器，再之后便是锂离子电池。车身和底盘由于其质量在各部件中占比较大，因此分担了相当一部分的碳排放量。锂离子电池由于其材料组成复杂，部分材料冶炼和制备困难，因此碳排放量核算时占比较大。由于发动机技术的进步和汽车轻量化的要求，目前发动机缸体、气缸盖、活塞等部件大多采用铸铝或者铝合金材料，而铸铝和铝合金在工业冶炼时多采用电解法，1t 铝等效消耗 3.2t 标准煤（1t 钢等效消耗 0.68t 标准煤），能耗很高。因此，从节能减排的角度而言，仅采用铝材实现发动机和整车的轻量化不一定是好的举措。同时，根据第一步的质量占比可以清晰地了解到，占比不大的电池，碳排放却不可小觑。

　　与 PHEV 不同的是，BEV 仅用电能作为驱动能源，因此往往需要搭载更大容量的动力电池。并且随着近年来 BEV 的持续推广，动力电池部件的容量和质量还在不断增大。目前市面上热销纯电动车型的动力电池容量普遍为 55~80kW·h，质量为 350~500kg。尽管未来随着电池技术的进步以及能量密度的不断提高，动力电池的质量可以逐步适当减小，但是目前来看，动力电池质量占 BEV 质量的比例仍相当大。因此，从组件制造阶段各部件产生的碳排放的角度进行评估，PHEV 节能减排的效果优于 BEV。

### （六）PHEV 碳排放结果分析

插电式混合动力电动汽车全生命周期各阶段碳排放如图 5-4 所示。

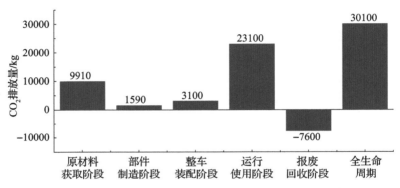

图 5-4　插电式混合动力电动汽车全生命周期各阶段碳排放量

对某典型 PHEV 在五个生命周期阶段的能源使用和排放进行计算，包括原材料获取、部件制造、整车装配、运行使用和报废回收阶段。结果显示，运行使用阶段二氧化碳排放占全生命周期二氧化碳排放的大部分，这是由于运行使用阶段需要燃烧大量的燃料且为电池充电要消耗大量电能。此外，矿产资源的消耗主要以材料生产为主。因此，有必要减少燃料燃烧和发电的排放，增加回收材料的使用。

插电式混合动力电动汽车全生命周期各阶段碳排放量占比如图 5-5所示。

原材料获取阶段的碳排放主要来源是将矿产资源冶炼为汽车生产过程中可以直接利用的金属材料和非金属材料的过程，其中，单位质量原材料碳排放占比最高的是动力电池部件。因此，如何优化动力电池材料冶炼和制备工艺是减少该阶段碳排放的关键因素。

制造阶段和装配阶段的碳排放来源主要是各零部件加工和装配过程中的

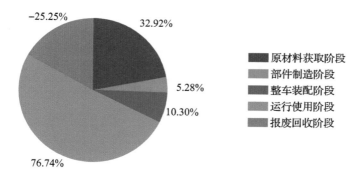

图 5-5　插电式混合动力电动汽车全生命周期各阶段碳排放量占比

能耗，占比 15.58%。如上所述，运行使用阶段的碳排放主要来自电能和汽油的消耗。因此，如何发展多种节能减排和汽车轻量化技术路径，减少汽车在使用过程中的能耗是该环节节能减排的核心工作。此外，车辆在使用过程中轮胎、润滑油、制动液等耗材的更换同样会"贡献"少部分碳排放。

报废回收阶段通过拆解、熔炼、再生产、再利用等过程，实现了材料的二次利用，对环境产生了正向效益，避免产生不必要的排放，在核算过程中应扣除该部分。在报废回收阶段，相关材料的回收产生了较多的环境正效益，提高报废汽车材料的利用率，减少回收过程中的环境污染具有重要意义。

## 二、PHEV 与其他动力形式车型的减排效益对比

为探究 PHEV 在全生命周期是否具有良好的节能减排效益，以插电式混合动力电动汽车、传统燃油汽车、纯电动汽车以及增程式电动汽车为研究对象，采用生命周期评价方法，对能源消耗及二氧化碳排放情况进行计算，并对比节能减排效益，以评价其全生命周期减排效益。

### （一）PHEV 与传统燃油汽车碳排放对比

#### 1. 车型选取

根据中国市场的销量情况，从全生命周期的角度出发，结合研究背景及目标，综合考虑车辆技术成熟度、市场保有量、使用区域、代表性及现实参考价值，选取国内典型的燃油汽车车型进行全生命周期碳排放评价，具体参

数见表 5-24。

表 5-24　传统燃油汽车典型车型基本参数

| 参数名称 | 参数 |
| --- | --- |
| 蓄电池类型 | 铅酸蓄电池 |
| 整备质量 /kg | 1490 |
| 发动机排量 /L | 1.5 |
| 发动机功率 /kW | 115 |
| 百公里油耗 /（L/100km） | 6.6 |

### 2. 传统燃油汽车的碳排放核算模型

传统燃油汽车的碳排放核算模型与 PHEV 碳排放核算模型一致，均采用 IPCC 碳排放系数法，分为原材料获取、制造装配、运行使用、报废回收四个阶段。下面仅对不同部分予以论述，对于相同部分不再赘述。

（1）原材料获取阶段

由于动力系统结构的不同，传统燃油汽车相比于 PHEV 不包含动力电池、电机等部件，同时，燃油汽车发电机由于质量占比过小，不再进行单独计算。因此，燃油汽车原材料获取阶段主要涉及发动机、变速器、铅酸蓄电池、车身、底盘、流体六个部分，各部分的质量占比见表 5-25。

表 5-25　原材料获取阶段各部分质量占比

| 部分名称 | 质量占比 |
| --- | --- |
| 发动机 | 10.1% |
| 变速器 | 8.4% |
| 铅酸蓄电池 | 1.3% |
| 车身 | 42% |
| 底盘 | 36.3% |
| 流体 | 1.9% |

（2）制造装配阶段

传统燃油汽车与 PHEV 的阶段一样，均是对上述原材料获取阶段得到的材料进行机械加工，形成各类汽车零部件，并在整车生产车间装配成汽车产品。为了使数据更清晰，我们同样将制造阶段分为部件制造和整车装配两个阶段，以下同样。

（3）运行使用阶段

传统燃油汽车运行使用阶段产生的排放同样分为零部件更换排放和能耗排放。根据文献调研结果，我国乘用车全生命周期平均行驶里程定为15万km，因此可以得到运行阶段碳排放。

（4）报废回收阶段

传统燃油汽车的报废回收不包含电池的回收利用，仅包含车辆主体材料的回收利用。考虑到对车辆实际进行报废回收时，大多是对车辆金属材料进行拆解、熔炼再生产，本书对非金属材料的回收利用不予考虑。

### 3. 传统燃油汽车碳排放核算结果

根据上述传统燃油汽车的碳排放核算模型，应用IPCC碳排放系数法对传统燃油汽车的原材料获取阶段、部件制造阶段、整车装配阶段、运行使用阶段、报废回收阶段及全生命周期进行碳排量核算，结果如图5-6所示。

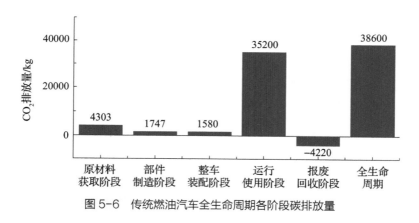

图 5-6 传统燃油汽车全生命周期各阶段碳排放量

传统燃油汽车全生命周期各阶段碳排放量占比如图5-7所示。

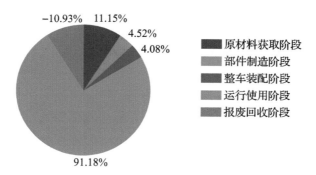

图 5-7 传统燃油汽车全生命周期各阶段碳排放量占比

传统燃油汽车全生命周期内的碳排放量绝对值从大到小排名依次为运行使用阶段、原材料获取阶段、报废回收、部件制造阶段和整车装配阶段。其中，运行使用阶段的碳排放量"贡献"最大，占比达 91.18%。其主要原因在于，传统燃油汽车以汽油等石化燃料作为唯一能量来源。在燃油汽车的运行使用过程中，内燃机内部汽油的大量燃烧向空气中直接释放了大量的二氧化碳，产生大量排放，加剧了温室效应。尤其是进入拥堵路段行驶时，燃油汽车内燃机工况恶化，不仅会加剧燃油消耗，产生更多二氧化碳排放，还会产生二氧化硫、氮氧化物等有害气体，造成更大的环境危害。原材料获取阶段的碳排放量占比为 11.15%，该阶段的碳排放主要来自金属材料的冶炼和非金属材料的生产，对于矿产资源的开采不予考虑。部件制造阶段的碳排放量占比为 4.52%，整车装配阶段约为 4.08%，该过程的碳排放主要来自电能的消耗。电能作为二次能源，需要由其他能源转化而来，我国的电力生产主要方式是火力发电，火力发电的煤炭燃烧过程释放了大量二氧化碳。报废回收阶段主要考虑了材料的二次利用，占比为 −10.93%。

### 4. PHEV 与传统燃油汽车碳排放核算对比

在建立 PHEV 和传统燃油汽车的碳排放核算模型的基础上，为了衡量 PHEV 的节能减排优势，本节将从全生命周期角度对两款车型的碳排放量进行比较，具体如图 5-8 所示。

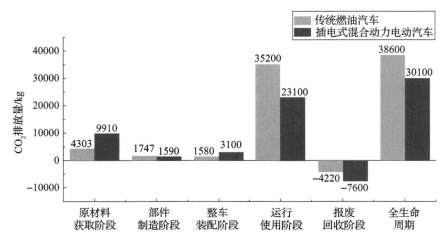

图 5-8 传统燃油汽车与插电式混合动力电动汽车全生命周期各阶段碳排放量对比

在原材料获取阶段，PHEV 产生的碳排放量是大于传统燃油汽车的，这主要是因为传统燃油汽车不具有动力电池、电机等产生高能耗部件，节省了大量能源和材料。而在运行使用阶段，结果恰恰相反，PHEV 的碳排放量是远小于传统燃油汽车的。报废回收阶段由于考虑了动力电池的二次利用，PHEV 产生了更大的环境正效益。

PHEV 同时具备纯电动汽车和传统燃油汽车的优点，此外，与纯电动汽车一样，PHEV 的电机在参与制动时，可以将车辆的动能转化为电能储存在动力电池中，实现了再生制动，进一步提升了能源利用率。相比于仅使用汽油燃料的传统燃油汽车，PHEV 较大比例地使用了电能，并可以充电使用，在运行过程中更加"清洁"。在上述因素的作用下，PHEV 显然比传统燃油汽车更加符合我国汽车产业节能减排的技术路线。

### （二）PHEV 与纯电动汽车碳排放对比

#### 1. 车型选取

选取原则同燃油汽车选取原则一致，此处不再赘述，下文相同。典型纯电动汽车基本参数见表 5-26。

表 5-26　典型纯电动汽车基本参数

| 参数名称 | 参数 |
| --- | --- |
| 电池类型 | 磷酸铁锂电池 |
| 整备质量 /kg | 1650 |
| 动力电池容量 /kW·h | 57 |
| 电机功率 /kW | 100 |
| 百公里电耗 /（kW·h/100km） | 12.3 |

#### 2. 纯电动汽车的碳排放核算模型

纯电动汽车的碳排放核算模型与上述 PHEV 碳排放核算模型基本一致，只在运行使用阶段略有不同，但均采用 IPCC 碳排放系数法，分为原材料获取、制造装配、运行使用、报废回收四个阶段，下面仅对不同部分予以讨论。

#### （1）原材料获取阶段

由于动力系统结构的不同，纯电动汽车相比 PHEV 不包含发动机、发电机等部件。因此，纯电动汽车原材料获取阶段主要涉及电机、动力电池、电控装置、主减速器、车身、底盘、流体七个部分，各部分的质量占比见表 5-27。

表 5-27　纯电动汽车原材料获取阶段主要部件质量占比

| 部分名称 | 质量占比 |
| --- | --- |
| 电机 | 2.1% |
| 动力电池 | 21.8% |
| 电控装置 | 0.6% |
| 主减速器 | 2.1% |
| 车身 | 41.8% |
| 底盘 | 29.8% |
| 流体 | 1.8% |

（2）制造装配阶段

纯电动汽车与插电式混合动力电动汽车的部件制造阶段与整车装配阶段一样，均是对上述原材料获取阶段得到的材料进行机械加工，形成各类汽车零部件，并在整车生产车间装配成汽车产品。

（3）运行使用阶段

纯电动汽车运行使用阶段产生的排放同样分为零部件或流体更换排放和能耗排放。

运行使用阶段碳排放计算公式如下。

$$P_{4\text{-}CO_2}^{\text{II}} = (Q_2 s/100)(C_3/\eta) \quad\quad (5\text{-}9)$$

对于纯电动汽车，使用过程中主要消耗电能。假设汽车的百公里耗电量为 $Q_2$，单位为 kW·h/100km；2022 年电力结构的碳排放强度为 $C_3$，单位为 kg/kW·h；汽车充电的效率为 $\eta$。根据《中国电力行业年度发展报告 2021》发布的数据测算，2022 年，$C_3$=0.565kg/kW·h，本书假设 $\eta$=0.95。

（4）报废回收阶段

纯电动汽车的报废回收包含电池的回收利用以及车辆主体材料的回收利用。考虑到对车辆实际进行报废回收时，大多是对车辆金属材料进行拆解、熔炼再生产，本书对非金属材料的回收利用不予考虑。

3. 纯电动汽车碳排放核算结果

根据上述纯电动汽车的碳排放核算模型，应用 IPCC 碳排放系数法对纯电动汽车的原材料获取阶段、部件制造阶段、整车装配阶段、运行使用阶段、报废回收阶段分别进行碳排量核算，本节从全生命周期角度对两种车型的碳排放结果进行对比，纯电动汽车全生命周期各阶段碳排放量如图 5-9 所示。

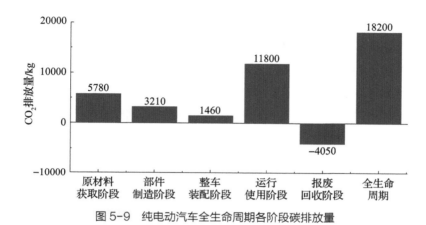

图 5-9　纯电动汽车全生命周期各阶段碳排放量

纯电动汽车全生命周期各阶段碳排放量占比如图 5-10 所示。

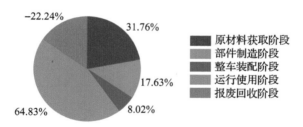

图 5-10　纯电动汽车全生命周期各阶段碳排放量占比

纯电动汽车全生命周期内的碳排放量绝对值从大到小排名依次为运行使用阶段、原材料获取阶段、部件制造阶段、整车装配阶段和报废回收阶段。其中，运行使用阶段的碳排放量"贡献"最大，占比达到了 64.83%。主要原因是电能的生产消耗了大量的煤炭和天然气资源，尤其在我国以火力发电为主的电能供给结构下，纯电动汽车在运行使用阶段产生的排放尤为可观。原材料获取阶段的碳排放量占比为 31.76%，该阶段的碳排放主要来自金属材料的冶炼和非金属材料的生产，尤其是动力电池正负极材料的制备。制造装配阶段的碳排放量占比为 25.65%，该过程的碳排放主要来自电能的消耗，尤其是动力电池制造装配过程中的电能消耗。报废回收阶段主要考虑了相关材料的二次利用，占比为 –22.24%，对环境产生了正向效益。

### 4. PHEV 与纯电动汽车碳排放核算对比

在建立 PHEV 和纯电动汽车碳排放核算模型的基础上，为了衡量 PHEV 的节能减排优势，本节将从全生命周期角度对两款车型的碳排放量进行比较，具体对比如图 5-11 所示。

在原材料获取阶段，PHEV 产生的碳排放量是大于纯电动汽车的，这主要是因为纯电动汽车不具有发动机、发电机等产生高能耗部件，节省了大量能源和材料。在运行使用阶段，PHEV 在运行过程中消耗了燃油，碳排放量是大于纯电动汽车的。报废回收阶段，由于 PHEV 结构更为复杂，可回收材料较多，故而 PHEV 产生了更大的环境正效益。但仅从排放角度出发，纯电动汽车在全生命周期产生了更大的环境效益。

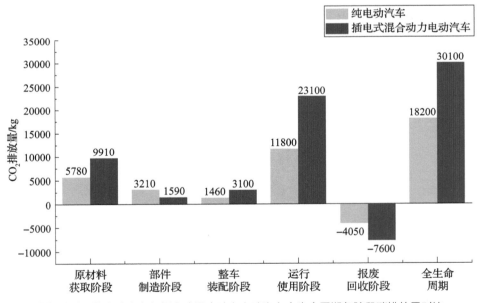

图 5-11　纯电动汽车与插电式混合动力电动汽车全生命周期各阶段碳排放量对比

### （三）PHEV 与增程式电动汽车碳排放对比

#### 1. 车型选取

选取原则同燃油汽车选取原则一致，此处不再赘述。典型增程式电动汽车具体参数见表 5-28。

表 5-28　典型增程式电动汽车基本参数

| 参数名称 | 参数 |
| --- | --- |
| 整备质量 /kg | 2300 |
| 发动机排量 /L | 3.6 |
| 发动机功率 /kW | 96 |
| 纯电动行驶里程 /km | 180 |
| 百公里加速时间 /s | 6.5 |
| 电池类型 | 三元锂电池 |

**2. 增程式电动汽车的碳排放核算模型**

增程式电动汽车的碳排放核算模型与上述 PHEV 的碳排放核算模型一致，均采用 IPCC 碳排放系数法，分为原材料获取、制造装配、运行使用、报废回收四个阶段，下面仅对不同部分予以讨论。

（1）原材料获取阶段

在组成原件方面，增程式电动汽车与 PHEV 大体相同，但增程式电动汽车主要靠电力驱动车辆，因而增程式电动汽车在电池容量方面要比 PHEV 车型大得多，电机的功率也比 PHEV 车型更大。因此，增程式电动汽车原材料获取阶段主要涉及发动机、发电机、动力电池、电机、电控系统、变速器、车身、底盘、流体、铅酸电池十个部分，各部分的质量占比见表 5-29。

表 5-29　增程式电动汽车原材料获取阶段各部分组件质量占比

| 组件名称 | 质量占比 |
| --- | --- |
| 发动机 | 7.2% |
| 发电机 | 2.1% |
| 动力电池 | 10.1% |
| 电机 | 4.1% |
| 电控系统 | 3.8% |
| 变速器 | 3.2% |
| 车身 | 42.2% |
| 底盘 | 25.5% |
| 流体 | 1.4% |
| 铅酸电池 | 0.4% |

（2）制造装配阶段

增程式电动汽车与 PHEV 的制造装配阶段一样，对原材料获取阶段得到的材料进行机械加工，形成各类汽车零部件，并在整车生产车间装配成汽车产品。

（3）运行使用阶段

增程式电动汽车运行使用阶段产生的排放分为零部件更换排放和能耗排放。

（4）报废回收阶段

增程式电动汽车的报废回收包含电池的回收利用以及车辆主体材料的回收利用。考虑到对车辆实际进行报废回收时，大多是对车辆金属材料进行拆解、熔炼再生产，本书对非金属材料的回收利用不予考虑。

3. 增程式电动汽车碳排放核算结果

根据上述增程式电动汽车的碳排放核算模型，应用 IPCC 碳排放系数法对增程式电动汽车的原材料获取阶段、部件制造阶段、整车装配阶段、运行使用阶段、报废回收阶段分别进行碳排量核算，结果如图 5-12 所示。

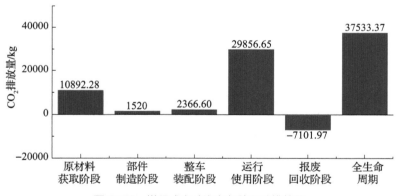

图 5-12　增程式电动汽车各阶段碳排放量

增程式电动汽车各阶段占比碳排放量占比如图 5-13 所示。

增程式电动汽车全生命周期内的碳排放量绝对值排名从大到小依次为运行使用阶段、原材料获取阶段、报废回收阶段、整车装配阶段和部件制造阶段。其中，运行使用阶段的碳排放量"贡献"最大，占比达到了 79.56%。主要原因是使用的燃料消耗了大量的电能和汽油资源，尤其在我国以火力发电为主的电能供给结构下，增程式电动汽车在运行使用阶段产生的排放尤为

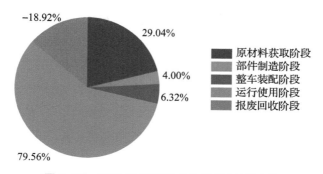

图 5-13　增程式电动汽车各阶段碳排放量占比

可观。原材料获取阶段的碳排放量占比为 29.04%，该阶段的碳排放主要来自金属材料的冶炼和非金属材料的生产，尤其是动力电池正负极材料的制备。制造装配阶段的碳排量放占比为 10.32%，该过程的碳排放主要来自电能的消耗。报废回收阶段主要考虑了金属材料等相关可回收材料的二次利用，占比为 –18.92%，对环境产生了正向效益。

### 4. PHEV 与增程式电动汽车碳排放核算对比

在建立 PHEV 和增程式电动汽车的碳排放核算模型的基础上，为了衡量PHEV 的节能减排优势，体现两者之间节能减排效果的差距，本节将从全生命周期角度对两种车型的碳排放量进行比较，结果如图 5-14 所示。

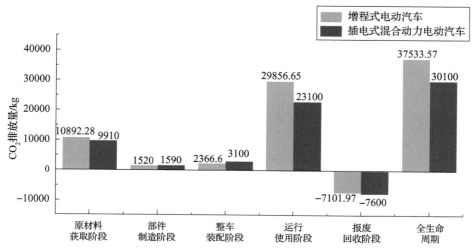

图 5-14　增程式电动汽车与插电式混合动力电动汽车各阶段碳排放量对比

在原材料获取阶段，增程式电动汽车产生的碳排放量是大于 PHEV 的，这主要是因为增程式电动汽车所使用的电池体积大于混合动力电动汽车，需要消耗更多的材料和能量。而在运行使用阶段，PHEV 比增程式电动汽车的二氧化碳排放量低。报废回收阶段由于考虑了相关材料的二次利用，PHEV产生了更大的环境正效益。制造装配阶段主要因为 PHEV 的组成较增程式电动汽车更为复杂，碳排放量大于增程式电动汽车。仅从排放角度出发，PHEV 在全生命周期对比中产生了比增程式电动汽车更大的环境效益。

## 三、PHEV 整车效能模糊综合评价

### （一）多级模糊综合评价概述

多级模糊综合评价是一种基于模糊数学的综合评价方法，用于对复杂系统或多个因素进行评价和决策，可以处理多个评价指标之间的相互影响和关系，更加全面和准确地反映评价对象的真实情况。因此，本节采用多级模糊综合评价对 PHEV 整车效能进行评价和分析，得出一个相对客观的、可量化的评价结果，提高决策效率和准确性，以便做出更好的决策。

### （二）PHEV 整车综合效能评价指标

#### 1. 整车综合效能评价指标的确定

影响汽车整车综合效能评价的因素众多，涉及汽车动力性、经济性、舒适性和操纵稳定性等方面。本节对汽车整车性能指标进行了较为全面的总结，建立了一套能够较全面反映汽车整车综合效能的评价指标体系，见表 5-30。

表 5-30　整车综合效能评价指标

| 一级指标 | 二级指标 | 三级指标 |
|---|---|---|
| 汽车整车综合效能（W） | $U_1$ 制动性 | $u_{11}$ 制动距离<br>$u_{12}$ 制动方向稳定性<br>$u_{13}$ 制动效能恒定性<br>$u_{14}$ 制动减速度 |
| | $U_2$ 动力性 | $u_{21}$ 最高车速<br>$u_{22}$ 加速时间<br>$u_{23}$ 爬坡能力<br>$u_{24}$ 比功率 |

（续）

| 一级指标 | 二级指标 | 三级指标 |
|---|---|---|
| 汽车整车综合效能（W） | $U_3$ 操纵稳定性 | $u_{31}$ 纵向稳定性<br>$u_{32}$ 横向稳定性<br>$u_{33}$ 转向特性<br>$u_{34}$ 附着能力 |
| | $U_4$ 舒适性 | $u_{41}$ 车内功能<br>$u_{42}$ 内部空间<br>$u_{43}$ 空调<br>$u_{44}$ 座椅 |
| | $U_5$ 通过性 | $u_{51}$ 接近角<br>$u_{52}$ 最小离地间隙<br>$u_{53}$ 最小转弯半径<br>$u_{54}$ 纵向通过角<br>$u_{55}$ 离去角 |
| | $U_6$ 经济性 | $u_{61}$ 90km/h 等速百公里油耗<br>$u_{62}$ 90km/h 等速百公里电耗<br>$u_{63}$ 电力续驶里程<br>$u_{64}$ 充电时间 |

### 2. 综合效能评价指标权重确定

在汽车整车综合效能评价中，指标的权重为满意度评价提供了重要的信息。不同的权重会导致不同的满意度评价结果。影响指标权重确定的因素主要有评价指标本身的重要性、决策层的管理目的以及评价者个人的知识水平等。本节选择层次分析法来确定综合效能评价指标的权重大小。

（1）AHP 方法概述

AHP 的基本思想是将一个复杂的决策问题层次化，将其拆分成若干个层次，从总体目标到具体手段，形成一个层次结构的树状模型。然后，通过构建判断矩阵，利用特征值和特征向量等数学工具，计算出各因素之间的相对重要性，最终得出权重，以便进行决策选择。

（2）AHP 确定权重

构建层次结构可以将一个复杂的决策问题分解成多个层次，以便更好地进行分析和决策。层次结构是由一系列层次组成的，每个层次都代表决策问题的一个方面或一个因素。本节分别对整车效能和各性能指标构建不同的层次结构。

构建的整车综合效能的层次结构如图 5-15 所示。

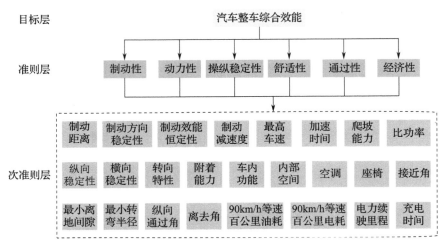

图 5-15　整车综合效能的层次结构

分别构建汽车各性能层次结构如图 5-16~ 图 5-21 所示。

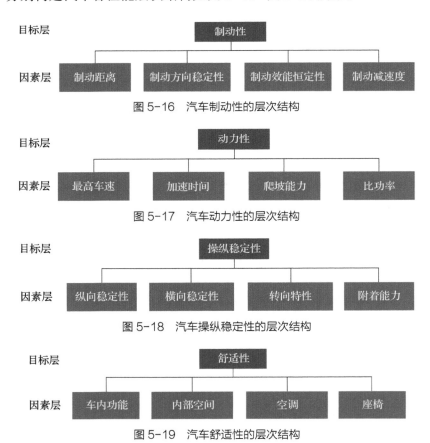

图 5-16　汽车制动性的层次结构

图 5-17　汽车动力性的层次结构

图 5-18　汽车操纵稳定性的层次结构

图 5-19　汽车舒适性的层次结构

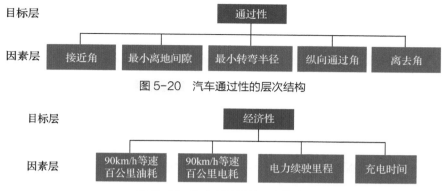

图 5-20　汽车通过性的层次结构

图 5-21　汽车经济性的层次结构

（3）构建判断矩阵并计算其权重

由于三级指标（汽车各性能指标）过多，直接用于构建二级指标计算复杂，因此根据准则层的二级指标对三级指标进行分组构建判断矩阵，并计算各自的权重，最终构建对应的二级指标（整车效能指标）的判断矩阵并计算其权重。计算各层因素对应权重的常用方法有和积法、方根法、幂法和最小二乘法，本节主要采用和积法进行权重值的计算。通过对各判断矩阵中的指标重要程度进行打分，以保证数据的客观公正。

（4）整车效能指标的判断矩阵及权重值计算

采用和积法对其进行按列归一化，可以得到按列归一化矩阵表，见表 5-31。

表 5-31　整车效能指标按列归一化矩阵表

| W | $U_1$ | $U_2$ | $U_3$ | $U_4$ | $U_5$ | $U_6$ | $\omega$ | $A\omega$ |
|---|---|---|---|---|---|---|---|---|
| $U_1$ | 0.453 | 0.577 | 0.469 | 0.350 | 0.346 | 0.313 | 0.418 | 2.701 |
| $U_2$ | 0.151 | 0.192 | 0.281 | 0.250 | 0.346 | 0.188 | 0.234 | 1.512 |
| $U_3$ | 0.091 | 0.064 | 0.094 | 0.150 | 0.115 | 0.188 | 0.117 | 0.717 |
| $U_4$ | 0.065 | 0.038 | 0.031 | 0.050 | 0.038 | 0.063 | 0.048 | 0.292 |
| $U_5$ | 0.151 | 0.064 | 0.094 | 0.150 | 0.115 | 0.188 | 0.127 | 0.772 |
| $U_6$ | 0.091 | 0.064 | 0.031 | 0.050 | 0.038 | 0.063 | 0.056 | 0.347 |

根据最大特征值计算公式，得到其最大特征值 $\lambda_{max}=6.230$。

（5）汽车各性能指标的判断矩阵及权重值计算

分别构建制动性、动力性、操纵稳定性、舒适性、通过性和经济性的判断矩阵，并对其进行归一化，计算各指标下的权重值。汽车各性能的按列归一化矩阵表见表 5-32~ 表 5-37。

表 5-32　制动性按列归一化矩阵表

| $U_1$ | $u_{11}$ | $u_{12}$ | $u_{13}$ | $u_{14}$ | $\omega$ | $A\omega$ |
|---|---|---|---|---|---|---|
| $u_{11}$ | 0.597 | 0.662 | 0.536 | 0.438 | 0.558 | 2.356 |
| $u_{12}$ | 0.199 | 0.221 | 0.321 | 0.313 | 0.263 | 1.099 |
| $u_{13}$ | 0.119 | 0.074 | 0.107 | 0.188 | 0.122 | 0.492 |
| $u_{14}$ | 0.085 | 0.044 | 0.036 | 0.063 | 0.057 | 0.230 |

表 5-33　动力性按列归一化矩阵表

| $U_2$ | $u_{21}$ | $u_{22}$ | $u_{23}$ | $u_{24}$ | $\omega$ | $A\omega$ |
|---|---|---|---|---|---|---|
| $u_{21}$ | 0.608 | 0.682 | 0.682 | 0.577 | 0.637 | 2.405 |
| $u_{22}$ | 0.068 | 0.076 | 0.045 | 0.038 | 0.057 | 0.211 |
| $u_{23}$ | 0.122 | 0.227 | 0.136 | 0.192 | 0.169 | 0.604 |
| $u_{24}$ | 0.203 | 0.015 | 0.136 | 0.192 | 0.137 | 0.530 |

表 5-34　操纵稳定性按列归一化矩阵表

| $U_3$ | $u_{31}$ | $u_{32}$ | $u_{33}$ | $u_{34}$ | $\omega$ | $A\omega$ |
|---|---|---|---|---|---|---|
| $u_{31}$ | 0.597 | 0.662 | 0.536 | 0.438 | 0.558 | 2.356 |
| $u_{32}$ | 0.199 | 0.221 | 0.321 | 0.313 | 0.263 | 1.099 |
| $u_{33}$ | 0.119 | 0.074 | 0.107 | 0.188 | 0.122 | 0.492 |
| $u_{34}$ | 0.085 | 0.044 | 0.036 | 0.063 | 0.057 | 0.230 |

表 5-35　舒适性按列归一化矩阵表

| $U_4$ | $u_{41}$ | $u_{42}$ | $u_{43}$ | $u_{44}$ | $\omega$ | $A\omega$ |
|---|---|---|---|---|---|---|
| $u_{41}$ | 0.688 | 0.794 | 0.682 | 0.500 | 0.666 | 2.974 |
| $u_{42}$ | 0.076 | 0.088 | 0.136 | 0.214 | 0.129 | 0.530 |
| $u_{43}$ | 0.138 | 0.088 | 0.136 | 0.214 | 0.144 | 0.590 |
| $u_{44}$ | 0.098 | 0.029 | 0.045 | 0.071 | 0.061 | 0.247 |

表 5-36　通过性按列归一化矩阵表

| $U_5$ | $u_{51}$ | $u_{52}$ | $u_{53}$ | $u_{54}$ | $u_{55}$ | $\omega$ | $A\omega$ |
|---|---|---|---|---|---|---|---|
| $u_{51}$ | 0.560 | 0.509 | 0.658 | 0.792 | 0.560 | 0.630 | 3.117 |
| $u_{52}$ | 0.062 | 0.057 | 0.026 | 0.038 | 0.062 | 0.046 | 0.237 |
| $u_{53}$ | 0.186 | 0.170 | 0.105 | 0.038 | 0.186 | 0.125 | 0.596 |
| $u_{54}$ | 0.112 | 0.094 | 0.132 | 0.019 | 0.112 | 0.089 | 0.241 |
| $u_{55}$ | 0.080 | 0.170 | 0.079 | 0.113 | 0.080 | 0.110 | 0.925 |

表 5-37　经济性按列归一化矩阵表

| $U_6$ | $u_{61}$ | $u_{62}$ | $u_{63}$ | $u_{64}$ | $\omega$ | $A\omega$ |
|---|---|---|---|---|---|---|
| $u_{61}$ | 0.429 | 0.444 | 0.375 | 0.444 | 0.423 | 1.699 |
| $u_{62}$ | 0.214 | 0.222 | 0.250 | 0.222 | 0.227 | 0.911 |
| $u_{63}$ | 0.143 | 0.111 | 0.125 | 0.111 | 0.123 | 0.491 |
| $u_{64}$ | 0.214 | 0.222 | 0.250 | 0.222 | 0.227 | 0.911 |

根据最大特征值计算公式，可以得到最大特征值分别为 $\lambda_{1max} = 4.117$；$\lambda_{2max} = 4.103$；$\lambda_{3max} = 4.117$；$\lambda_{4max} = 4.180$；$\lambda_{5max} = 5.212$；$\lambda_{6max} = 4.009$。

（6）一致性检测

一致性检验用于评估判断矩阵的一致性和可靠性。其基本思想是比较判断矩阵中的每个元素与其所在行的其他元素的相对重要程度。这个比较过程可以通过计算判断矩阵的一致性指标和一致性比率来完成。如果一致性比率小于等于 0.1，那么可以认为判断矩阵达到了满意的一致性指标；如果一致性比率大于 0.1，那么判断矩阵存在不一致性，需要调整或修改判断矩阵。

判断矩阵的一致性指标 $CI$ 的计算公式为

$$CI = \frac{\lambda_{max} - n}{n - 1} \tag{5-10}$$

式中，$\lambda_{max}$ 是由上述计算得到的最大特征值。

一致性比率 $CR$ 计算公式为

$$CR = \frac{CI}{RI} \tag{5-11}$$

式中，$RI$ 为随机一致性指标，具体数值见表 5-38。

表5-38 随机一致性指标 *RI*

| 阶数 | 3 | 4 | 5 | 6 | 7 | 8 | 9 | 10 | 11 | 12 | 13 | 14 | 15 |
|---|---|---|---|---|---|---|---|---|---|---|---|---|---|
| *RI* | 0.58 | 0.89 | 1.12 | 1.24 | 1.32 | 1.41 | 1.45 | 1.49 | 1.52 | 1.54 | 1.56 | 1.58 | 1.59 |

1）整车效能指标的一致性检验：

由一致性指标计算公式可得：

$$CI = \frac{\lambda_{\max} - n}{n-1} = 0.046 \qquad （5-12）$$

由一致性比率计算公式可得：

$$CR = \frac{CI}{RI} = 0.037 < 0.1 \qquad （5-13）$$

一致性检验的结果显示，判断矩阵的一致性指标为0.046，一致性比率为0.037，小于0.1，说明判断矩阵是可接受的。因此，认为权重向量是可靠的，并可以用于决策。

2）汽车各性能指标的一致性检验如下。

①制动性指标的一致性检验：

由一致性指标计算公式可得：

$$CI = \frac{\lambda_{\max} - n}{n-1} = 0.039 \qquad （5-14）$$

由一致性比率计算公式可得：

$$CR = \frac{CI}{RI} = 0.044 < 0.1 \qquad （5-15）$$

一致性检验的结果显示，判断矩阵的一致性指标为0.039，一致性比率为0.044，小于0.1，说明判断矩阵是可接受的。因此，认为权重向量是可靠的，并可以用于决策。

②动力性指标的一致性检验：

由一致性指标计算公式可得：

$$CI = \frac{\lambda_{\max} - n}{n-1} = 0.034 \qquad （5-16）$$

由一致性比率计算公式可得：

$$CR = \frac{CI}{RI} = 0.039 < 0.1 \qquad （5-17）$$

一致性检验的结果显示，判断矩阵的一致性指标为0.034，一致性比率为0.039，小于0.1，说明判断矩阵是可接受的。因此，认为权重向量是可靠的，并可以用于决策。

③操纵稳定性指标的一致性检验：

由一致性指标计算公式可得：

$$CI = \frac{\lambda_{max} - n}{n - 1} = 0.039 \qquad （5-18）$$

由一致性比率计算公式可得：

$$CR = \frac{CI}{RI} = 0.044 < 0.1 \qquad （5-19）$$

一致性检验的结果显示，判断矩阵的一致性指标为 0.039，一致性比率为 0.044，小于 0.1，说明判断矩阵是可接受的。因此，认为权重向量是可靠的，并可以用于决策。

④舒适性指标的一致性检验：

由一致性指标计算公式可得：

$$CI = \frac{\lambda_{max} - n}{n - 1} = 0.060 \qquad （5-20）$$

由一致性比率计算公式可得：

$$CR = \frac{CI}{RI} = 0.067 < 0.1 \qquad （5-21）$$

一致性检验的结果显示，判断矩阵的一致性指标为 0.060，一致性比率为 0.067，小于 0.1，说明判断矩阵是可接受的。因此，认为权重向量是可靠的，并可以用于决策。

⑤通过性指标的一致性检验：

由一致性指标计算公式可得：

$$CI = \frac{\lambda_{max} - n}{n - 1} = 0.053 \qquad （5-22）$$

由一致性比率计算公式可得：

$$CR = \frac{CI}{RI} = 0.047 < 0.1 \qquad （5-23）$$

一致性检验的结果显示，判断矩阵的一致性指标为 0.053，一致性比率为 0.047，小于 0.1，说明判断矩阵是可接受的。因此，认为权重向量是可靠的，并可以用于决策。

⑥经济性指标的一致性检验：

由一致性指标计算公式可得：

$$CI = \frac{\lambda_{max} - n}{n-1} = 0.003 \qquad （5-24）$$

由一致性比率计算公式可得：

$$CR = \frac{CI}{RI} = 0.003 < 0.1 \qquad （5-25）$$

一致性检验的结果显示，判断矩阵的一致性指标为0.003，一致性比率为0.003，小于0.1，说明判断矩阵是可接受的。因此，认为权重向量是可靠的，并可以用于决策。

⑦确定最终权重值：通过上述计算，我们可以得到整车效能各指标的权重值，见表5-39。

表5-39　整车效能各指标的权重值

| 一级指标 | 二级指标 | 三级指标 | 权重 |
|---|---|---|---|
| 汽车整车综合效能（W） | $U_1$ 制动性（0.418） | $u_{11}$ 制动距离 | 0.558 |
| | | $u_{12}$ 制动方向稳定性 | 0.263 |
| | | $u_{13}$ 制动效能恒定性 | 0.122 |
| | | $u_{14}$ 制动减速度 | 0.057 |
| | $U_2$ 动力性（0.234） | $u_{21}$ 最高车速 | 0.637 |
| | | $u_{22}$ 加速时间 | 0.057 |
| | | $u_{23}$ 爬坡能力 | 0.169 |
| | | $u_{24}$ 比功率 | 0.137 |
| | $U_3$ 操纵稳定性（0.117） | $u_{31}$ 纵向稳定性 | 0.558 |
| | | $u_{32}$ 横向稳定性 | 0.263 |
| | | $u_{33}$ 转向特性 | 0.122 |
| | | $u_{34}$ 附着能力 | 0.057 |
| | $U_4$ 舒适性（0.048） | $u_{41}$ 车内功能 | 0.666 |
| | | $u_{42}$ 内部空间 | 0.129 |
| | | $u_{43}$ 空调 | 0.144 |
| | | $u_{44}$ 座椅 | 0.061 |
| | $U_5$ 通过性（0.127） | $u_{51}$ 接近角 | 0.630 |
| | | $u_{52}$ 最小离地间隙 | 0.046 |
| | | $u_{53}$ 最小转弯半径 | 0.125 |
| | | $u_{54}$ 纵向通过角 | 0.089 |
| | | $u_{55}$ 离去角 | 0.110 |
| | $U_6$ 经济性（0.056） | $u_{61}$ 90km/h 等速百公里油耗 | 0.423 |
| | | $u_{62}$ 90km/h 等速百公里电耗 | 0.227 |
| | | $u_{63}$ 电力续驶里程 | 0.123 |
| | | $u_{64}$ 充电时间 | 0.227 |

### （三）PHEV车型整车综合效能多级模糊评价

在对汽车整车综合效能进行评价时，有些因素很难用确定的分数进行评判，考虑采用模糊综合评判的方法。选择某PHEV车型的部分指标进行模糊综合分析，以评价该车型的整车综合效能。其中，确定模糊综合评判的因素类集$U=\{U_1, U_2, \cdots, U_6\}$，即为表5-30中所给出的二级指标，而各因素类集的因素子集对应表中的三级指标；评价集$V=\{V_1, V_2, V_3, V_4\}=\{$优秀，良好，中等，较差$\}$，表5-40中已给出三级指标的隶属度统计；权重集是由层次分析法计算得出的权重值集合，因素类集及各因素子集的权重系数在表5-39中已给出。

表5-40 三级指标的隶属度统计

| 三级指标 | 隶属度 | | | |
|---|---|---|---|---|
| | $V_1$ | $V_2$ | $V_3$ | $V_4$ |
| $u_{11}$ | 0.105 | 0.562 | 0.230 | 0.103 |
| $u_{12}$ | 0.270 | 0.439 | 0.287 | 0.004 |
| $u_{13}$ | 0.270 | 0.500 | 0.209 | 0.021 |
| $u_{14}$ | 0.170 | 0.450 | 0.319 | 0.061 |
| $u_{21}$ | 0.355 | 0.457 | 0.125 | 0.063 |
| $u_{22}$ | 0.278 | 0.424 | 0.235 | 0.063 |
| $u_{23}$ | 0.230 | 0.542 | 0.166 | 0.062 |
| $u_{24}$ | 0.190 | 0.500 | 0.250 | 0.060 |
| $u_{31}$ | 0.170 | 0.460 | 0.247 | 0.123 |
| $u_{32}$ | 0.129 | 0.575 | 0.191 | 0.105 |
| $u_{33}$ | 0.175 | 0.565 | 0.195 | 0.065 |
| $u_{34}$ | 0.196 | 0.508 | 0.201 | 0.095 |
| $u_{41}$ | 0.150 | 0.330 | 0.399 | 0.121 |
| $u_{42}$ | 0.045 | 0.398 | 0.415 | 0.142 |
| $u_{43}$ | 0.042 | 0.439 | 0.373 | 0.146 |
| $u_{44}$ | 0.148 | 0.437 | 0.290 | 0.125 |
| $u_{51}$ | 0.235 | 0.353 | 0.295 | 0.117 |
| $u_{52}$ | 0.255 | 0.468 | 0.235 | 0.042 |
| $u_{53}$ | 0.362 | 0.510 | 0.043 | 0.085 |

（续）

| 三级指标 | 隶属度 | | | |
|---|---|---|---|---|
| | $V_1$ | $V_2$ | $V_3$ | $V_4$ |
| $u_{54}$ | 0.169 | 0.583 | 0.227 | 0.021 |
| $u_{55}$ | 0.245 | 0.413 | 0.320 | 0.022 |
| $u_{61}$ | 0.244 | 0.558 | 0.111 | 0.087 |
| $u_{62}$ | 0.093 | 0.689 | 0.134 | 0.084 |
| $u_{63}$ | 0.072 | 0.531 | 0.344 | 0.053 |
| $u_{64}$ | 0.054 | 0.432 | 0.321 | 0.183 |

### 1. 一级模糊评价及结果分析

由一级模糊评价方法原理得，其模糊综合评价向量为

$$B_i = A_i \circ R_i \qquad (5-26)$$

式中，$\circ$ 是模糊合成算子；$R_i$ 是 $U_i$ 的第 $k_i$ 个因素对 $V$ 的隶属矩阵。

最终确定三级指标隶属度的结果见表 5-40。

对第二级因素子集 $U_i$，其权重可以由表 5-39 获得，进而确定各因素子集对于评判集 $V$ 的隶属矩阵。

制动性 $U_1$ 的隶属矩阵为

$$R_1 = \begin{bmatrix} 0.105 & 0.562 & 0.230 & 0.103 \\ 0.270 & 0.439 & 0.287 & 0.004 \\ 0.270 & 0.500 & 0.209 & 0.021 \\ 0.170 & 0.450 & 0.319 & 0.061 \end{bmatrix}$$

动力性 $U_2$ 的隶属矩阵为

$$R_2 = \begin{bmatrix} 0.355 & 0.457 & 0.125 & 0.063 \\ 0.278 & 0.424 & 0.235 & 0.063 \\ 0.230 & 0.542 & 0.166 & 0.062 \\ 0.190 & 0.500 & 0.250 & 0.060 \end{bmatrix}$$

操纵稳定性 $U_3$ 的隶属矩阵为

$$R_3 = \begin{bmatrix} 0.170 & 0.460 & 0.247 & 0.123 \\ 0.129 & 0.575 & 0.191 & 0.105 \\ 0.175 & 0.565 & 0.195 & 0.065 \\ 0.196 & 0.508 & 0.201 & 0.095 \end{bmatrix}$$

舒适性 $U_4$ 的隶属矩阵为

$$R_4 = \begin{bmatrix} 0.150 & 0.330 & 0.399 & 0.121 \\ 0.045 & 0.398 & 0.415 & 0.142 \\ 0.042 & 0.439 & 0.373 & 0.146 \\ 0.148 & 0.437 & 0.290 & 0.125 \end{bmatrix}$$

通过性 $U_5$ 的隶属矩阵为

$$R_5 = \begin{bmatrix} 0.235 & 0.353 & 0.295 & 0.117 \\ 0.255 & 0.468 & 0.235 & 0.042 \\ 0.362 & 0.510 & 0.043 & 0.085 \\ 0.169 & 0.583 & 0.227 & 0.021 \\ 0.245 & 0.413 & 0.320 & 0.022 \end{bmatrix}$$

经济性 $U_6$ 的隶属矩阵为

$$R_6 = \begin{bmatrix} 0.244 & 0.558 & 0.111 & 0.087 \\ 0.093 & 0.689 & 0.134 & 0.084 \\ 0.072 & 0.531 & 0.344 & 0.053 \\ 0.054 & 0.432 & 0.321 & 0.183 \end{bmatrix}$$

由模糊综合评价向量公式 $B_i = A_i \circ R_i$，可以得到

$$B_1 = A_1 \circ R_1 = (0.172,\ 0.516,\ 0.248,\ 0.065)$$

$$B_2 = A_2 \circ R_2 = (0.307,\ 0.475,\ 0.155,\ 0.062)$$

$$B_3 = A_3 \circ R_3 = (0.161,\ 0.506,\ 0.223,\ 0.110)$$

$$B_4 = A_4 \circ R_4 = (0.121,\ 0.361,\ 0.391,\ 0.128)$$

$$B_5 = A_5 \circ R_5 = (0.247,\ 0.405,\ 0.257,\ 0.091)$$

$$B_6 = A_6 \circ R_6 = (0.145,\ 0.556,\ 0.193,\ 0.104)$$

通过模糊综合评价计算，其结果分析见表 5-41。

表 5-41　二级指标评价结果分析表

| 二级指标 | 评价结果 | | | |
|---|---|---|---|---|
| | 优秀 | 良好 | 中等 | 较差 |
| 制动性 | 17.2% | 51.6% | 24.8% | 6.5% |
| 动力性 | 30.7% | 47.5% | 15.5% | 6.2% |
| 操纵稳定性 | 16.1% | 50.6% | 22.3% | 11.0% |
| 舒适性 | 12.1% | 36.1% | 39.1% | 12.8% |
| 通过性 | 24.7% | 40.5% | 25.7% | 9.1% |
| 经济性 | 14.5% | 55.6% | 19.3% | 10.4% |

通过表 5-41 给出的评价结果，我们可以得出如下结论。

1）汽车制动性为优秀的比例为 17.2%，良好的比例为 51.6%，中等的比例为 24.8%，较差的比例为 6.5%。其中，良好的结果所占比例较大，因此，我们可以认为 PHEV 的制动性较好。

2）汽车动力性为优秀的比例为 30.7%，良好的比例为 47.5%，中等的比例为 15.5%，较差的比例为 6.2%。其中，优秀和良好的结果所占比例较大，因此，我们可以认为 PHEV 的动力性较为优良。

3）汽车操纵稳定性为优秀的比例为 16.1%，良好的比例为 50.6%，中等的比例为 22.3%，较差的比例为 11.0%。其中，良好的结果所占比例较大，因此，我们可以认为 PHEV 的操纵稳定性较好。

4）汽车舒适性为优秀的比例为 12.1%，良好的比例为 36.1%，中等的比例为 39.1%，较差的比例为 12.8%。其中，良好和中等的结果所占比例较大，因此，我们可以认为 PHEV 的舒适性在中等偏上的水平。

5）汽车通过性为优秀的比例为 24.7%，良好的比例为 40.5%，中等的比例为 25.7%，较差的比例为 9.1%。其中，良好的结果所占比例较大，因此，我们可以认为 PHEV 的通过性较好。

6）汽车经济性为优秀的比例为 14.5%，良好的比例为 55.6%，中等的比例为 19.3%，较差的比例为 10.4%。其中，良好的结果所占比例较大，因此，我们可以认为 PHEV 的经济性较好。

### 2. 二级模糊评价及结果分析

由二级模糊评价方法原理可知，一级模糊综合评价矩阵 $B_i$ 为二级模糊综合评价的单因素评价矩阵 $R$，即

$$R=(B_1, B_2, \dots, B_N)^T \qquad (5-27)$$

按照所有的因素类进行二级模糊综合评价可得到评价向量

$$B=A \circ R \qquad (5-28)$$

对第一级因素 $U=\{U_1, U_2, U_3, U_4, U_5, U_6\}$，设权重为 $A$，由表 5-39 可得

$$A = (0.418, 0.234, 0.117, 0.048, 0.127, 0.056)$$

令单因素判断矩阵为

$$R = \begin{bmatrix} \boldsymbol{B}_1 \\ \boldsymbol{B}_2 \\ \boldsymbol{B}_3 \\ \boldsymbol{B}_4 \\ \boldsymbol{B}_5 \\ \boldsymbol{B}_6 \end{bmatrix} = \begin{bmatrix} 0.172 & 0.516 & 0.248 & 0.065 \\ 0.307 & 0.475 & 0.155 & 0.062 \\ 0.161 & 0.506 & 0.223 & 0.110 \\ 0.121 & 0.361 & 0.391 & 0.128 \\ 0.247 & 0.405 & 0.257 & 0.091 \\ 0.145 & 0.556 & 0.193 & 0.104 \end{bmatrix}$$

做二级模糊综合评价，得到该车的整车综合效能评价向量如下：

$B = A \circ R$

$$= (0.418, 0.234, 0.117, 0.048, 0.127, 0.056) \circ \begin{bmatrix} 0.172 & 0.516 & 0.248 & 0.065 \\ 0.307 & 0.475 & 0.155 & 0.062 \\ 0.161 & 0.506 & 0.223 & 0.110 \\ 0.121 & 0.361 & 0.391 & 0.128 \\ 0.247 & 0.405 & 0.257 & 0.091 \\ 0.145 & 0.556 & 0.193 & 0.104 \end{bmatrix}$$

$= (0.208, 0.486, 0.228, 0.078)$

通过上述评价结果，我们可以得到以下结论：整车综合效能评价结果为优秀的比例为 20.8%，良好的比例为 48.6%，中等的比例为 22.8%，较差的比例为 7.8%。其中，良好的结果所占比例较大，此结果全面地反映了各评价等级的情况。因此，我们可以认为 PHEV 整车的综合效能较好。

### 3. 模糊综合评价的优势及不足

#### （1）优势

通过多级模糊综合评价，我们可以综合考虑各个指标的权重和模糊评价值，从而得出对整车综合效能的综合评价结果。这种方法不仅考虑了各个指标的重要性，还考虑了指标之间的相互关系和相对权重，使评价结果更加准确和全面。此外，模糊综合评价方法还能够将主观评价量化，将模糊的主观感受转化为具体的评价值。通过设定模糊评价集合和隶属函数，将主观评价转化为数值，使评价过程更加科学和可量化。这有助于降低主观评价的主观性和个体差异，提高评价结果的客观性和可比性。

综上所述，多级模糊综合评价方法在汽车整车综合效能评价中具有重要的作用。它能够发现影响满意度的因素，提供有针对性的改进建议，并将主观评价量化，减少主观盲目性。这为汽车制造商提供了一种科学、客观且可靠的评价工具，以改进汽车的整车综合效能。

#### （2）不足

模糊综合评价方法虽然能为决策者提供依据，但仍然存在一些不足之处，主要体现在以下几个方面。

1）主观性和不确定性：模糊综合评价方法中各指标的隶属度等数据依赖专家的主观判断和经验，因此容易受到个人主观因素的影响。不同专家可能会给出不同的权重和评价结果，导致评价结果存在不确定性。

2）指标选择和权重确定问题：模糊综合评价需要选择适当的评价指标，并确定它们的权重。然而，实际上，指标的选择缺乏统一的标准和规范，导致所选的指标并不全面，可能会使评价结果出现一些误差。

3）数据获取和处理困难：进行模糊综合评价需要大量的数据支持，但有时获取和整理这些数据可能会面临困难。同时，在处理数据时，可能需要对数据进行模糊化处理，这也增加了评价过程的复杂性。

# 第六章
# 插电式混合动力电动汽车商业化应用研究

## 一、PHEV 乘用车典型案例

近年来，随着全球环保意识不断提高，PHEV 车型逐渐进入大众视野。在国内 PHEV 企业中，比亚迪、长安、吉利和荣威作为市场中的领军企业，带头响应国家绿色环保的号召，不断革新技术，积极推动 PHEV 的发展。在国外 PHEV 企业中，大众、宝马和奔驰在 PHEV 市场各占优势。接下来，本节将从企业概况、PHEV 发展历程、具体车型介绍以及企业的关键经验等方面，详细介绍国内外典型 PHEV 乘用车企业的发展情况。

### （一）国内典型 PHEV 乘用车企业及其产品

#### 1. 比亚迪

（1）插电式混合动力电动汽车发展历程

2004 年，比亚迪启动混合动力车型研发工作。其 PHEV 的发展历程如图 6-1 所示。

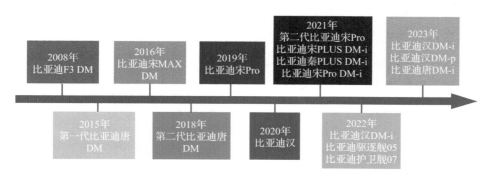

图 6-1　比亚迪 PHEV 发展历程

（2）PHEV 车型

1）比亚迪宋 PLUS DM-i：

①动力系统：DM-i 混合动力系统的 EHS 机电耦合单元在动力布局上与比亚迪 F3 DM 类似。如图 6-2 所示，发动机通过变速机构与发电机直接相连进行发电，电机通过齿轮直接驱动，而发动机又能通过离合器来直接驱动车辆，可以被看作 P1+P3 串并联方案。系统中离合器分离时属于发动机发电 + 电动机驱动的串联形式，离合器接合时属于发动机与电动机同时直接驱动车轮的并联形式。

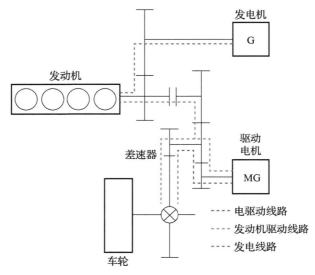

图 6-2　DM-i 混合动力系统的动力布局

②发动机：宋 PLUS DM-i 搭载骁云 1.5 L 自然吸气发动机，热效率可以达到 43.04%，压缩比可达 15.5：1。发动机缸径行程比较大，应用了液冷 EGR 系统，使进气温度更低来抑制缸内温度，防止出现早燃和爆燃现象。此外，这台发动机还使用了类金刚石碳涂层（DLC 涂层）以减少摩擦带来的阻力，并且减小了轴颈的直径以减少摩擦面积。在空调压缩机和机油泵等方面使用了电控技术，可以更加精细地减少供给和发动机的机械损失。

③动力电池：比亚迪宋 PLUS DM-i 油耗为 4.4L/100km，综合续驶里程可达 1200km。其电动机由比亚迪新款"刀片电池"供电，该电池正极由磷酸铁锂材料制成，容量为 8.32kW·h。该车型纯电模式行驶时能行驶约 51km（NEDC）。

④产品参数：以比亚迪宋 2024 款 DM-i 荣耀版 110 km 旗舰型 PLUS 参数为例。其具体参数见表 6-1。

表 6-1　比亚迪宋 2024 款 DM-i 荣耀版 110km 旗舰型 PLUS 参数

| 参数类型 | 参数名称 | 参数 |
| --- | --- | --- |
| | 级别 | 紧凑型 SUV |
| | 发动机参数 | 1.5 L，110 马力 |
| | 充电时间 | 快速充电 1h，慢速充电 5.5h |
| | 纯电动续驶里程（WLTC）/km | 85 |
| 基本参数 | 发动机最大功率 /kW | 81 |
| | 电机最大功率 /kW | 145 |
| | 发动机最大转矩 /N·m | 135 |
| | 电机最大转矩 /N·m | 325 |
| | 百公里加速时间 /s | 8.3 |
| | 百公里耗电量 /（kW·h/100km） | 15.4 |

⑤车型销量：比亚迪宋 PLUS DM-i 车型在 2023 年 5—12 月期间的销量情况如图 6-3 所示。

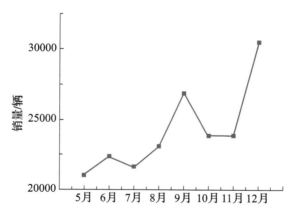

图 6-3　2023 年 5—12 月比亚迪宋 PLUS DM-i 车型销量情况

2）比亚迪秦 PLUS DM-i：

①动力系统：秦 PLUS DM-i 搭载比亚迪"DM-i 超级混动"技术，由"骁云"——插电式混合动力专用 1.5L 高效发动机、"EHS 电混"系统、"DM-i 超级混动"专用功率型"刀片电池"等核心零部件组成，提供纯电动、串联式混合动力、并联式混合动力和发动机直驱四种行车模式。

②发动机和电机：起步时，电机的瞬间转矩让车辆迅速响应，加速迅猛。而在高速行驶时，发动机与电机的协同工作，使车辆保持稳定的动力输出，更加容易超车。

③动力电池：比亚迪秦 PLUS DM-i 动力电池容量为 8.32kW·h 或 18.316kW·h，提供 55km 和 120km 两种纯电动续驶里程版本。根据国家标准 GB/T 31484—2015《电动汽车用动力蓄电池循环寿命要求及试验方法》要求，电动汽车动力电池寿命标准为电池容量衰减到初始容量的 80% 时，循环次数大于 1000 次。

④产品参数：以比亚迪秦 2024 款 PLUS DM-i 荣耀版 120km 卓越型为例，其具体参数见表 6-2。

表 6-2　比亚迪秦 2024 款 PLUS DM-i 荣耀版 120km 卓越型参数

| 参数类型 | 参数名称 | 参数 |
| --- | --- | --- |
| | 级别 | 紧凑型 SUV |
| | 发动机参数 | 1.5L，110 马力 |
| | 充电时间 | 快速充电 0.5h，慢速充电 5.55h |
| | 纯电动续驶里程（WLTC）/km | 101 |
| | 发动机最大功率 /kW | 81 |
| 基本参数 | 电机最大功率 /kW | 145 |
| | 发动机最大转矩 /N·m | 135 |
| | 电机最大转矩 /N·m | 325 |
| | 百公里加速时间 /s | 7.3 |
| | WLTC 综合油耗 /（L/100km） | 1.58 |
| | 百公里耗电量 /（kW·h/100km） | 14.5 |

⑤车型销量：比亚迪秦 PLUS DM-i 车型在 2023 年 5—12 月期间的销量情况如图 6-4 所示。

3）比亚迪方程豹豹 5：

①动力系统：比亚迪方程豹豹 5 采用的是 DM-o 混合动力系统，搭载了一套纵置"EHS 电混"系统与越野专用后轮电驱动总成，以及越野专用纵置 1.5T 高功率发动机，该发动机的最大功率为 194 马力，综合峰值转矩为 760N·m。除此之外，在驱动电机方面，越野版和城市版均采用了前后双电机的动力布局，其最大功率高达 485kW。

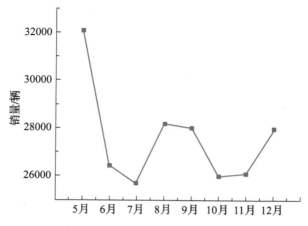

图 6-4　2023 年 5—12 月比亚迪秦 PLUS DM-i 车型的销量情况

　　②动力电池：方程豹豹 5 搭载了一块容量为 31.8kW·h 的磷酸铁锂电池，与其他车型类似，该车型同样采用了"刀片电池"技术，使得该车型在纯电动状态下的续驶里程为 125km，而在车辆处于油电全满的状态下时，它的综合续驶里程达到 1215km。

　　③产品参数：以比亚迪方程豹豹 5 2023 款云辇旗舰版为例，其具体参数见表 6-3。

表 6-3　比亚迪方程豹豹 5 2023 款云辇旗舰版参数

| 参数类型 | 参数名称 | 参数 |
| --- | --- | --- |
| 基本参数 | 级别 | 中型 SUV |
| | 发动机参数 | 1.5T，194 马力 |
| | 充电时间 | 快速充电 1h，慢速充电 5.5h |
| | 纯电动续驶里程（CLTC）/km | 125 |
| | 发动机最大功率 /kW | 143 |
| | 前电机最大功率 /kW | 200 |
| | 后电机最大功率 /kW | 285 |
| | 发动机最大转矩 /N·m | 273 |
| | 前电机最大转矩 /N·m | 360 |
| | 后电机最大转矩 /N·m | 400 |
| | 百公里加速时间 /s | 4.8 |
| | WLTC 综合油耗 /（L/100km） | 1.81 |
| | 百公里耗电 /（kW·h/100km） | 24 |

④车型销量：方程豹豹 5 于 2023 年 11 月上市，同年 12 月销售 5086 辆，并在上市后的首个完整自然月实现了 5000 辆以上的销量，且连续多周上榜国内硬派 SUV 销量榜前 5 名。

（3）关键经验

1）创新技术：

在动力系统方面，第四代 DM-i 混合动力技术平台形成以电为主的超级混合动力系统，由专用高效发动机、"EHS 电混"系统以及专用"刀片电池"构成。比亚迪开发了热效率高达 43% 的混合动力专用发动机，结合双电机发电和驱动对发动机工作点的调节作用，实现超低油耗。

在动力电池技术方面，比亚迪在动力电池领域拥有超过 26 年的研发经验，具备 100% 自主研发和设计能力，自主研发了"刀片电池"技术。比亚迪"刀片电池"的多层设计使得它能够在相同的体积内储存更多的电能，从而提高了新能源汽车的续驶里程。

在智能化方面，主要介绍两种智能化技术。在智能化驾驶技术方面，比亚迪通过引入先进的传感器、计算平台和算法，提升车辆的感知、决策和控制能力；在电动化与智能化融合方面，比亚迪将两种技术相结合，取得了不错的成果。

2）市场策略：

比亚迪为了推广新能源汽车，采取了如下一些策略：首先，比亚迪针对市场需求，推出了不同类型的新能源汽车，以满足不同消费群体的需求。重点研发和推广纯电动汽车、混合动力电动汽车等，并不断完善产品质量和性能。另外，比亚迪结合线上、线下渠道，开展多元化销售模式。线上渠道方面，建立官方网站、电商平台等，提供在线购车、个性化定制服务等功能；线下渠道方面，与经销商合作，开设实体店，举办汽车展销会等，提高产品的可触达性。

3）优势及挑战：

比亚迪能在 PHEV 市场中获得成功，其优势主要在于如下几个方面：首先，比亚迪在新能源汽车领域拥有很强的技术优势，它的电池技术、电驱系统等都已获得了广泛的应用；其次，比亚迪所生产的产品均经严格的质量管理、检测，在市场上享有很高的声誉；最后，比亚迪的产品系列比较多元化，包括纯电动乘用车、纯电动大客车、纯电动出租车等，可以满足客户的多种需要。

然而，目前比亚迪仍然面临很多考验。例如，虽然比亚迪制造了很多不同的车型，但其扩展空间还很大。

2. 长安汽车

（1）插电式混合动力电动汽车发展历程

长安汽车于 2002 年开始涉足新能源汽车，2005 年已经掌握了混合动力电动汽车的核心技术。其 PHEV 发展历程如图 6-5 所示。

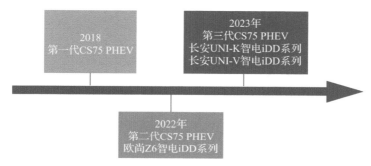

图 6-5　长安 PHEV 发展历程

（2）PHEV 车型

1）长安 UNI-V 智电 iDD：

①动力系统：长安 UNI-V 智电 iDD 在动力方面搭载长安"智电 iDD"系统，其中，"蓝鲸"1.5T 涡轮增压发动机的最大功率为 125kW，电机最大功率为 125kW，官方百公里加速时间为 6.5s。传动系统方面，与之匹配的是"蓝鲸"六档三离合电驱变速器。此外，该车搭载容量为 18.4kW·h 的磷酸铁锂电池组，NEDC 纯电动续驶里程为 113km，综合续驶里程为 1100km，馈电百公里油耗为 4.2L。

②驱动电机："智电 iDD"混合动力系统通过 S-winding 绕组技术来获得更好的容积率，降低定子的轴向长度，确保能在有限的体积限制下获得更高的功率，提升了功率密度。为了解决电机工作温度问题，工程师将电机的定子与转子冷却独立开来，定子用水冷，转子用油冷。电机控制器也采用双面冷却绝缘栅双极晶体管（IGBT），这也为进一步提升电机功率密度提供了有力保障。

③产品参数：以长安 UNI-V 2023 款智电 iDD 1.5T 113km 智酷型为例，

其参数见表 6-4。

表 6-4　长安 UNI-V 2023 款智电 iDD 1.5T 113km 智酷型参数

| 参数类型 | 参数名称 | 参数 |
| --- | --- | --- |
| | 级别 | 紧凑型车 |
| | 发动机参数 | 1.5T，170 马力 |
| | 充电时间 | 快速充电 0.5h，慢速充电 2.6h |
| | 纯电动续驶里程（WLTC）/km | 100 |
| | 发动机最大功率 /kW | 125 |
| 基本参数 | 电机最大功率 /kW | 125 |
| | 发动机最大转矩 /N·m | 260 |
| | 电机最大转矩 /N·m | 330 |
| | 百公里加速时间 /s | 6.5 |
| | WLTC 综合油耗 /（L/100km） | 1.59 |
| | 百公里耗电量 /（kW·h/100km） | 15.9 |

④车型销量：长安 UNI-V 智电 iDD 车型在 2023 年 7—12 月期间的销量情况如图 6-6 所示。

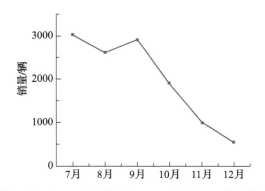

图 6-6　2023 年 7—12 月长安 UNI-V 智电 iDD 车型销量情况

2）长安 UNI-K 智电 iDD：

①发动机：UNI-K 智电 iDD 搭载"蓝鲸"NE 1.5T 混合动力专用发动机，采用"蓝鲸 NE"动力平台的 14 项国际先进技术，开发了混合动力专用的高几何压缩比深度米勒循环燃烧技术、超低摩擦能量损失技术和高效整机电气化集成技术，进一步降低油耗，让每一次出行更加省油。

②动力电池：2023 款车型的电池组容量由 30.74kW·h 调整到 28.39kW·h，同时，电池类型也由三元锂电池调整为磷酸铁锂电池，并配备电池加热系统。2023 款 UNI-K 智电 iDD 对用电策略进行了调整，NEDC 工况下的纯电动续驶里程达到 135km（增加了 5km）。

③产品参数：以长安 UNI-K 2023 款智电 iDD 1.5T 135km 智领型为例，其具体参数见表 6-5。

表 6-5　长安 UNI-K 2023 款智电 iDD 1.5T 135km 智领型参数

| 参数类型 | 参数名称 | 参数 |
|---|---|---|
| | 级别 | 紧凑型车 |
| | 发动机参数 | 1.5T，170 马力 |
| | 充电时间 | 快速充电 0.5h，慢速充电 2.6h |
| | 纯电动续驶里程（WLTC）/km | 100 |
| | 发动机最大功率 /kW | 125 |
| 基本参数 | 电机最大功率 /kW | 125 |
| | 发动机最大转矩 /N·m | 260 |
| | 电机最大转矩 /N·m | 330 |
| | 百公里加速时间 /s | 6.5 |
| | WLTC 综合油耗 /（L/100km） | 1.59 |
| | 百公里耗电量 /（kW·h/100km） | 15.9 |

④车型销量：长安 UNI-K 智电 iDD 车型在 2023 年 7—12 月期间的销量情况如图 6-7 所示。

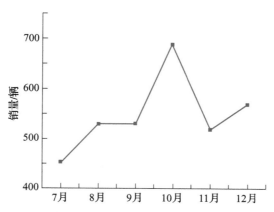

图 6-7　2023 年 7—12 月长安 UNI-K 智电 iDD 车型销量情况

3）长安第三代 CS75 PLUS 智电 iDD：

①动力系统：在动力系统方面，长安第三代 CS75 PLUS 智电 iDD 搭载了"蓝鲸 NE"1.5T 混合动力专用发动机，结合大容量电池组，提供了较强的动力输出和良好的燃油经济性。在纯电动模式下，续驶里程为 130~150km，满足日常城市通勤需求。

②动力电池：在动力电池方面，长安第三代 CS75 PLUS 智电 iDD 车型配备了 28.39kW·h 的大容量动力电池，纯电动续驶里程（NEDC）最高达到 150km。第三代 CS75 PLUS 智电 iDD 全系列标配交、直流双快速充电，具有 220V 家用充电、交流快速充电、直流快速充电三种充电方式，最大充电功率可达 40kW，快速充电标准环境下，最快 30min 充电至 80%。此外，该车还具备 220V 交流外放电能力，最大放电功率 3.3kW，可以兼顾各类小型家电的使用。

③产品参数：以长安第三代 CS75 PLUS 2023 款智电 iDD 1.5T 150km 智领型为例，其具体参数见表 6-6。

表 6-6　长安第三代 CS75 PLUS 2023 款智电 iDD 1.5T 150km 智领型参数

| 参数类型 | 参数名称 | 参数 |
| --- | --- | --- |
| 基本参数 | 级别 | 紧凑型 SUV |
| | 发动机参数 | 1.5T，170 马力 |
| | 充电时间 | 快速充电 0.5h，慢速充电 4.5h |
| | 纯电动续驶里程（WLTC）/km | 130 |
| | 发动机最大功率 /kW | 125 |
| | 电机最大功率 /kW | 110 |
| | 发动机最大转矩 /N·m | 260 |
| | 电机最大转矩 /N·m | 330 |
| | 百公里加速时间 /s | 7.1 |
| | WLTC 综合油耗 /（L/100km） | 1.6 |

（3）关键经验

1）创新技术：

在动力系统方面，此处主要介绍长安自研的"智电 iDD"和"数智 AI"电驱动技术。其中，"智电 iDD"采用并联式混合动力技术，侧重于全速域动力，在山区的高速公路上比较省油，低温承受能力强；而"数智 AI"电驱动技术采用串并混联式混合动力技术，燃油经济性和动力性较好。

在动力电池技术方面，长安启源首先搭载了长安自研的"金钟罩"电池，该电池具有硬件安全、软件安全及标准化电芯三大优势。

在智能化方面，长安在启源车型上搭载的"iEM"智慧驾驶管理模式，可以针对用户的不同驾驶场景，自动匹配长途、应急、山地与驻车充电四种场景模式。

2）市场策略：

在推广 PHEV 上，一方面，长安汽车持续推进第三次创业——创新创业计划，深入实施新能源"香格里拉"、智能化"北斗天枢"、全球化"海纳百川"计划，布局长安启源、深蓝汽车、阿维塔三大智能电动汽车品牌，形成满足不同细分市场需求的新发展格局。另一方面，其销售渠道主要有品牌专营店、汽车交易市场、多品牌汽车经营店和汽车连锁店。

3）优势及挑战：

长安能在 PHEV 市场中获得成功，其优势主要在于如下几个方面：第一，长安汽车积极投入研发，推动新能源汽车技术创新；第二，长安汽车积极开展产业链整合，与供应商、研发机构以及其他相关企业进行合作，构建完整的新能源汽车产业生态系统；第三，长安汽车积极拓展新能源汽车市场，注重国际合作，与国外汽车制造商进行技术与资源的共享，从而提升自身在新能源领域的竞争优势。

但是，目前长安在新能源汽车方面仍然面临很多挑战。据了解，不少车友反映长安新能源汽车的价格较高，产品体验较差。并且其电池技术的进展比较缓慢，消费者对于新能源汽车的安全顾虑持续存在，这也是目前新能源汽车遇到的普遍问题。

3. 吉利

（1）插电式混合动力电动汽车发展历程

吉利 PHEV 的发展历程如图 6-8 所示。

（2）PHEV 车型

1）帝豪 L HiP：

①动力系统：在动力系统方面，2024 款吉利帝豪 L HiP 搭载了一套 1.5T 插电式混合动力系统，最大功率为 133kW，最大转矩为 290N·m。这套动力系统在保证动力充足的同时，油耗也较低。

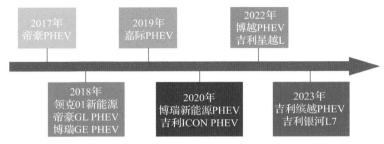

图 6-8　吉利 PHEV 发展历程

②发动机：以帝豪 L HiP 2024 款冠军版 1.5TD–DHT Pro 100km 卓越型为例，该车搭载了插电式混合动力专用涡轮增压 1.5L 高效发动机，最大功率为 133kW，最大转矩为 290N·m。这款高效发动机通过采用可控气流燃烧技术精细化设计、高效热管理、高压缩比、米勒循环和低压 EGR 等技术带来了 44.26% 的高热效率。

③动力电池：2024 款吉利帝豪 L HiP 的 WLTC 综合油耗为 1.4L/100km，最低荷电状态油耗为 3.8L/100km。该车搭载的 15.5kW·h 三元锂电池带来 NEDC 纯电动续驶里程 100km。在满油、满电情况下可实现 NEDC 综合续驶里程 1300km。

④产品参数：以帝豪 L HiP 2024 款冠军版 1.5TD–DHT Pro 100km 卓越型为例，其具体参数见表 6–7。

表 6–7　帝豪 L HiP 2024 款冠军版 1.5TD–DHT Pro 100km 卓越型参数

| 参数类型 | 参数名称 | 参数 |
|---|---|---|
| | 级别 | 紧凑型车 |
| | 发动机参数 | 1.5T，181 马力 |
| | 充电时间 | 快速充电 0.67h，慢速充电 2.5h |
| | 纯电动续驶里程（WLTC）/km | 80 |
| | 发动机最大功率 /kW | 133 |
| 基本参数 | 电机最大功率 /kW | 100 |
| | 发动机最大转矩 /N·m | 290 |
| | 电机最大转矩 /N·m | 320 |
| | 百公里加速时间 /s | 6.9 |
| | WLTC 综合油耗 /（L/100km） | 1.4 |
| | 百公里耗电量 /（kW·h/100km） | 14 |

⑤车型销量：吉利 2024 款帝豪 L HiP 冠军版车型在 2023 年 8—11 月期间的销量情况如图 6-9 所示。

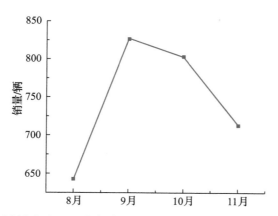

图 6-9　2023 年 8—11 月吉利 2024 款帝豪 L HiP 冠军版车型销量情况

2）星越 L 增程电动版：

①动力传动系统：星越 L 增程电动版标配独有的"电驱动串联锁定"功能，可选择完全增程电动模式，其热效率为 43.32%。星越 L 增程电动版不仅是增程式电动汽车，更解决了以往增程式电动汽车转换效率低造成的油耗偏高问题。星越 L 增程电动版还搭配 3 档"变频电驱 DHT Pro"，能实现在混合动力、增程以及纯电三种模式之间随意切换。通过"雷神"智能能量管理技术，可以实现全速域并联、电驱动 3 档变速。

②动力电池：吉利星越 L 增程电动版全系使用容量为 41.2kW·h 的三元锂电池作为储能装置，WLTC 工况下纯电动续驶里程为 205km，CLTC 工况下纯电动续驶里程为 245km。在串联模式下，1.5T 发动机仅用于发电，续驶里程提高到 1400km，解决了长途出行时续驶里程焦虑问题。

③产品参数：以星越 L 增程电动版 2022 款 1.5T DHT 增程电动旗舰版为例，其具体参数见表 6-8。

表 6-8　星越 L 增程电动版 2022 款 1.5T DHT 增程电动旗舰版参数

| 参数类型 | 参数名称 | 参数 |
|---|---|---|
| 基本参数 | 级别 | 紧凑型 SUV |
| | 发动机参数 | 1.5T，150 马力 |
| | 充电时间 | 快速充电 0.45h，慢速充电 6.2h |

（续）

| 参数类型 | 参数名称 | 参数 |
|---|---|---|
| | 纯电动续驶里程（WLTC）/km | 205 |
| | 发动机最大功率/kW | 110 |
| | 电机最大功率/kW | 107 |
| 基本参数 | 发动机最大转矩/N·m | 225 |
| | 电机最大转矩/N·m | 338 |
| | WLTC综合油耗/（L/100km） | 0.39 |
| | 百公里耗电量/（kW·h/100km） | 21.46 |

④车型销量：星越 L 增程电动版车型在 2023 年 1—10 月期间的销量情况如图 6-10 所示。

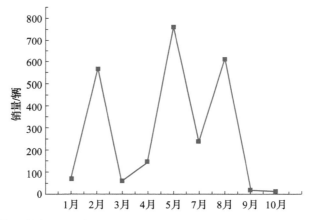

图 6-10 2023 年 1—10 月星越 L 增程电动版车型的销量情况

3）吉利银河 L7 系列：

①动力及传动系统：动力系统方面，吉利银河 L7 搭载的是新一代"雷神电混 8848"动力系统，这套动力系统拥有"三大巅峰技术"，使得吉利银河 L7 在亏电情况下的 WLTC 综合油耗为 5.23L/100km，综合续驶里程可达 1370km。

传动系统方面，吉利银河 L7 采用了 3 档"变频电驱 DHT Pro"，以实现动力传输，动力传动系统如图 6-11 所示。另外，吉利银河 L7 还采用了纯电动、串联式混合动力和并联式混合动力三种驱动模式。在绝大部分工况下，车辆会以纯电动模式进行驱动，加速过程更加顺滑轻快，并能够持续输出动力以完成超车等行驶操作。

图 6-11　吉利银河 L7 动力传动系统

②动力电池：吉利银河 L7 的动力电池有两家供应商：蜂巢能源和宁德时代，它们所供应的都属于磷酸铁锂电池类型。银河 L7 的动力电池系统采用了 CTP 平板电池，并集成了吉利自家的"神盾"电池安全系统。"神盾"电池安全系统采用了高强度电池包框架，并采用四横四纵的地板结构，通过智能化 AI 算力，检测电池、电芯的工作运行情况，并且配备前段反馈式热管理系统，能够实现智能调控电池包的温度。

③产品参数：以吉利银河 L7 2024 款 1.5T DHT 115km PLUS 龙腾版为例，其具体参数见表 6-9。

表 6-9　吉利银河 L7 2024 款 1.5T DHT 115km PLUS 龙腾版车型参数

| 参数类型 | 参数名称 | 参数 |
| --- | --- | --- |
| 基本参数 | 级别 | 紧凑型 SUV |
| | 发动机参数 | 1.5T，163 马力 |
| | 充电时间 | 快速充电 0.5h，慢速充电 3h |
| | 纯电动续驶里程（WLTC）/km | 90 |
| | 发动机最大功率 /kW | 120 |
| | 电机最大功率 /kW | 107 |
| | 发动机最大转矩 /N·m | 255 |
| | 电机最大转矩 /N·m | 338 |
| | 百公里加速时间 /s | 6.9 |
| | WLTC 综合油耗 /（L/100km） | 1.3 |
| | 百公里耗电量 /（kW·h/100km） | 15.8 |

④销量情况：吉利银河 L7 车型在 2023 年 8—12 月期间的销量情况如图 6-12 所示。

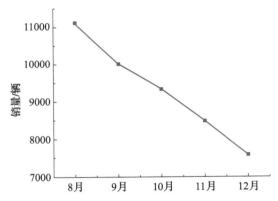

图 6-12　2023 年 8—12 月吉利银河 L7 车型的销量情况

（3）关键经验

1）创新技术：

在动力系统方面，吉利"雷神智擎 DHT"混合动力系统可覆盖 A0 级至 C 级的全部车型，并支持 HEV、PHEV、REEV 等多种混合动力架构。搭载雷神"超级电混"的车型均采用吉利独创的 3 档"变频电驱 DHT Pro"，可实现 3 个档位的切换。

在电池技术方面，吉利银河 L7 上搭载吉利"神盾"电池安全系统，这是吉利独创、吉利银河专属的电池安全技术，兼顾磷酸铁锂电池和三元电池，采用了最新一代 CTP 工艺结构，采用无模组化设计。吉利"神盾"电池安全系统首创深入到细胞层级的防辐射安全技术，避免了电磁辐射对人体健康的损害。

在智能化方面，吉利首创推出智能地图能量管理，创造性地将导航大数据信息与电控系统相结合，根据导航反馈的实时路况信息，提前进行整个导航路段的能量规划，达到节能省油的目的。

2）市场策略：

在 PHEV 推广方面，吉利汽车基于不同消费者的差异化需求，打造吉利"插混矩阵"。目前，吉利旗下的嘉际、博瑞 GE、帝豪 GL、缤越、星越均推出了 PHEV 版本，覆盖了紧凑型家用轿车、中型家用轿车、SUV 和 MPV 在内的各大细分市场。

3）优势及挑战：

从整体市场来看，同一车型的两种动力形式中，PHEV 版比燃油版的价格普遍会高出许多。但吉利"ePro 家族"可实现产品"油电同价"。另外，针对用户的"里程焦虑""充电不便捷""购买成本高"及"安全顾虑"等新能源汽车用车痛点，吉利在电池、电机、电控核心技术上充分自主创新，并在技术进化中不断突破。在动力电池与车身地板集成技术、电驱动系统集成技术、高压配电系统集成技术等方面行业领先。

然而，吉利对新能源汽车销售和宣传准备有一定不足。以吉利雷神 PHEV 车型为例，部分店面没有充电桩，无法充电，展车、试驾车一直处于馈电状态。另外，个别终端销售人员对车型的技术特点了解不足，一定程度上影响了汽车的销售和推广。

4. 荣威

（1）插电式混合动力电动汽车发展历程

荣威 PHEV 的发展历程如图 6-13 所示。

图 6-13　荣威 PHEV 发展史

（2）PHEV 车型

1）荣威 D7 DMH：

①动力传动系统：荣威 D7 DMH 采用 P1+P3 双电机的单档直驱机构。其中，P1 电机与发动机同轴布置，相比于平行轴布置少一组齿轮，但其传动效率更高，运行更平顺，NVH 表现更佳；而 P3 电机采用高效率的 Hair-pin 扁线设计，功率密度高，散热性能更好。

②发动机：荣威 D7 DMH 插电式混合动力车型采用发动机＋电池＋电机系统。其中，1.5L 混合动力专用发动机优化了燃烧系统，搭配深度阿特金森循环，让内部燃烧更为充分，使其热效率达到了 43%，在同级车型中领

先。超高的热效率加上低摩擦技术，实现了低油耗。另外，该车在 WLTC 下的百公里亏电油耗仅为 4.79L，处于较低水平。

③动力电池：荣威 D7 DMH 搭载的是一款容量为 21.4kW·h 的动力电池，官方纯电动续驶里程为 125km，油电最大续驶里程达到 1400km，纯电动续驶里程能够满足日常通勤的使用需求。得益于采用了航空级直接式冷却技术的电芯，荣威 D7 DMH 的电池内部温度差更小，充分保障了电池的性能和续驶里程。

④产品参数：以荣威 D7 DMH 2023 款 125km 旗舰版为例，其具体参数见表 6-10。

表 6-10 荣威 D7 DMH 2023 款 125km 旗舰版参数

| 参数类型 | 参数名称 | 参数 |
|---|---|---|
| | 级别 | 中型车 |
| | 发动机参数 | 1.5L，112 马力 |
| | 充电时间 | 快速充电 0.47h |
| | 纯电动续驶里程（WLTC）/km | 103 |
| 基本参数 | 发动机最大功率 /kW | 82 |
| | 电机最大功率 /kW | 150 |
| | 发动机最大转矩 /N·m | 135 |
| | 电机最大转矩 /N·m | 330 |
| | 百公里加速时间 /s | 7.9 |
| | 百公里耗电量 /（kW·h/100km） | 13.9 |

⑤车型销量：2023 年 11 月，荣威 D7 DMH 车型正式上市。由于该车上市时间较晚，截至 2023 年 12 月底，总销量仅约为 4878 辆。

2）荣威 eRX5：

①动力传动系统：在传动系统方面，荣威 eRX5 车型搭配了荣威最新研发的 10 档 "超级电驱 EDU G2 Plus" 智能电驱动单元。"超级电驱 EDU G2 Plus" 可实现全动力换档，10 档二代智能电驱动变速器在电控执行机构的指挥下，电机档位和发动机档位可以根据工况需要自由搭配，即电控换档系统能智能调整控制策略，进行档位切换，实现在轮端转矩不变的前提下，电机和发动机转矩无缝耦合和解耦。

②发动机：荣威 eRX5 的混合动力系统由一台 1.5T 的缸内直喷涡轮增压发动机、一台采用全新 5 层 I-pin 扁线绕组技术的永磁同步电机和一个智能能量管理单元（IEM）组成。该车搭配的发动机是上汽自主研发的"蓝芯"发动机，其最大功率可达到 138kW，峰值转矩为 300N·m，电机总功率为180kW、总转矩为 270N·m，而系统的综合最大功率和转矩则分别达到了318kW 和 570N·m。

③动力电池：荣威 eRX5 的动力电池是容量为 12.3kW·h 的磷酸铁锂电池，由于电量的提升，其 NEDC 纯电动续驶里程也由旧款车型的 52km 增加至 61km，已基本可以满足日常上下班通勤所需。

④产品参数：以荣威 eRX5 2023 款超混尊荣版为例，其具体参数见表 6-11。

表 6-11　荣威 eRX5 2023 款超混尊荣版参数

| 参数类型 | 参数名称 | 参数 |
| --- | --- | --- |
| 基本参数 | 级别 | 紧凑型 SUV |
| | 发动机参数 | 1.5T，188 马力 |
| | 充电时间 | 慢速充电 4h |
| | 纯电动续驶里程（WLTC）/km | 50 |
| | 发动机最大功率 /kW | 138 |
| | 电机最大功率 /kW | 180 |
| | 发动机最大转矩 /N·m | 300 |
| | 电机最大转矩 /N·m | 270 |
| | 百公里加速时间 /s | 6.9 |
| | WLTC 综合油耗 /（L/100km） | 3.3 |
| | 百公里耗电量 /（kW·h/100km） | 18 |

（3）关键经验

1）创新技术：

在动力系统方面，荣威 DMH 搭载的 1.5L 混合动力专用发动机采用多项高效快速燃烧技术，这与目前多数混合动力车型搭载的发动机相比，技术壁垒更高，油耗更低。另外，荣威 DMH 超级混合动力系统提出业界首个"能量域"概念，动力总成大脑（PICU）可实现发动机管理、变速器管理、混合动力模式管理、热管理和空调管理五合一和"变量共享"。

在电池技术方面，荣威 D7 DMH 的电芯采用了航空级直接式冷却技术，这一技术创新确保了电池内部温差维持在低于 3.5℃，大幅提升了电池稳定性和使用寿命。

在智能化方面，荣威 D7 DMH 采用了新"斑马智行"车机系统，可实现一语多意、手机车机导航无缝流转、长途充电自动规划、语音多样有效性回复等功能，使得驾驶更加便捷。

2）市场策略：

在 PHEV 推广方面，荣威 D7 DMH 在 2023 年 12 月中旬正式开启全国的千人百城交车盛典，与经销商、车主们一起铭记特别时刻，这可以让消费者更加贴近品牌，加深印象，更加有利于荣威旗下 PHEV 品牌的推广。

3）优势及挑战：

在 2023 年年底的市场"价格战"中，荣威并未选择妥协，而是坚定地用核心技术去驱动核心市场，用诚意和实力击穿 B 级车的价格底线。这些因素都是荣威能够成功的关键所在。

荣威旗下 D7 车型的 DMH 混合动力技术虽然在能耗和驾驶体验上有了明显提升，但在市场认可度和品牌影响力上，与某些企业相比仍存在一定差距。因此，荣威旗下的 PHEV 车型需要在市场推广和品牌建设上下更多的功夫，以提升其竞争力。

## （二）国外典型 PHEV 乘用车企业及其产品

### 1. 大众

（1）插电式混合动力电动汽车发展历程

大众 PHEV 的发展历程如图 6-14 所示。

图 6-14 大众 PHEV 发展历程

（2）PHEV 车型

1）迈腾 GTE：

①动力系统：迈腾 GTE 的动力系统由发动机、电机和专属变速器构成。EA211 1.4T 发动机采用全铝设计，质量轻，体积小，散热能力强，具有燃油喷射系统、缸内直喷技术、可变相位调节等技术，最大功率为 110kW，最大转矩为 250N·m。电机能够提供 85kW 的最大功率以及 330N·m 的最大转矩，系统的综合功率为 155kW，综合转矩为 400N·m。该车的百公里加速时间为 7.7s，亏电油耗为 4.8L/100km。

②动力电池：迈腾 GTE 车型采用的是宁德时代提供的三元锂电池，其容量达到了 13kW·h，可以实现纯电动 63km 的续驶里程，可以满足市内短途通勤需求，同时也能够响应当下的环保理念。

③产品参数：以迈腾 GTE 2022 款豪华型为例，其具体参数见表 6-12。

表 6-12　迈腾 GTE 2022 款豪华型参数

| 参数类型 | 参数名称 | 参数 |
|---|---|---|
| 基本参数 | 级别 | 中型车 |
| | 发动机参数 | 1.4 T，150 马力 |
| | 纯电动续驶里程（NEDC）/km | 63 |
| | 发动机最大功率 /kW | 110 |
| | 电机最大功率 /kW | 85 |
| | 发动机最大转矩 /N·m | 250 |
| | 电机最大转矩 /N·m | 330 |
| | 百公里加速时间 /s | 7.7 |
| | NEDC 综合油耗 /（L/100km） | 1.4 |
| | 百公里耗电量 /（kW·h/100km） | 15.1 |

④车型销量：迈腾 GTE 2022 款车型在 2023 年 5—12 月期间的销量情况如图 6-15 所示。

2）帕萨特 PHEV：

①动力传动系统：在动力系统方面，帕萨特 PHEV 搭载了 EA211 1.4T 发动机 +DQ 400e 湿式双离合变速器集成驱动电机，拥有发动机 + 电机的高效双动力，发动机最大输出功率为 150 马力。在传动系统方面，该车匹配的是 6 档双离合变速器。

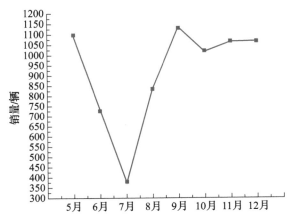

图 6-15　2023 年 5—12 月迈腾 GTE 2022 款车型的销量情况

②动力电池：在动力电池方面，帕萨特 PHEV 搭载了 12.1kW·h 的三元锂电池组。三元锂电池的能量密度更高，质量也相对较轻，该车在纯电动模式下的最大续驶里程为 63km。

③产品参数：以帕萨特 PHEV 2023 款 430 PHEV 混动豪华版为例，其具体参数见表 6-13。

表 6-13　帕萨特 PHEV 2023 款 430 PHEV 混动豪华版参数

| 参数类型 | 参数名称 | 参数 |
| --- | --- | --- |
| | 级别 | 中型车 |
| | 发动机参数 | 1.4T，150 马力 |
| | 充电时间 | 快速充电 1h，慢速充电 5.5h |
| | 纯电动续驶里程<br>（工业和信息化部标准）/km | 63 |
| 基本参数 | 发动机最大功率 /kW | 110 |
| | 电机最大功率 /kW | 85 |
| | 发动机最大转矩 /N·m | 250 |
| | 电机最大转矩 /N·m | 330 |
| | 百公里加速时间 /s | 7.7 |
| | WLTC 综合油耗 /（L/100km） | 2.23 |
| | 百公里耗电量 /（kW·h/100km） | 14.6 |

④车型销量：帕萨特 PHEV 车型在 2023 年 5—12 月期间的销量情况如图 6-16 所示。

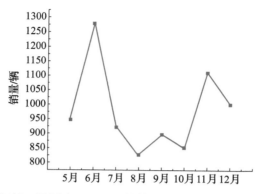

图 6-16　2023 年 5—12 月帕萨特 PHEV 车型的销量情况

3）途观 L PHEV：

①动力传动系统：在动力系统方面，途观 L PHEV 搭载的是 1.4 TSI 发动机和电机组合而成的动力总成。该动力系统的综合功率为 155kW，综合最大转矩为 400N·m。在传动系统方面，与其匹配的是一台 6 速湿式双离合变速器，官方 NEDC 百公里综合油耗为 1.8L。

②动力电池：途观 L PHEV 搭载的是一个电量为 12.1kW·h 的电池组，该电池组的电芯由宁德时代提供，电池包的设计由双方共同开发，电池包的封装则由上汽大众的电池工厂独立完成。在搭配了一体式铸造电池托盘和主动式液冷温度控制系统之后，该电池包的质量控制在 125kg，能量密度为 96.8W·h/kg。

③产品参数：以途观 L PHEV 2023 款 430 PHEV 插电混动旗舰版为例，其具体参数见表 6-14。

表 6-14　途观 L PHEV 2023 款 430 PHEV 插电混动旗舰版参数

| 参数类型 | 参数名称 | 参数 |
|---|---|---|
| 基本参数 | 级别 | 中型 SUV |
| | 发动机参数 | 1.4T，150 马力 |
| | 纯电动续驶里程（工业和信息化部标准）/km | 55 |
| | 发动机最大功率 /kW | 110 |
| | 电机最大功率 /kW | 85 |
| | 发动机最大转矩 /N·m | 250 |
| | 电机最大转矩 /N·m | 330 |

（续）

| 参数类型 | 参数名称 | 参数 |
|---|---|---|
|  | 百公里加速时间 /s | 8.2 |
| 基本参数 | WLTC 综合油耗 /（L/100km） | 2.65 |
|  | 百公里耗电量 /（kW·h/100km） | 16.2 |

④车型销量：途观 L PHEV 车型在 2023 年 5—12 月期间的销量情况如图 6-17 所示。

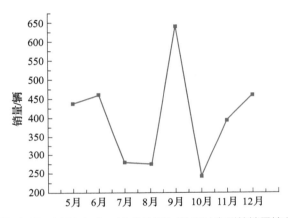

图 6-17　2023 年 5—12 月途观 L PHEV 车型的销量情况

（3）关键经验

1）创新技术：

在动力系统方面，大众插电式混合动力系统的技术核心是一台 1.4L 直列四缸涡轮增压发动机和一台整合了电机的 6 档双离合变速器。另外，大众的电控系统也十分出色，使得电机和发动机可以维持在各自的高效运转区间。

在电池技术方面，途观 L PHEV 采用的是由宁德时代提供的高性能三元锂电池组，整个电池组采用一体式铸造设计，能尽量避免电池组受到挤压变形而产生安全隐患，并严格按照远超国家电池安全指标的标准进行了 169 项严苛的电池实验，确保电池组的安全。

在智能化方面，大众研发出一套智能电控系统，具备充电温度保护、电池温度实时调节等诸多功能，确保电池组的充放电安全。另外，大众迈腾 GTE 搭载 IQ.Drive 技术，包含所有与驾驶、泊车以及改善整车安全性相关的驾驶辅助服务技术。

2）市场策略：

为了推动 PHEV 的发展和普及，大众汽车也制定了一些策略。首先，在国家新能源汽车补贴退坡的情况下，上汽大众并没有因为补贴的减少而上调车价；其次，在用车方面，上汽大众 PHEV 车型的保养费用与汽油版基本一致，同时还提供 8 年 12 万 km 的三电质保；最后，在 2023 世界新能源汽车大会上，大众汽车集团首席执行官奥博穆在演讲时公开表示，大众集团已经开启了"十点行动计划"：第一，大众将进一步推广混合动力车型的发展；第二，大众将与小鹏合作造车；第三，大众将通过国内的第三家合资公司——大众安徽，向国内导入更多特供车。

3）优势及挑战：

上汽大众新能源汽车在三电方面的安全保障较高。帕萨特 PHEV 和途观 L PHEV 车型的电池组采用了 19 个热成型零件，84% 高强度钢的安全车身提供了外围保护，并且经过了针刺、火烧、碰撞等 169 项极限测试，几乎可以保证在最严苛的环境下都能安全有效地工作。

然而，据了解，目前的大众 PHEV 车型普遍存在纯电动模式动力过差的问题。另外，大众的 PHEV 车型还存在变速器异响的情况，这主要与大众汽车的 DQ 400e 架构有关，因为双离合变速器的基础没有变，在油电混合模式里还是需要通过变速器来换档的。没有什么技术能让普通的双离合变速器实现无感换档，即便是通过发电起动一体机（BSG）来主动控制换档时的发动机转速进行匹配，严格来说也做不到 100% 平顺地换档。

2. 宝马

（1）插电式混合动力电动汽车发展历程

宝马 PHEV 的发展历程如图 6-18 所示。

图 6-18　宝马 PHEV 发展历程

（2）PHEV 车型

1）宝马 5 系 PHEV：

①动力传动系统：在动力系统方面，宝马 5 系 PHEV 全系搭载了 2.0T 涡轮增压发动机，同时配备了前置单电机，系统最大功率 215kW，最大转矩 420N·m，百公里加速时间为 6.7s。在传动系统方面，与之匹配的是 8 AT 手动自动一体变速器。

②动力电池：动力电池方面，宝马 5 系 PHEV 搭载了宁德时代的三元锂电池，电池容量为 17.7kW·h，采用慢速充电需要 3.9h 充满，纯电动续驶里程为 95km。

③产品参数：以宝马 5 系 PHEV 2022 款二次改款 535 Le 豪华版为例，其具体参数见表 6-15。

表 6-15　宝马 5 系 PHEV 2022 款二次改款 535 Le 豪华版参数

| 参数类型 | 参数名称 | 参数 |
|---|---|---|
| 基本参数 | 级别 | 中大型车 |
|  | 发动机参数 | 2.0T，184 马力 |
|  | 充电时间 | 慢速充电 3.9h |
|  | 纯电动续驶里程<br>（工业和信息化部标准）/km | 95 |
|  | 发动机最大功率 /kW | 135 |
|  | 百公里加速时间 /s | 6.7 |
|  | NEDC 综合油耗 /（L/100km） | 1.5 |
|  | 百公里耗电量 /（kW·h/100km） | 15 |

④车型销量：宝马 5 系 PHEV 车型在 2023 年 5—12 月期间的销量情况如图 6-19 所示。

2）宝马 XM：

①动力传动系统：在动力系统方面，宝马 XM 搭载了一套由 4.4T V8 双涡轮增压发动机和高性能电机组成的 M 混合动力驱动系统，综合最大输出功率为 480kW，综合峰值转矩为 800N·m。在传动系统方面，宝马 XM 匹配的是 8 档 M Steptronic 手自一体变速器，同时还采用了 M xDrive 智能全轮驱动系统，其百公里加速时间为 4.3s。

②动力电池：宝马 XM 配备了容量为 25.7kW·h 的 317V 锂离子高压电池，

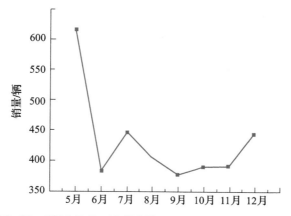

图 6-19 2023 年 5—12 月宝马 5 系 PHEV 车型的销量情况

支持 7.4kW 的交流充电，即车辆能够在 4.25h 内完成 0—100% 电量的充电。WLTP 标准下的纯电动续驶里程为 80km，综合油耗预计为 1.5~1.6L/100km。

③产品参数：以宝马 XM 2023 款 4.4T 标准型为例，其具体参数见表 6-16。

表 6-16 宝马 XM 2023 款 4.4T 标准型参数

| 参数类型 | 参数名称 | 参数 |
|---|---|---|
| 基本参数 | 级别 | 大型 SUV |
| | 发动机参数 | 4.4T，490 马力 |
| | 充电时间 | 慢速充电 4.25h |
| | 纯电动续驶里程（WLTC）/km | 78 |
| | 发动机最大功率 /kW | 360 |
| | 电机最大功率 /kW | 155 |
| | 发动机最大转矩 /N·m | 650 |
| | 电机最大转矩 /N·m | 280 |
| | 百公里加速时间 /s | 4.3 |
| | NEDC 综合油耗 /（L/100km） | 3.42 |
| | 百公里耗电量 /（kW·h/100km） | 28.7 |

3）宝马 7 系 PHEV：

①发动机：宝马 7 系 PHEV 车型所使用的采用 "BMW TwinPower Turbo" 技术的发动机源自全新的高效动力系列发动机，是至今为止宝马批量生产车型中功率最大的四缸发动机，动力输出迅捷且响应速度快。

②动力电池：纯电动模式下该车型的最高车速为 140km/h，搭载容量为 18.7kW·h 的电池组，WLTP 工况下纯电动续驶里程为 84km。

③产品参数：以宝马 7 系 PHEV 2023 款 M760 Le xDrive 为例，其具体参数见表 6-17。

表 6-17　宝马 7 系 PHEV 2023 款 M760 Le xDrive 参数

| 参数类型 | 参数名称 | 参数 |
|---|---|---|
| 基本参数 | 级别 | 大型车 |
| | 发动机参数 | 3.0T，381 马力 |
| | 充电时间 | 慢速充电 3h |
| | 纯电动续驶里程（WLTC）/km | 82 |
| | 发动机最大功率 /kW | 280 |
| | 电机最大功率 /kW | 155 |
| | 发动机最大转矩 /N·m | 520 |
| | 电机最大转矩 /N·m | 280 |
| | 百公里加速时间 /s | 4.3 |
| | WLTC 综合油耗 /（L/100km） | 2.53 |
| | 百公里耗电量 /（kW·h/100km） | 20.4 |

（3）关键经验

1）创新技术：

在动力系统方面，宝马 X5 插电式混合动力车型搭载了大功率的宝马涡轮增压四缸汽油发动机和高效 eDrive 电机动力系统，匹配 BMW xDrive 智能全轮驱动系统，确保该车的牵引性能。

在电池技术方面，最关键的电池电芯依旧由宁德时代来提供，而其余的封装设计、散热系统以及电池能量管理系统等均由宝马自主完成。宝马采用的液冷技术，每个双模组中间都夹着散热片，使电池包能在 -30~50℃ 的环境下稳定工作。

在智能化方面，智能能量管理系统搭载在全新宝马 7 系插电式混合动力车型上，统一调控各驱动组件，实现高效与动力体验之间的最佳平衡。

2）市场策略：

为了促进 PHEV 车型的销售，在品牌营销方面，宝马推出体验化营销、年轻化营销与科技化营销策略，继续强化了动感、年轻、科技和创新的品牌形象，"体验品牌"和"情感关系品牌"是宝马在品牌方面的努力。通过多维度的线上线下活动，为中国消费者，特别是新生代客户带来个性化的、富于情感的品牌体验。

3）优势及挑战：

众所周知，宝马品牌旗下车型在驾驶、操控层面表现较好，而混合动力车型的电机能使加速感受更强。从数据来看，尽管宝马530 Li与530 Le的百公里加速时间同为6.9s，但插电式混合动力车型在中前段的加速效果更明显。对于高端车型的用户而言，性能也是他们较为关注的因素，宝马5系PHEV无论是在性能，还是在乘坐舒适性、高级感等方面，均比较优秀。

然而，自2024年1月12日起，华晨宝马汽车有限公司决定召回生产日期在2017年12月11日—2019年12月7日的部分5系PHEV汽车，共计41446辆。由于设计原因，该车型高压蓄电池的双电池单元模块内部电芯可能会发生相对位移，造成绝缘故障。极端情况下，如果电芯与蓄电池壳体发生接触，则无法排除发生热失控的风险，存在安全隐患。而且在2023年第一季度，宝马已召回3次，这反映出宝马在安全和质量问题上还面临着很大考验。

3. 奔驰

（1）插电式混合动力电动汽车发展历程

奔驰PHEV的发展历程如图6-20所示。

图6-20　奔驰PHEV发展历程

（2）PHEV车型

1）奔驰E级PHEV：

①动力传动系统：奔驰E级PHEV的动力系统由2.0T发动机及电机组合而成，其中，发动机最大功率为155kW、最大转矩为350N·m，电机

功率为 90kW。传动系统部分，匹配 9 档手动自动一体变速器。奔驰 E 级 PHEV 的百公里加速时间为 6.7s，NEDC 工况下综合油耗为 1.4L/100km。

②动力电池：奔驰 E 级 PHEV 搭载的是容量为 25.4kW·h 三元锂电池组，充电方面，快速充电需要 1h，慢速充电需要 2.42h，最大快速充电功率为 55kW，提供 8 年 /12 万 km 质保，百公里电耗为 18.7kW·h。

③产品参数：以奔驰 E 级 PHEV 2023 款 E 350 eL 轿车为例，其具体参数如表 6-18 所示。

表 6-18　奔驰 E 级 PHEV 2023 款 E 350 eL 轿车参数

| 参数类型 | 参数名称 | 参数 |
| --- | --- | --- |
| | 级别 | 中大型车 |
| | 发动机参数 | 2.0T，211 马力 |
| | 充电时间 | 快速充电 1h，慢速充电 2.42h |
| | 纯电动续驶里程（工业和信息化部标准）/km | 101 |
| | 发动机最大功率 /kW | 155 |
| 基本参数 | 电机最大功率 /kW | 90 |
| | 发动机最大转矩 /N·m | 350 |
| | 电机最大转矩 /N·m | 440 |
| | 百公里加速时间 /s | 6.7 |
| | WLTC 综合油耗 /（L/100km） | 6.8 |
| | 百公里耗电量 /（kW·h/100km） | 18.7 |

④车型销量：奔驰 E 级 PHEV 车型在 2022 年 10 月—2023 年 4 月期间的销量情况如图 6-21 所示。

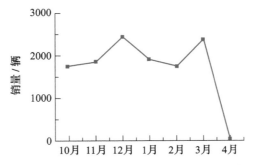

图 6-21　2022 年 10 月—2023 年 4 月奔驰 E 级 PHEV 车型的销量情况

2）奔驰 C 级 PHEV：

①动力传动系统：动力系统方面，奔驰 C 级 PHEV 搭载插电式混合动力系统，其所搭载的发动机为 2.0T 涡轮增压发动机。传动系统方面，奔驰 C 级 PHEV 采用的是并联式混合动力方案，从技术层面来说，该动力系统可实现油、电两套驱动系统平行使用，以应对不同工况条件和多样的使用场景。

②发动机和电机：奔驰 C 级 PHEV 的发动机采用了缸内直喷技术和缸内降温技术，使得其动力输出更加平稳，同时又能达到更高的燃油经济性。与传统汽油发动机不同的是，奔驰 C 级 PHEV 的发动机配备了一台电机，在纯电动模式下，电机可以独立驱动；在混合动力模式下，发动机和电机可以协同工作，提供更高的动力输出。

③动力电池：奔驰 C 级 PHEV 的动力电池系统采用了恒定功率输出技术，能在瞬间提供更强的电力输出。另外，动力电池系统还具有智能充电功能，可以通过自动监测动力电池状态来保证动力电池充电的安全与稳定性。

④产品参数：以奔驰 C 级 PHEV 2024 款 改款 C 350 eL 为例，其具体参数见表 6-19。

表 6-19　奔驰 C 级 PHEV 2024 款改款 C 350 eL 参数

| 参数类型 | 参数名称 | 参数 |
| --- | --- | --- |
| | 级别 | 中型车 |
| | 发动机参数 | 2.0T，204 马力 |
| | 充电时间 | 快速充电 0.35h，慢速充电 3h |
| | 纯电动续驶里程（WLTC）/km | 105 |
| | 发动机最大功率 /kW | 150 |
| 基本参数 | 电机最大功率 /kW | 95 |
| | 发动机最大转矩 /N·m | 320 |
| | 电机最大转矩 /N·m | 440 |
| | 百公里加速时间 /s | 6.9 |
| | WLTC 综合油耗 /（L/100km） | 1.27 |
| | 百公里耗电量 /（kW·h/100km） | 19.1 |

⑤车型销量：奔驰 C 级 PHEV 车型在 2022 年 10 月—2023 年 4 月期间的销量情况如图 6-22 所示。

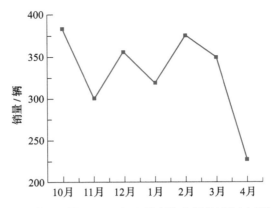

图 6-22　2022 年 10 月—2023 年 4 月奔驰 C 级 PHEV 车型的销量情况

3）奔驰 S 级 PHEV：

①动力传动系统：动力系统方面，奔驰 S 级 PHEV 采用的是 M256 发动机和高效永磁同步电机，M256 发动机为 3.0T 直列式六缸汽油发动机。在传动系统方面，奔驰 S 级 PHEV 的传动系统匹配的是 9 档自动变速器。电机方面，奔驰 S 级 PHEV 搭载的电机总功率为 110kW，电机总功率为 150 马力，电机总转矩为 440N·m，且驱动电机数为单电机。

②动力电池：奔驰 S 级 PHEV 采用的是三元锂电池，电池容量为25.4kW·h，在 WLTC 标准下纯电动续驶里程为 108km。充电方面，该车采用了双模式兼容的车载充电机，支持直流与交流两种方式快速充电，在直流快速充电模式下，电量从 10% 充至 80% 需要 20min。

③产品参数：以奔驰 S 级 PHEV 2023 款改款 S 450 eL 为例，其具体参数见表 6-20。

表 6-20　奔驰 S 级 PHEV 2023 款改款 S 450 eL 参数

| 参数类型 | 参数名称 | 参数 |
|---|---|---|
| | 级别 | 大型车 |
| | 发动机参数 | 3.0T，299 马力 |
| | 充电时间 | 快速充电 0.33h，慢速充电 3.25h |
| 基本参数 | 纯电动续驶里程（WLTC）/km | 108 |
| | 发动机最大功率 /kW | 220 |
| | 电机最大功率 /kW | 110 |
| | 发动机最大转矩 /N·m | 450 |

（续）

| 参数类型 | 参数名称 | 参数 |
|---|---|---|
| 基本参数 | 电机最大转矩 /N·m | 440 |
| | 百公里加速时间 /s | 6.4 |
| | WLTC 综合油耗 /（L/100km） | 1.44 |
| | 百公里耗电量 /（kW·h/100km） | 19.7 |

（3）关键经验

1）创新技术：

在动力系统方面，相较于第三代技术，奔驰的第四代插电式混合动力系统的主要差异在于整合电力电子单元、变速器等集成于驱动模块上。第四代插电式混合动力系统采用模块化设计的发动机，具备更好的混合动力兼容性，其动力系统取消了传统的起动机和传动带，空调压缩机同样采用纯电力驱动，从而实现混动化、模块化、集成化的全面升级，进一步提高了运转效率，降低了能耗损失。

在电池技术方面，奔驰 C 350eL 插电式混合动力运动轿车采用自主研发的动力电池，在集成度方面有了非常大的提高，而且动力电池使用平铺式布局，容量为 25.4kW·h，可以有效提升车辆的纯电动续驶里程。

在智能化方面，奔驰 E 级轿车的智能化配置全面提升，率先搭载了第三代 MBUX 智能人机交互系统。MBUX 是奔驰自有软件体系 MB.OS 操作系统的前身，奔驰基于软件驱动的全新电子架构、全新升级的中央处理器和5G 通信模块，打造了第三代 MBUX 智能人机交互系统。

2）市场策略：

在 PHEV 推广方面，奔驰汽车积极开发并拓展了多种多样的销售渠道，包括专卖店、网上商城等，以提供更方便的购车渠道。同时，奔驰汽车还与多家合作伙伴建立了战略合作关系，如北京百得利之星汽车销售有限公司、武汉中升聚星汽车销售服务有限公司等。这些合作企业通过共同的营销活动和推广手段，扩大了奔驰汽车产品的影响范围，提高了品牌的知名度和可见度。

3）优势及挑战：

首先，奔驰汽车注重产品的研发创新，包括推出更加环保的动力系统，研发智能驾驶技术，以及增加豪华内饰材料等；其次，奔驰汽车提供的高品质售后服务和保修政策，以及个性化的定制选项，满足了消费者的需求，增加了品牌的口碑和忠诚度；最后，奔驰汽车积极参与慈善活动和社会项目，提高了奔驰汽车在消费者心中的形象和信誉，为品牌带来了更多的支持和好评。

然而，奔驰目前在 PHEV 推广上也面临着很多挑战。例如，奔驰（中国）汽车销售有限公司根据《缺陷汽车产品召回管理条例》和《缺陷汽车产品召回管理条例实施办法》的要求，向国家市场监督管理总局备案了召回计划，自 2023 年 12 月 29 日起，召回生产日期在 2019 年 9 月 17 日—2023 年 9 月 28 日期间的部分进口 GLE SUV 混合动力电动汽车，共计 13433 辆。本次召回范围内的车辆因车辆稳定行驶系统（ESP）控制单元软件开发过程中的偏差，辅助制动功能延迟介入，当车辆在潮湿天气等特定环境中以纯电动模式行驶时，可能需要驾驶人施加更大的力进行制动，制动距离变长，存在安全隐患。因此，奔驰需要在汽车开发和制造方面加强质量管控，保证汽车行驶的安全性和可靠性，这样才能与用户建立更深厚的信任，从而推动奔驰汽车的良性发展。

## 二、PHEV 商用车典型案例

### （一）国内典型 PHEV 商用车企业及其产品

#### 1. 一汽解放

（1）发展历程

一汽解放 PHEV 商用车的发展历程如图 6-23 所示。

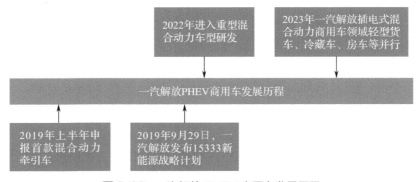

图 6-23　一汽解放 PHEV 商用车发展历程

（2）PHEV车型

1）解放 领途4.5T 4.16m 单排插电式混合动力厢式轻型货车：

2020年年末，解放轻型货车新品插电式混合动力系列领途在山东青岛上市，该车型搭载型号为CA4DB1-13E6、排量为2.2L的直列四缸柴油发动机，最大输出功率为95kW（约130马力），最大输出转矩为350N·m，用来满足日常城市配送运输需求。

①发动机："领途"单排插电式混合动力厢式轻型货车搭载了锡柴CA4DB1-13E6发动机，这款发动机的输出功率为130马力，最大转矩为350N·m，具有长换油、强动力、轻量化、便捷化、低油耗、高可靠六大特点。

CA4DB1发动机是解放动力研发的全新一代轻型车动力系统，其定位中高端市场，采用多项国际先进技术，主要适配轻型货车。

②动力电池：该车搭载的是盟固利的锰酸锂电池，其容量为14kW·h。

③产品参数：解放领途单排插电式混合动力厢式轻型货车参数见表6-21。

表6-21 解放领途单排插电式混合动力厢式轻型货车参数

| 基本信息 | | | |
|---|---|---|---|
| 车身长度 | 5995mm | 车身宽度 | 2220mm |
| 车身高度 | 3120mm | 额定载质量 | 850kg |
| 总质量 | 4495kg | 轴距 | 3300mm |
| 整车质量 | 3450kg | 最高车速 | 105km/h |
| 电机 | | | |
| 电机型号 | CAM310PT1 | 电机类型 | 永磁同步电机 |
| 额定功率 | 34kW | 峰值功率 | 72kW |
| 动力电池 | | | |
| 动力电池容量 | 14kW·h | 动力电池类型 | 锰酸锂电池 |
| 驾驶室参数 | | | |
| 准驾人数 | 3人 | 座位排数 | 单排 |
| 轮胎 | | | |
| 轮胎个数 | | 6个 | |
| 发动机 | | | |
| 发动机型号 | CA4DB1-13E6 | 气缸形式 | 直列四缸 |

（续）

| 发动机 | | | |
|---|---|---|---|
| 动力型式 | 混合动力 | 排量 | 2.2L |
| 排放标准 | 国六 | 最大输出功率 | 95kW（约130马力） |
| 额定转速 | 3200r/min | 最大转矩 | 350N·m |

2）解放虎 6G 4.5T 4.16m 单排插电式混合动力仓栅式轻型货车：

插电式混合动力版虎 6G 采用的 PS（功率分流）控制技术，可以规避发动机和电机的高耗能区间，可以让车辆始终保持在高效的运行区间内。解放轻型货车虎 6G 产品搭载的是解放动力 2.2L 发动机，最大功率达到了 140 马力，可满足城市配送工况的动力需求。

①动力传动系统结构：该车型可以始终保持在高效的运行区间内。在低速起步状态下，如果采用传统发动机，起步阶段往往处于高油耗状态，而混合动力车型可以由电机驱动让车辆起步，减少燃油消耗。在中高速巡航状态下，发动机可以在经济转速区间运行，整体转速波动比较小，相对而言更为省油。在此阶段，整车动力由发动机提供，驱动电机处于关闭状态，在发动机动力存在富余的情况下，可通过发电机为整车电池组蓄能。而在加速超车或者重载爬坡动力需求较大时，电机和发动机可以一起工作，提升效率。

②发动机：混合动力版虎 6G 搭载的是锡柴国六发动机，采用直列四缸设计。这款发动机也是解放动力在中小马力段轻型货车市场中的明星机型，采用模块化设计，集成度更高，可以进一步降低故障率。

③动力电池：动力电池则来源于盟固利，电池容量为 13.616kW·h，具有 5 年超长免维护设计。

④产品参数：解放虎 6G 单排插电式混合动力仓栅式轻型货车参数见表 6-22。

表 6-22　解放虎 6G 单排插电式混合动力仓栅式轻型货车参数

| 基本信息 | | | |
|---|---|---|---|
| 车身长度 | 5995mm | 车身宽度 | 2120mm |
| 车身高度 | 3120mm | 整车质量 | 3550kg |
| 最高车速 | 95km/h | 额定载质量 | 750kg |
| 总质量 | 4495kg | 轴距 | 3300mm |

（续）

| 电机 | | | |
|---|---|---|---|
| 电机型号 | TZ180×S016A | 电机类型 | 永磁同步电机 |
| 额定功率 | 40kW | 峰值功率 | 60kW |
| 动力电池 | | | |
| 动力电池类型 | 锰酸铁锂电池 | 动力电池容量 | 13.616kW·h |
| 驾驶室参数 | | | |
| 准驾人数 | 3人 | 座位排数 | 单排 |
| 轮胎 | | | |
| 轮胎数 | | 6个 | |
| 发动机 | | | |
| 发动机型号 | CA4DB1-14E68 | 气缸形式 | 直列四缸 |
| 动力型式 | 混合动力 | 排量 | 2.2L |
| 排放标准 | 国六 | 最大输出功率 | 100kW（约140马力） |

（3）关键经验

1）创新技术：

在电池技术方面，首先，一汽解放采用了高能量密度的锂离子电池，使得车辆可以获得更长的续驶里程；其次，一汽解放采用了先进的电池管理系统，可以有效地监控动力电池的状态和电量，确保动力电池安全和稳定地运行；最后，一汽解放在电池充电技术方面也进行了创新，采用了快速充电技术，使得车辆可以在短时间内充满电。

在动力系统方面，首先，一汽解放采用了高效的电机和发动机，使得车辆在混合动力模式下可以获得更好的动力性能；其次，一汽解放采用了先进的动力系统控制策略，可以有效地优化动力分配和能量利用，提高车辆的经济性和排放性能；最后，一汽解放在发动机和电机之间的匹配方面也进行了创新，使得车辆可以更好地适应不同的行驶状态。

在智能化功能方面，一汽解放与华为合作，采用先进的智能驾驶辅助系统，可以有效地提高驾驶的舒适性和安全性。

2）市场策略：

一汽解放在插电式混合动力商用车领域一直处于先行者地位，在技术和市场方面取得了一定的成功经验；此外，通过不断提高产品质量和售后服务水平，赢得了消费者的信任和认可。但其也面临着挑战，目前，新能源商用车市场上尚未出现具有绝对领先优势的企业，一汽解放的新能源商用车业务发展也面临诸多挑战，包括如何降低新能源商用车产品的购置成本和使用成本、如何完善新能源商用车产品产业链布局等，一汽解放能否解决这些问题将决定其未来能否在新能源商用车市场的竞争中取得优势。

### 2. 东风

（1）发展历程

东风 PHEV 商用车发展历程如图 6-24 所示。

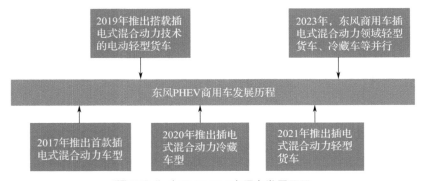

图 6-24　东风 PHEV 商用车发展历程

（2）PHEV 车型

1）东风福瑞卡插电式混合动力新能源冷藏车：

东风福瑞卡插电式混合动力冷藏车是一款插电式混合动力的 4.2m 冷藏车，是新能源绿牌车辆，享受路权，全天进市区不限行。整车搭载德威云内 150 马力国六高压共轨柴油发动机，采用最成熟先进的一体化并联式 AMT 混合动力系统，更具动力经济性。

①动力传动系统结构：该车型采用最先进的一体化并联式 AMT 混合动力系统，急加速行驶时发动机和电机混合驱动，动力性能更佳，滑行、制动时具备能量回收功能。行驶方面，正常行驶时采用发动机驱动，低速行驶时采用纯电力驱动模式。该车型采用油、电两套系统驱动，续驶里程 750km。

②发动机：发动机选用型号为 NV30-C6G 的朝柴发动机，最大功率 163 马力，NV30-C6G 发动机具备较低的排放和噪声水平。作为一款新能源车辆发动机，它采用了清洁燃烧技术和先进的噪声控制技术，有效降低了尾气

排放和噪声水平。这不仅符合环保要求，还提升了车辆的可持续性和环境友好性。

③产品参数：东风福瑞卡插电式混合动力新能源冷藏车参数见表 6-23。

表 6-23　东风福瑞卡插电式混合动力新能源冷藏车参数

| 基本信息 | | | |
|---|---|---|---|
| 车身长度 | 5995mm | 车身宽度 | 2210mm |
| 车身高度 | 3150mm | 轴距 | 3390mm |
| 整备质量 | 3900kg | 总质量 | 4495kg |
| 额定载质量 | 400kg | 最高车速 | 89km/h |
| 电机 | | | |
| 驱动电机数 | 单电机 | 电机类型 | 永磁同步电机 |
| 动力电池 | | | |
| 动力电池类型 | 磷酸铁锂电池 | 动力电池容量 | — |
| 轮胎 | | | |
| 轮胎数 | | 6 个 | |
| 发动机 | | | |
| 发动机型号 | NV30-C6G | 最大输出功率 | 163 马力 |
| 排放标准 | 国六 | 轴数 | 2 |
| 动力型式 | 混合动力 | 排量 | 2.968 L |

2）东风福瑞卡 F6 4.5T 4.17m 单排插电式混合动力厢式轻型货车：

①发动机：发动机选用型号为 D25TCIF1 的云内德威发动机。D25TCIF1 的云内德威发动机并没有通过扩大缸径和行程的方法来提升发动机性能，而是融入单缸四气门、双顶置凸轮轴、液力挺柱滚轮摇臂配气系统、正时齿轮 + 带传动系统等全新技术，实现性能的全面超越。油耗方面，发动机采用电控高压共轨燃油喷射技术，喷油压力大，压力均衡，燃烧更充分。

②动力电池：动力电池采用陕西煤业的磷酸铁锂电池，该动力电池的容量为 17.2kW·h，且车辆具备自充电功能，使用户无充电焦虑，可随时满足货主的运输要求。

③电机：配有峰值功率达 55kW、转矩达 260N·m 的驱动电机，发动机和电机实现了优势互补，双动力驱动可实现超大转矩输出，在混合动力模式下最高可输出 660N·m 的综合转矩；匹配长泰 7 档手动自动一体变速器，

变速平顺、经济实用。

④动力传动系统结构：该车型采用插电式混合动力技术，由云内德威150马力发动机和55kW电机共同驱动，峰值转矩可达660N·m，动力更强，爬坡更轻松；该车配备能量回收和自充电功能，不用担心运输距离长和充电耗时问题，运输范围和效率得到极大的提升。其综合续驶里程超过600km，可以在各限行区域通行无阻。

⑤产品参数：东风福瑞卡F6单排插电式混合动力厢式轻型货车参数见表6-24所示。

表6-24 东风福瑞卡F6单排插电式混合动力厢式轻型货车参数

| 基本信息 | | | |
|---|---|---|---|
| 车身长度 | 5995mm | 车身宽度 | 2220mm |
| 车身高度 | 3480mm | 整车质量 | 3870kg |
| 额定载质量 | 430kg | 总质量 | 4495kg |
| 最高车速 | 89km/h | 轴距 | 3390mm |
| 电机 | | | |
| 峰值功率 | 55kW | 电机类型 | 永磁同步电机 |
| 动力电池 | | | |
| 动力电池类型 | 磷酸铁锂电池 | 动力电池容量 | 17.2kW·h |
| 驾驶室参数 | | | |
| 准驾人数 | 3人 | 座位排数 | 单排 |
| 轮胎 | | | |
| 轮胎个数 | 6个 | | |
| 发动机 | | | |
| 发动机型号 | D25TCIF1 | 气缸排列形式 | 直列 |
| 排放标准 | 国六 | 排量 | 2.499L |
| 最大输出功率 | 110kW（约150马力） | 动力型式 | 混合动力 |

（3）关键经验

1）创新技术：

现阶段，围绕电动化技术路线，东风汽车公司技术中心主要从新能源动力系统集成、电控、电驱动、动力电池和整车轻量化五个技术领域开展工作。根据公司"4+N"战略布局以及"583"战略规划，结合商品定义和构型设计，在新能源动力总成方面，已经形成3个动力模块平台雏形，包括BEV、PHEV、FCEV；在关键总成部件方面，对于动力电池系统、驱动电机系统和多能源控制器系统在不同程度上实现自主设计，并在工业化方面也在积极探索合作模式；在核心技术方面，针对公司级、中心级等技术课题开展专项攻关，并在产品中落地应用。

2）市场策略：

在合作伙伴关系方面，东风汽车积极与能源公司、充电设施提供商和其他相关企业合作。例如，东风汽车与国家电网等能源公司合作，共同建设充电设施并提供充电服务。此外，东风汽车还与其他物流企业、交通运输公司等合作，提供定制化的插电式混合动力商用车解决方案，以满足不同客户的需求。在销售网络方面，东风汽车建立了完善的销售和服务网络来推广其插电式混合动力商用车。除了在东风汽车官网和线下门店销售插电式混合动力商用车，还为客户提供专业的售后服务和维修保养服务。

尽管东风商用车发展态势良好，销售渠道及技术优势明显，但其也面临着严峻的挑战。当前市场开启存量竞争，轻量化、智能化不再是乘用车的专利。随着商用车市场进入存量竞争阶段，东风商用车正加速向着轻量化、电动化、智能化、网联化、共享化转型，唯有如此方能在新赛道中抢占先机。

3. 福田戴姆勒

（1）发展历程

福田戴姆勒PHEV商用车的发展历程如图6-25所示。

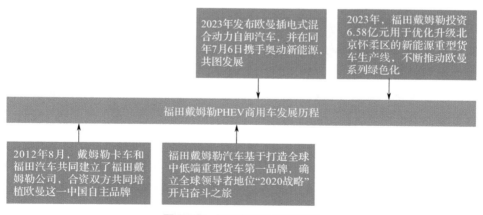

图6-25　福田戴姆勒发展历程

（2）PHEV 车型

欧曼插电式混合动力自卸车 BJ3319PHEVGRM-01 是一款在 2023 年由戴姆勒发布的、采用后卸自卸方式的商用车辆，如图 6-26 所示。该车具有外接充电功能，可为用户提供更加环保和节能的出行选择。该车型可根据需求选装不同形式的货箱结构，满足不同行业的运输需求。

a）欧曼插电式混合动力自卸车右部　　b）欧曼插电式混合动力自卸车后部

图 6-26　欧曼插电式混合动力自卸车 BJ3319PHEVGRM-01

在安全方面，该款车型配备了侧防护装置，采用 Q235 材料制造，后防护装置采用 700L 材料，其断面尺寸为 120mm×80mm，后防护离地高度为455mm。侧防护装置通过螺栓连接，而后防护装置则采用焊接连接方式，确保了车辆在行驶中的安全性。

该款车型配备了安装限速装置，限速 89km/h，以确保行驶时的安全性。电子制动系统（EBS）采用 CM-EBS 型号，由广州瑞立科密汽车电子股份有限公司生产。此外，该车型还装有具备卫星定位功能的行驶记录仪，并可选装车载电子不停车收费系统（ETC），提升了车辆的整体智能化和便捷性。通过整合先进的动力系统和智能化装备，福田戴姆勒插电式混合动力车型可以为用户提供更为高效、环保和安全的商用车辆解决方案。

①发动机：欧曼插电式混合动力自卸车发动机采用北京福田康明斯发动机有限公司生产的 A12NS6B440 型号发动机，排量为 11.82L，功率为 324kW。

②电机：福田戴姆勒插电式混合动力自卸车采用高效永磁同步电机，轻量化、低噪声的电驱动系统提高了整车舒适性。电机额定功率为 105kW，峰值功率为 200kW，具有较大的起动转矩和较大范围的调速性能，可以满足低速纯电动模式行驶。为了满足纯电动模式行驶需求，引入电动转向助力系统，可以满足纯电动模式下发动机停机时的转向需求，进一步降低整车能耗。

③动力电池：动力电池采用锰酸锂功率型动力电池方案，相比传统能量型锂电池，能量密度大，高达 93.7W·h/kg；放电倍率可达 8C，是普通锂电池的 8 倍。因此，在同样质量的情况下，其存储电量和放电倍率性能远超铅酸蓄电池。为了满足动力电池冷却需求，引入空调系统和液冷循环双重方案，降本增效的同时满足持续大功率输出或者能量回收过程中的动力电池热管理需求。

④产品参数：欧曼插电式混合动力自卸车 BJ3319PHEVGRM–01 的具体参数见表 6–25。

表 6–25 欧曼插电式混合动力自卸车 BJ3319PHEVGRM–01 参数

| 基本信息 | | | |
| --- | --- | --- | --- |
| 车身长度 | 9440mm | 车身宽度 | 2550mm |
| 车身高度 | 3650mm | 整备质量 | 16650kg |
| 最高车速 | 89km/h | 额定载质量 | 14220kg |
| 总质量 | 31000kg | 轴距 | 2000+3000+1400mm |
| 电机 | | | |
| 额定功率 | 105kW | 电机类型 | 永磁同步电机 |
| 峰值功率 | 200kW | 驱动电机数 | 单电机 |
| 动力电池 | | | |
| 动力电池类型 | 锰酸铁锂电池 | 动力电池容量 | — |
| 驾驶室 | | | |
| 准驾人数 | 2 人 | 座位排数 | 单排 |
| 轮胎 | | | |
| 轮胎数 | | 12 个 | |
| 发动机 | | | |
| 发动机型号 | A12NS6B440 | 气缸形式 | — |
| 动力型式 | 混合动力 | 排量 | 11.82 L |
| 排放标准 | 国六 | 最大输出功率 | 324kW |

（3）关键经验

1）创新技术：

插电式混合动力自卸车在传统自卸车型的基础上，通过场景工况数据采集与分析、典型混合动力汽车技术路线的分析与匹配，历时两年完成设计开发与测试工作。在传统自卸车的基础上用混合动力系统替代传统燃油动力系统。整车主要由驾驶室、底盘系统、整车控制系统、动力电池及管理系统、发动机、混合动力驱动电机及控制系统和电器设备等构成。

综合考虑整车使用工况和典型运营环境，制定整车技术路线如下：联合开发整车控制器，采用安全、可靠的锰酸锂功率型动力电池作为储能单元，选用康明斯 X11 发动机搭载高效机电耦合变速器的混合动力电驱动系统，搭配 12 档 AMT 自动变速器，采用经传动轴和驱动桥将动力分配至后轮的 8×4 驱动形式；整车总布置采用驱动系统前置后驱，动力电池组后背的技术路线，从而实现整车动力性相比传统发动机模式更强，经济性实现至少 20% 节油率的设计目标。

2）市场战略：

面对市场需求和用户订单的快速增长，福田戴姆勒汽车产能一直处于非常紧张的状态，为了尽快满足用户订单需求，福田戴姆勒汽车智能化生产车间优化生产流程，加班加点、保质保量地完成生产任务。而针对物流运输涉及范围广，对车辆的需求又各有不同的特点，福田戴姆勒深耕细分市场，推出了商用车场景解决方案，覆盖快递、快运、普通货物、煤炭、危险品、渣土等十大细分运输行业，以及长途、中长途配货，轻量化公路运输等 16 大运输工况，划分了 253 个场景，并且还会细分更多的场景，来满足不同市场用户的需求，保证车辆更可靠、高效。

4. 福田

（1）发展历程

北京福田汽车 PHEV 商用车的发展历程如图 6-27 所示。

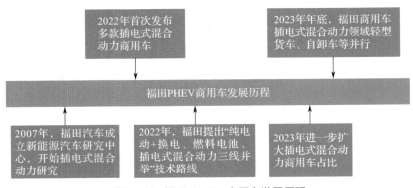

图 6-27　福田 PHEV 商用车发展历程

（2）PHEV 车型

1）欧马可智蓝 HS1·750 轻型货车：

欧马可智蓝 HS1·750 轻型货车可以为客户提供更强劲、更节油、更可靠、更鲁棒、更舒适的新一代驾驶感受。

①动力系统：欧马可智蓝 HS1·750 轻型货车基于 6 档 P2 混合动力系统开发，搭载 116kW、420N·m 的 2.5L 混合动力专用发动机。

②电机：永磁同步电机峰值功率可达 72kW，匹配 6 档 AMT 变速器。

③发动机：欧马可智蓝 HS1 采用 PS 技术路线，搭载欧康 F 2.0 发动机、明恒电机，匹配明恒 CVT 双电机混合动力变速器，峰值转矩可以达到325N·m，最高车速同样可以达到 110km/h。

④产品参数：欧马可智蓝 HS1·750 轻型货车参数见表 6-26。

表 6-26　欧马可智蓝 HS1·750 轻型货车参数

| 基本信息 | | | |
|---|---|---|---|
| 车身长度 | 5995mm | 车身宽度 | 2200mm |
| 车身高度 | 3180mm | 额定载质量 | 1100kg |
| 整备质量 | 3230kg | 总质量 | 4495kg |
| 电机 | | | |
| 额定功率 | 30kW | 电机类型 | 永磁同步电机 |
| 驱动电机数 | 单电机 | 峰值功率 | 72kW |
| 动力电池 | | | |
| 动力电池类型 | 锰酸锂电池 | 动力电池容量 | 14kW·h |
| 驾驶室 | | | |
| 准驾人数 | 3 人 | 座位排数 | 单排 |
| 轮胎 | | | |
| 轮胎数 | | 6 个 | |
| 发动机 | | | |
| 发动机型号 | 福田 4F25TC | 动力型式 | 混合动力 |
| 排放标准 | 国六 | 气缸数 | 4 |
| 最大输出功率 | 116kW（约 158 马力） | 排量 | 2.499L |

2）欧马可智蓝 HS1·600：

欧马可智蓝 HS1·600 轻型货车油电混合续驶里程为 850km，E-CVT

（无极变速器）使驾驶更轻松，车辆提速更加顺畅，无换档冲击。

①动力系统：欧马可智蓝 HS1 插电式混合动力轻型货车采用 P2 混联式混合动力技术路线，装配欧康 F 2.5 发动机，动力充沛，同时搭配绿控苏州新一代永磁同步电机和绿控的混合动力控制器，并匹配了一款 6 档 AMT 手动自动一体变速器，整个动力系统的功率和转矩都很大。

②发动机：发动机采用德威 D20 发动机，该发动机采用直列四缸设计，通过涡轮增压的加入压缩更多的空气进入气缸来增加燃料量，进而提高燃烧做功能力，达到提升动力的目的，最大功率为 126 马力，在最大转矩转速区间内可发挥出最高 350N·m 的最大动力输出，动力强劲。

③产品参数：欧马可智蓝 HS1·600 轻型货车参数见表 6-27。

表 6-27　欧马可智蓝 HS1·600 轻型货车参数

| 基本信息 | | | |
| --- | --- | --- | --- |
| 车身长度 | 5995mm | 车身宽度 | 1880mm |
| 车身高度 | 3180mm | 额定载质量 | 1360kg |
| 整备质量 | 2940kg | 总质量 | 4495kg |
| 电机 | | | |
| 额定电压 | 350.4 V | 电机类型 | 永磁同步电机 |
| 驱动电机数 | 单电机 | 峰值功率 | 72kW |
| 动力电池 | | | |
| 动力电池类型 | 锰酸锂电池 | 动力电池容量 | 14kW·h |
| 驾驶室 | | | |
| 准驾人数 | 3 人 | 座位排数 | 单排 |
| 发动机 | | | |
| 发动机型号 | D20 | 最大功率 | 93kW（约 126 马力） |
| 排放标准 | 国六 | 气缸数 | 4 |
| 最大转矩 | 350N·m | 排量 | 1.999L |

（3）关键经验

1）创新技术：

福田构建了以新能源汽车技术、智能网联技术、节能技术和轻量化技术四个领域为核心的技术创新体系。在新能源领域，起步研发早，示范运行早，多技术路线，多产品线覆盖，实现销量引领。在节油技术和轻量化领域，通过福田 PDIC 动力传动一体化智能协同开发，打造了领先的"A 超级动力链"，且福田复合材料货箱荣获中国轻量化设计一等奖，同时，福田是国内首家量产全铝车架轻型货车产品的企业。在智能网联领域，福田提前布局自动驾驶，获得国内第一个商用车自动驾驶路测牌照，实现国内第一批重型货车队列驾驶公开测试，与华为达成战略合作布局 5G 时代智能网联商用车，共同开启 5G 时代商用车全智能化体系建设。在测试验证领域，福田投资 20 亿元建设达到国内商用车先进水平的研发测试体系，完全满足产品和未来新技术的测试需求。

在动力电池方面，福田打造 24V 多功能锂电池，其额定电压为 25.6V，电量为 5.88kW·h，具备低温下自行加热功能，有效提升车辆在冬季环境中的运营效益，可解决驻车用电所需，可满足 6h 以上空调供电。

北汽福田的插电式混合动力技术采用了先进的电池管理系统，可实现纯电动起步、中高速工况并联或发动机直驱模式运行，以及低速工况串联增程模式运行，相较同级传统燃油车节油率超 60%。

2）市场战略：

2023 年，欧马可系列在巩固传统燃油汽车市场优势的同时，布局新能源赛道，实现燃油汽车+新能源"双赛道"双线进程。2023 年开年不到 1 个月，欧马可即揽获了 775 辆欧马可智蓝新能源产品订单。

尽管福田汽车在技术层面已经取得了不小的成就，但基于福田汽车营销副总裁、新闻发言人刘旭光所言"福田这次无论是重型货车、中型货车、轻型货车、专用车，甚至 VAN、皮卡，想要全系混动"，混合动力并非一个新兴技术，此前就有不少商用车企业探索这条路线，只是由于故障率、可靠性、售后维修等诸多问题，并没有占据太多市场，因此福田在"全系混动"方面面临一定考验。混合动力是有很大的市场潜力和市场空间的，福田能否把握住混合动力这个机会，在刘旭光看来，核心就在于是否能够给客户真正提供一个好的产品、一套好的服务和好的解决方案。

5. 江淮

（1）发展历程

江淮 PHEV 商用车发展历程如图 6-28 所示。早在 2002 年，江汽集团就以开拓者的身份，不断强化与同样率先踏足新能源汽车领域的合肥工业大学以及本地的一些核心零部件企业的研发合作，持续攻克新能源汽车核心技术。在轻型商用车领域，江淮汽车在 2022 年发布了"江淮 1 卡"品牌。2023 年，江淮插电式混合动力系列蓬勃发展。在江淮汽车的混合动力轻型货车格局中，"江淮 1 卡"系列以引领之势，"油混电万卡奔腾"。"混动 1 号"技术平台领跑，P1+P3、P2、PS、增程串联四大技术路线齐头并进。

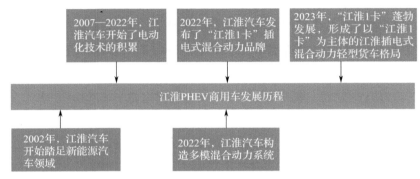

图 6-28　江淮 PHEV 商用车发展历程

（2）PHEV 车型

1）江淮骏铃聚宝盆 4.5 T 4.15m 单排插电式混合动力厢式轻型货车：

江淮骏铃聚宝盆采用德润 D2X2 动力和 PS 插电式强混合动力系统，通过混动控制器（HCU）、电机控制器（PEU），EM1、EM2 双扁平电机，E-CVT 无级自动变速器，以及 15.5℃电池包智能控制，实现油电驱动的平顺切换，比同级燃油汽车加速性能提升 35%，省油 30%，满油满电续驶里程超 1000km。

①发动机：发动机为云内德润 D2X2/ 德润 25，德润 25（D20TCIF+DH45）混合动力总成采用行星排系统连接发动机与 MG1 电机，实现动力分流，通过 MG1 电机的调节，保证了发动机工作在高效区间；主驱动电机采用平行轴式固定速比传动，结构简单；采用双机械泵，分别连接输出轴及发动机输入轴，实现在全工况下润滑；双电机、功率分流机构、固定减速机构、驻车机构等高度集成到变速器内，结构简单、可靠性高，更利于整车布置。值得一提的是，德润 25 混合动力总成可以在混合动力箱通用的条件下通过改变电池电量，实现 HEV 与 PHEV 两种混合动力系统。

②动力电池：动力电池为国轩高科的三元锂电池，具有高能量密度、长寿命、可快速充电、高安全性和环保可持续等优点。三元锂电池在电动汽车、储能系统等领域具有广阔的应用前景，并可为用户提供可靠的动力源。

③动力传动系统结构：该车型搭载德润2×2插电式双电机功率分流强混合动力系统，有两套动力系统，一套是发动机，另一套是两个电机，可根据不同的驾驶场景和路况，智能地控制发动机和电机的动力输出配比，达到最优的油电组合。搭配 E-CVT 无级自动变速器，可实现平顺地换档和高效节能。起步时，车辆使用电机驱动，避开发动机低效率的工作区间；需要强动力时，发动机和电机"双管齐下"，提高加速性能和载货能力。这种动力系统的调度模式，实现了起步零油耗，发动机转速与轮速解耦，让骏铃聚宝盆比普通车型省油30%，动力性能提升35%，续驶里程达到超1000km的水平。

④产品参数：江淮骏铃聚宝盆单排插电式混合动力厢式轻型货车参数见表 6-28。

表6-28 江淮骏铃聚宝盆单排插电式混合动力厢式轻型货车参数

| 基本信息 | | | |
|---|---|---|---|
| 车身长度 | 5995mm | 车身宽度 | 2210mm |
| 车身高度 | 3140mm | 额定载质量 | 745kg |
| 整备质量 | 3555kg | 总质量 | 4495kg |
| 电机 | | | |
| 电机布局 | 双电机 | 电机类型 | 永磁同步电机 |
| 额定功率 | 44kW | 最大转矩 | 120 N·m |
| 驱动电机数 | 单电机 | 峰值功率 | 70kW |
| 动力电池 | | | |
| 动力电池类型 | 三元锂离子电池 | 动力电池容量 | 17.52kW·h |
| 驾驶室 | | | |
| 准驾人数 | 3 人 | 座位排数 | 单排 |
| 轮胎 | | | |
| 轮胎个数 | | 6 个 | |
| 发动机 | | | |
| 发动机型号 | D20TCIF11 | 最大功率 | 93kW（约 126 马力） |
| 排放标准 | 国六 | 气缸数 | 4 |
| 动力型式 | 混合动力 | 排量 | 1.999L |

2）江淮帅铃 HS6 4.5T 4.15m 单排插电式混合动力厢式轻型货车：

帅铃 HS6 性能亮点突出，最高速度超过 100km/h，最大爬坡度超过 30%，这意味着这款车在各种路况下都能表现出色。综合工况下，油耗也仅为 9.375L/100km，节油率高达 20%。

①发动机：帅铃 HS6 搭载江淮锐捷特发动机，最大功率可达 100kW，排量为 2.183L，最大转矩在低转速范围内可达 360N·m，整车动力响应更快，动力更强，这意味着该款货车可以轻松地应对各种路况和负载。无论是爬坡、高速巡航还是运输重货，都能保持卓越的动力输出。

②动力传动系统结构：帅铃 HS6 还配备了混合动力系统，其中包括永磁同步电机，额定及峰值功率分别为 50kW、92kW，额定及峰值转矩分别为 150N·m、320N·m，搭配混合动力专用变速器，动力总成最大输入转矩可以达到 1680N·m。该混合动力系统不仅提供了卓越的燃油效率，还降低了排放，使得车辆更环保。

③动力电池：帅铃 HS6 搭载了一块 17.28kW·h 的磷酸铁锂电池，纯电动行驶里程可超 50km，结合城市配送运输使用场景来看，可在休息时间快速充电补能，有效降低运输成本。帅铃 HS6 配备的液冷电池系统在夏季高温环境下散热效果更好，外接电源快速充电时也可以保持较高的充电功率，实现快速补能、快速运输。当运输繁忙没有时间充电时，帅铃 HS6 也可以当成传统燃油汽车来使用，减速时也可以通过动能回收为电池反向充电，比传统燃油汽车效率更高。

④产品参数：江淮帅铃 HS6 单排插电式混合动力厢式轻型货车参数见表 6-29。

表 6-29　江淮帅铃 HS6 单排插电式混合动力厢式轻型货车参数

| 基本信息 | | | |
|---|---|---|---|
| 车身长度 | 5995mm | 车身宽度 | 2200mm |
| 车身高度 | 3240mm | 额定载质量 | 1050kg |
| 整备质量 | 3250kg | 总质量 | 4495kg |
| 电机 | | | |
| 驱动电机数 | 单电机 | 电机类型 | 永磁同步电机 |
| 额定功率 | 65kW | 电机功率峰值 | 125kW |
| 动力电池 | | | |
| 动力电池类型 | 磷酸铁锂电池 | 动力电池电量 | 15.5kW·h |

（续）

| 驾驶室参数 | | | |
| --- | --- | --- | --- |
| 准驾人数 | 3 人 | 座位排数 | 单排 |
| 轮胎 | | | |
| 轮胎数 | 6 个 | | |
| 发动机 | | | |
| 发动机型号 | D20TCIF11 | 气缸数 | 4 |
| 排放标准 | 国六 | 排量 | 2 L |
| 最大输出功率 | 93kW（约 127 马力） | 动力型式 | 混合动力 |

（3）关键经验

1）创新技术：

智能化方面，江淮汽车运用最新智能化驾驶技术，打造 L2+ 级智能轻型货车，率先实现线控制动、线控转向、自动变速以及电控悬架等线控底盘核心部件量产，同步应用底盘防盗、侧向角雷达、远程车控、智能座舱等最新智能化技术，让驾乘更舒适、更便捷、更安全。网联化方面，"江淮 1 卡"以用户思维重构底层逻辑，以"选车、购车、用车、管车、养车"等全线上旅程和"生意圈、生活圈、生态圈"全价值链为核心，打造江淮"卡友"数字生态平台。

在品质管控方面，基于与大众的合资合作，江汽集团新能源产品工艺过程严格执行德国汽车工业积累百年的 VDA（德国汽车工业协会）质量管理体系，将产品质量和生产制作水平提高到全新水平。每一款产品上市之前都经过与大众专家共同开展的碰撞安全、高压安全、使用安全等验证试验，以及高强度耐久、高温、高寒、山路、涉水等 9 大极限用户工况 20 类 300 项试验，全方位保障产品可靠性。

2）市场策略：

江淮汽车能够取得如此耀眼的成绩与采取正确的大方向密不可分，随着工业 4.0 浪潮的到来，汽车市场年轻化趋势加速演进，以江淮汽车为代表的自主品牌的营销行动也由传统、单一向多元化、数字化转变，用户思维逐渐成为业内共识；然而，在全新的新能源汽车领域"出海"，用户型营销变革绝非易事。告别燃油汽车时代粗放式运营模式，在新的市场格局下，以用户为中心不再是简单的泡沫式口号，如何做到聚焦用户需求，深耕用户价值，提升体系运维能力将成为塑造品牌新势能的关键。

### （二）国外典型 PHEV 商用车企业及其产品

#### 1. 福特

（1）发展历程

福特在插电式混合动力领域的发展可以追溯到 2011 年。这一年，福特推出了第一款插电式混合动力车型——福特福克斯电动汽车。这款车是福特汽车公司首次进入纯电动汽车市场的尝试。随后，在 2012 年，福特推出了第一款插电式混合动力多用途车型——福特 C-MAX Energi。福特的插电式混合动力之路不仅在乘用车领域有所突破，还在商用车领域取得了一定的成就。2021 年 5 月 26 日，福特发布全新业务战略 "Ford+"，将电动汽车（EV）、网联技术、商用车业务作为发展支柱。2022 年，福特 Transit Connect 插电式混合动力车型是福特首款面向商业市场推出的插电式混合动力车型。这款车型能够满足商用车用户对于低油耗和环保性能的需求。

（2）PHEV 车型

福特在德国汉诺威车展（IAA TRANSPORTATION）上推出了新一代福特 Tourneo Custom PHEV（全顺 PHEV）插电式混合动力车型。在此次展会上推出的是第 6 代车型，国内在售的是第 5 代车型，其中 PHEV 版搭载 1.0T 发动机与电机组成的插电式混合动力系统，纯电动续驶里程为 48km。

该车拥有三种 EV 模式供驾驶者选择，分别为 EV Auto、EV Now 和 EV Later。EV Auto 是默认模式，由车载计算机判断何时采用电机驱动、何时采用发动机驱动；EV Now 是纯电动模式；EV Later 则是指维持当前的电池电量。

动力方面，福特全新的全顺 PHEV 拥有先进的混合动力系统，纯电动行驶里程接近 50km，车上搭载了一台福特当家的 1.0L EcoBoost 汽油发动机作为增程器，当电量低于一定程度时，发动机就会起动为电池充电，加上发动机的增程后，整车的续驶里程可以达到 500km。

#### 2. 斯堪尼亚

（1）发展历程

斯堪尼亚公司于 2015 年宣布进军插电式混合动力领域，并开始研发和测试相关技术。2020 年 9 月，斯堪尼亚推出了其首款插电式混合动力商用车型，该车型名为斯堪尼亚插电式混合动力货车 P360 Hybrid，搭载一台 9L 柴油发动机，输出功率为 280~360 马力；另外，还在发动机和变速器之间配备了一台 115kW 的电机，供 L 系列和 P 系列两款驾驶室选择。在内燃机模式下，该混合动力货车可以满足长途运输需求，在需要时可以切换成电动模式，电动模式续驶里程为 60km。

（2）PHEV 车型

斯堪尼亚 L320 城市作业车主要应用在城市内的工程作业领域，该车采用的是一套插电式混合动力方案，搭载了排量为 9L、最大功率为 320 马力的发动机 + 电机，匹配了 18.5kW·h 的动力电池，从动力电池容量上看，电动系统更多是用来辅助驱动的，虽然续驶里程并不多，但在特殊区域进行短距离纯电动行驶的需求还是可以满足的。

斯堪尼亚 L320 城市作业车的发动机最大转矩为 1600N·m，配 GRS895 变速器，传统动力总成部分跟普通车型没有多大区别。然而特别的是，该发动机不仅可以使用柴油，还可以使用其他清洁型的替代燃料，比如甲醇、生物柴油、生物液化天然气（LNG）等，因此，其污染物及温室气体排放更低。

### 3. 达夫

（1）发展历程

达夫公司于 2018 年宣布进军插电式混合动力领域，并开始研发和测试相关技术。达夫于 2018 年的汉诺威车展上首次提出达夫的 CF 混合动力牵引车计划，并计划于 2019 年开始对 LF 电动货车和 CF 混合动力货车进行类似的现场运行测试。当市场条件足够成熟的时候，达夫将准备推出这些最先进的货车，2020 年，达夫推出了 CF 混合动力牵引车，支持外部充电以及发动机充电，专为在城市地区实现零排放的电力驱动而开发，同时，由于采用了最新的超洁净柴油技术，可提供更长的运行范围以跨区域运输。

（2）PHEV 车型

达夫的 CF 插电式混合动力牵引车定位是满足中长距离以及载货总质量高的使用场景，达夫 CF 搭载的是佩卡 11L、最大功率为 450 马力的发动机和 75kW 的驱动电机，电动动力方面采用的是采埃孚（ZF）的解决方案，配有一块 85kW·h 的锂电池组，同样支持外部充电以及发动机充电，若采用纯电力驱动，续驶里程只有 30~50km，多数情况下，它还是依赖于柴油机。

## 三、PHEV 经济影响因素分析

目前，PHEV 已经成为汽车行业发展的重要组成部分，而能否推动 PHEV 在市场的进一步普及，一个关键因素在于它的经济性。接下来，本节将从 PHEV 的使用成本、用户及市场需求，以及地域差异三个方面进行分析。

### （一）使用成本

吉利星越 PHEV 有 4 款车型，官方指导价为 15.58 万~19.68 万元。我们以售价 15.58 万元的星越 PHEV 2021 款 ePro 揽星者，纯电动续驶里程 56km 的车型为例（后文简称星越 PHEV），从能耗、保险、保养等角度进行分析，计算该车型的年使用成本。

#### 1. 能耗费用

作为可油可电的 PHEV 车型，能耗费用包括燃油费和电费两个部分。油耗方面，其 NEDC 综合油耗为 1.6L/100km，若 92 号汽油的价格为 7.68 元/L，则百公里油费大约为 12 元。电耗方面，其百公里耗电量为 16kW·h（1kW·h 为 1 度电），如果我们按照家用电 0.6 元/kW·h 计算，百公里电费大约为 9.6 元。假设每年的行驶里程大约在 2 万 km 左右，如果按照一半用油一半用电计算，一年的能耗费用大约为 2160 元。

#### 2. 保险费用

这款车的机动车交通事故责任强制保险（俗称"交强险"）费用为 950 元，车船税为 420 元，若商业险只购买基本险，则需要花费 3746 元（只包括 100 万元第三者责任险和车辆损失险），那么第一年的保险需要花费大约 5116 元。保险费用是每一年都要支出的，且根据车主的用车情况而定。如果后期车主 3 年内没有出险，或者出险次数极少，则保险金额就会有所降低。通过对比各大保险公司的保单，并进行计算分析可得，3 年保险费用大约为 13470 元，平均每年保险费用大约为 4490 元。

#### 3. 保养费用

做好定期保养可以延长发动机的使用寿命，一般来说，行驶 5000km 需保养一次（5000km 首次保养，官方提供免费服务），称为小保养，之后可以行驶 10000km 保养一次，也可以根据情况而定。小保养需要更换机油、机油滤清器、空气滤清器，大约花费 666 元。而大保养需要更换机油、机油滤清器、空气滤清器、空调滤清器、制动液、冷却液等，大约需要花费 1367 元。如果按照 3 年行驶 6 万 km 计算，平均每年的保养费用大约为 1112 元。

## （二）用户及市场需求

### 1. 用户需求

《2023 中国汽车消费洞察》等相关研究成果显示，2021 年中国汽车保有量已达 3.02 亿辆，汽车驾驶人员（已取得驾驶证）总量为 4.4 亿人；2021 年中国乘用车内销近 2000 万辆，同比呈现小幅增长趋势；中国汽车消费以国内生产为主，并且在 2021 年中国电动汽车销量迅速攀升。

2022 年中国潜在购车用户中，32% 的用户购车预算在 11 万 ~15 万元区间，与 2021 年实际购车消费对比，预算为 16 万 ~20 万元的用户占比明显提升；关于汽车动力类型，四成用户倾向购买混合动力汽车，33% 仍倾向购买汽油动力汽车，另有 27% 考虑纯电动汽车；中国潜在购车用户诉求持续细分及个性化，除自身喜好及偏好外，孩子、老人、宠物的需求亦被关注；关于汽车品牌，42% 首选国产品牌，其次为日系、欧美系，近两成暂无目标品牌。

2023 年购车预算为 10 万元以下的用户占比明显下降，而 20 万 ~50 万元区间用户占比均有所上升。分城市级别来看，2023 年调研用户中，高线城市主力预算区间为 20 万 ~30 万元，其中，一线和新一线城市 30 万元以上预算用户占比均达到 30% 以上，低线城市的主力预算区间为 10 万 ~20 万元。

总的来说，对于普通新能源汽车用户而言，车辆价格是他们首要考虑的问题，他们期望采用多种方式缓解议价焦虑。一方面，用户更希望获得智能比价工具的辅助；另一方面，希望统一定价，直接简化购车流程。

对他们来说，高性价比车型更加容易受到青睐，价格范围适中的车型更容易激发他们的消费热情，对于重点在市区内通勤的用户而言，他们的关注重点除去车辆本身的价格外，更多在使用成本低、节能环保、动力强劲、市区内可以正常通行等各方面，对于有充电条件的用户而言，PHEV 在节省燃油费用与提供较强的动力性方面都是一个不错的选择。

对于消费能力更强的新能源汽车意向用户而言，除了上述需求外，他们在车辆驾驶体验感、乘坐舒适度以及车内配置更加智能化等方面也有了更高的要求。随着智能汽车不断发展并深入人心，新能源汽车意向用户对中国品牌车型的好感越发加深，即便是预算为 30 万元以上的高预算用户，选择中国新势力品牌的用户占比也超五成。这就意味着国内生产 PHEV 车型的汽车企业可以在这类高预算用户的需求上深挖，打造出一款令高消费水平用户满意的车型。

此外，低碳汽车理念正逐步获得消费者认同，加之我国节能减排政策的大力支持，用户对低碳汽车的付费意愿较过去有所提升，PHEV 的节能减排效果也优于普通燃油汽车，也更容易获得用户青睐。

### 2. 市场

PHEV 的市场很大，可以覆盖城区常用里程，在 2035 年之前都会很受市场欢迎，并替代燃油汽车市场。相较于纯电动汽车的"哑铃式"结构，PHEV 在 A 级、B 级车市场将大有可为，因为 10 万~20 万元价格区间内，消费者要求续驶里程长、性能好且成本更低，PHEV 可以比 BEV 更好地满足这类需求。

在基盘最大的 A 级车市场中，PHEV 的销量已超越 BEV。以 2023 年 6 月为例，中国汽车流通协会乘用车市场信息联席分会数据显示，2023 年 6 月，A 级纯电动汽车的销量为 10.7 万辆，与 2022 年同期相比，基本没有增长；而 A 级 PHEV 销量则达到 12.5 万辆，同比几乎翻了一番。此外，2023 年上半年，A 级 BEV 的销量为 52 万辆，A 级 PHEV 的销量则达到了 53 万辆，首次超越 BEV。

目前的插电式混合动力汽车市场，特别是 PHEV 轿车市场，销量大多集中在 A 级车，B 级 PHEV 轿车不仅可选产品少，只有寥寥几款车型，而且销量的同比增幅也远低于 A 级轿车市场。从整个大趋势来看，B 级车市场已经开始向电动化转型，但离全面纯电动化仍然有一段距离，而目前多种电动化技术路线并存，但充电桩布局普及仍未足够完善，快速充电技术仍旧需要突破，PHEV 技术是现阶段最合理，也是最为成熟的出行方案。

### （三）地域差异

#### 1. 温度差异

不同地区的温度差异是影响 PHEV 发展和普及的一个重要因素。我国南方地区的气候相对温和，温度较高，有利于新能源汽车的推广和应用。相比之下，北方地区尤其是东北、西北地区的冬季时间长，温度低，这使得纯电动汽车在续驶里程和充电等方面面临着很大挑战，导致纯电动汽车在现阶段难以实现全面普及和覆盖。所以在北方部分地区，纯电动汽车的普及率和应用程度相对较低，而传统燃油汽车又很难满足当下的环保要求，但是 PHEV 系列车型能很好地解决这些问题。PHEV 同时具备传统燃油汽车和纯电动汽车的优点，既能解决续驶里程问题，又能响应国家的环保号召。因此，当前在不同地区新能源汽车普及的过程中，PHEV 的优势更加显著，是能够满足需求的最佳选择。

### 2. 充电设施分布

根据中国电动汽车充电基础设施促进联盟发布的数据，广东、浙江、江苏、上海、湖北、山东、北京、安徽、河南、四川十个排名前十的省市建设的公共充电桩占比达 70.7%。全国充电电量主要集中在广东、江苏、河北、四川、浙江、上海、山东、福建、陕西、河南等省市，电量流向以公交车和乘用车为主，环卫物流车、出租车等其他类型车辆占比较小。2023 年全年，充电基础设施增量为 338.6 万台，桩车增量比约为 1∶2.8，充电基础设施建设能够基本满足新能源汽车快速发展的需求。

充电设施的分布情况也会影响新能源汽车在各省市的销量情况。根据公安部机动车交通事故责任强制保险数据，2023 年，中国新能源乘用车终端销量达 725.4 万辆，同比增长 38.6%。其中，上海新能源汽车终端销量达 36 万辆，稳居城市榜首位，市场占有率达 5%。广州新能源汽车终端销量超 23 万辆，超越杭州、深圳位居第二，市场占有率 3.2%。紧随其后的是杭州、深圳和成都，新能源汽车终端销量均超 22 万辆，三者间的差距越来越小。在这些销量较高的城市中，充电设施均是比较完善的。因此，充电设施的建设情况也是决定新能源汽车销量增长与否的一个关键因素。

## 四、PHEV 商业化现状

随着 PHEV 发展逐渐成为全球汽车行业的重要趋势，分析其商业化现状具有重要的现实意义，本节将通过引用相关数据来进行分析，主要从 PHEV 产销量、市场份额、现有技术、充电设施发展现状及各行业渗透情况等六个方面进行分析。

## （一）PHEV 产销量

### 1. PHEV 产量分析

以每年 12 月为例，分析 2018—2023 年 PHEV 乘用车和商用车的销售情况。

PHEV 乘用车的产量情况如图 6-29 所示。从图中我们可以看出，疫情期间的产量明显降低，而随着疫情后的复工复产，乘用车的产量也展现出明显的上升趋势。乘用车产量从 2019 年 12 月的 17512 辆增长到 2023 年 12 月的 357684 辆，而 2019 年 12 月的同期增长率最低，为 –50.4%，2021 年 12 月的同期增长率最高，达到了 162.38%。

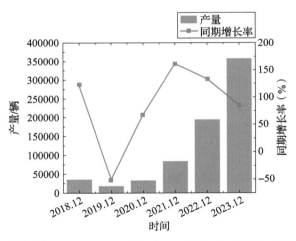

图 6-29　2018—2023 年每年 12 月 PHEV 乘用车产量

PHEV 商用车的产量情况如图 6-30 所示。从图中可以看出，在不同年份的同一时期，2020 年 12 月的商用车产量最低，为 352 辆，而 2023 年 12 月达到最高，为 2129 辆。在同期增长率方面，2023 年 12 月的增长率最高，达到了 324.1%，而 2018 年 12 月的同期增长率最低，为 –76.92%。

2023 年 12 月，我国新能源汽车产量为 117.2 万辆，同比增长 47.5%，新能源商用车产量占商用车产量的 17.4%，新能源乘用车产量占乘用车产量的

40.9%，2023 年全年插电式混合动力汽车产量为 287.7 万辆，同比增长 81.2%。

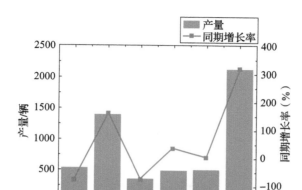

图 6-30　2018—2023 年每年 12 月 PHEV 商用车产量

### 2. PHEV 销量分析

以每年 12 月为例，分析 2018—2023 年 PHEV 乘用车和商用车的销售情况。

PHEV 乘用车的销量情况如图 6-31 所示。在销量方面，2019 年 12 月的乘用车销量最低，仅为 20394 辆，从 2020 年 12 月开始，乘用车的销量开始大幅增长，到 2023 年 12 月更是达到了 363418 辆。与此同时，同期增长率

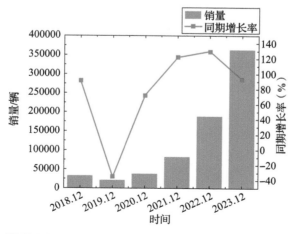

图 6-31　2018—2023 年每年 12 月 PHEV 乘用车销量

也从 2020 年 12 月开始呈正值增长，在 2022 年 12 月达到了 129.68%，而在 2023 年 12 月有所下降，相较于 2022 年 12 月降低了 36.65%。

PHEV 商用车的销量情况如图 6-32 所示。从图中可以看出，商用车销量最高的时期为 2019 年 12 月。2020 年 12 月，商用车的销量显著下降，而 2021—2023 年的 12 月销量又开始呈现增长趋势。

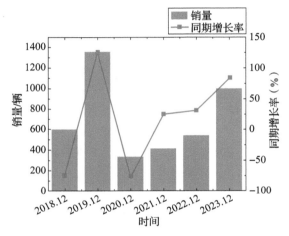

图 6-32　2018—2023 年每年 12 月 PHEV 商用车销量

2023 年 12 月，我国新能源汽车销量为 119.1 万辆，同比增长 46.4%，新能源商用车销量占商用车销量的 17.5%，新能源乘用车销量占乘用车销量的 40.4%，2023 年全年插电式混合动力汽车销量为 280.4 万辆，同比增长 84.7%。

## （二）PHEV 市场份额

2023 年 BEV 和 PHEV 在新能源汽车中的销量占比情况如图 6-33 所示。近两年，PHEV 的发展速度很快，销量增速远超纯电动汽车。截至 2023 年 12 月，PHEV 占比已突破 32%，换言之，上半年每卖出 3 辆新能源汽车，就有 1 辆 PHEV。由此可见，PHEV 车型已经成为当前我国新能源汽车市场的中流砥柱。

## （三）各行业渗透情况

目前，PHEV 以其节能环保等优势，成为各行业选择的目标，尤其是在城市交通、长途旅行和商用运输等方面得到了广泛应用。

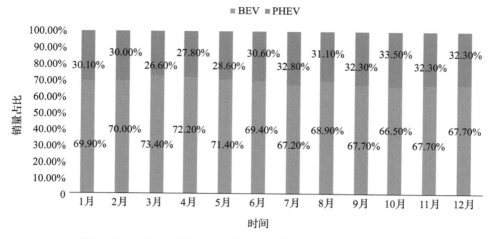

图6-33　2023年BEV和PHEV在新能源汽车中的销量占比情况

在城市交通方面，PHEV 的应用主要集中在公交车、出租车和网约车领域。城市交通较为拥堵，经常面对走走停停的情况，尤其是公交车，更需要停靠不同站点。在短途的城市交通中，PHEV 车型完全可以依赖纯电动模式，带来显著的能耗节约，并且对环境更加友好。而在出租车和网约车中普及PHEV 车型，可以减少行车过程中的尾气排放，降低运营成本。

在长途旅行方面，电动客车在长途公共交通领域的应用正在逐步增加。这些电动客车能够提供更加环保和高效的服务，为长途旅客提供更好的出行体验。相比于纯电动汽车，PHEV 的发动机可以为车辆提供更长的续驶里程，解决长途旅行过程中充电设施不足的问题。此外，PHEV 还可以通过智能能量回收系统将制动能量转化为电能，进一步增加了续驶里程。因此，无论是家庭出游还是商务旅行，PHEV 都能成为用户稳定可靠的出行选择。

在商用运输方面，PHEV 货车可以用于物流运输上。相较于传统燃油汽车，PHEV 具有低噪声的优点，这使得货车在运输过程中能够更加静音，降低对城市的噪声干扰。此外，在新能源汽车中，BEV 轻型货车对运输半径较大、使用强度较高（无时间充电）、线路不固定的运输较难适应，而PHEV 轻型货车则更适用于运输范围不固定、运输半径不固定的货物。因此，PHEV 在商用运输方面的优势更加明显，也得到了更广泛的普及和发展。

中国插电式混合动力电动汽车
产业发展报告

# 第七章
# 发展插电式混合动力电动汽车的
# 战略意义和发展建议

## 一、插电式混合动力电动汽车的战略意义

### 1. 保障能源安全

近年来，我国汽车工业发展迅速，汽车保有量快速增长。《节能与新能源汽车技术路线图2.0》指出，发展纯电动汽车和插电式混合动力电动汽车对调节、优化道路交通领域能源结构，缓解我国对进口石油的高度依赖，保障国家能源安全，具有非常重要的战略意义。插电式混合动力电动汽车的推广，标志着我国从传统燃油驱动向清洁能源出行方式的过渡。这种过渡不仅有助于削减石油消耗，同时也有助于规划道路交通领域的能源结构，使其更加环保和可持续。

### 2. 践行绿色发展理念

我国经济蓬勃发展，正走在迈向经济强国的道路上，然而发展的同时也伴随着环境污染和气候变化等问题，这些问题正在成为制约我国发展的一大因素。

2020年9月22日，国家主席习近平在第75届联合国大会一般性辩论上宣布中国二氧化碳排放力争于2030年前达到峰值，努力争取2060年前实现碳中和。国务院印发的《2030年前碳达峰行动方案》指出要重点实施"交通运输绿色低碳行动"，推动运输工具装备低碳转型，大力推广新能源汽车，逐步降低传统燃油汽车在新车产销和汽车保有量中的占比。在这一背景下，插电式混合动力电动汽车成为解决环境问题的亮点。这不仅符合国际社会对于环保型汽车的期待，也与我国绿色发展理念相契合，被认为是汽车产业未

来可持续发展的战略选择。

### 3. 推动产业转型

《国务院关于加快培育和发展战略性新兴产业的决定》将新能源汽车产业确定为现阶段重点发展的战略性新兴产业之一，就目前的汽车产业而言，新能源汽车已成为全球汽车产业发展的大趋势，也是我国汽车产业转型的主要方向。《中国制造2025》制定了我国新能源汽车发展的总体技术路线图，凝聚全行业的力量，加快对新能源汽车核心技术的突破，抢占新能源汽车国际制高点。

插电式混合动力电动汽车是新能源汽车中重要的车型，发展插电式混合动力电动汽车具有现实意义和长远的战略意义。插电式混合动力电动汽车的发展促进了汽车制造业的技术创新，包括电动技术、电池技术、智能交通系统等。通过在新技术领域的投资和研发，国家有望在全球竞争中取得领先地位，提高国家产业的技术水平。

### 4. 促进电网建设

插电式混合动力电动汽车既是交通工具，同时又是分布式电能储备装置，其可以与智能电网有机融合，展现了多方面的积极作用。

首先，插电式混合动力电动汽车为实现削峰填谷提供了一种重要的解决方案，插电式混合动力电动汽车的电池储能系统可以在高峰时段储存电能，在低谷时段释放电能，实现削峰填谷的功能。其次，插电式混合动力电动汽车在灾害期间具备备用电源功能，这为应对突发自然灾害或其他紧急情况时的电力需求提供了一种灵活而可行的解决方案。最后，在可再生能源大力发展的背景下，插电式混合动力电动汽车的推广也能更加有效地利用风能、太阳能等可再生能源。这对于解决可再生能源的间歇性和不稳定性问题具有积极作用，促进了我国电力能源结构的清洁化。

因此，大力发展纯电动汽车和插电式混合动力电动汽车，不仅能够提高我国电力系统的智能性和灵活性，还能促进清洁能源的广泛利用，实现电力能源结构的清洁化。这一举措不仅有助于推动汽车产业的可持续发展，也为智能电网建设和可再生能源的高效利用开辟了新的道路。在未来的可持续发展中，插电式混合动力电动汽车将成为一个多功能、环保的交通工具，为实现能源可持续发展和构建智能电网贡献力量。

### 5. 促进国际贸易

2023 年，我国新能源汽车出口 120.3 万辆，同比增长 77.6%，插电式混合动力电动汽车出口 10.1 万辆，同比增长 47.8%。12 月，新能源汽车出口 11.1 万辆，环比增长 15.2%，同比增长 36.5%，插电式混合动力电动汽车出口 1.2 万辆，环比下降 14%，同比增长 60.6%。图 7-1 所示为 2019—2023 年 11 月我国插电式混合动力乘用车出口量，如图所示，我国插电式混合动力乘用车出口量逐年增加明显，特别是 2022 年累计同比增速达到 118.8%。

上述出口量数据显示，尽管面临供应链中断、大宗商品和能源价格居高不下等多种不利因素，但我国新能源汽车销量在过去两年仍创历史新高。作为新能源汽车的一种代表车型，插电式混合动力电动汽车 2023 年出口 10.1 万辆，同比增长 47.8%。另外，预计 2024 年全年，中国新能源汽车市场潜力十足，将保持温和上涨的态势，尤其是插电式混合动力电动汽车和增程式混合动力电动汽车有进一步提升的空间。

图 7-1　2019—2023 年 11 月我国插电式混合动力乘用车出口量

## 二、插电式混合动力电动汽车发展目前存在的问题

### 1. 技术创新能力有待提升

近年来，我国汽车制造技术和自主研发能力已经有了明显进步，但是在技术创新能力，包括人才培养、研发投入和技术积累等方面与国际先进水平相比仍有较大差距。

从培养科技人才的角度来看，随着汽车产业的蓬勃发展，国家和行业对培养汽车科技人才的关注程度逐渐提高。我国汽车科技人才的数量和质量都取得了显著进步，汽车工程技术人员的人数以及其在整个行业从业者总数中的比例持续增加，不断壮大的汽车科技人才队伍已成为我国汽车产业技术发展最为关键的基石和推动力。

然而，面对汽车电动化和智能化所带来的技术变革，我国汽车工业却面临着严重的汽车专业人才短缺和优秀人才匮乏的困境。人才是最重要的资源，只有拥有强大的汽车专业人才队伍，汽车产业才能迎来大的发展。目前我国汽车产业的科研人员和工程师相较于国外，经验丰富的资深工程师数量严重不足。如图7-2所示，2023年，我国各类汽车企业求职者中青年人及本科学历者占比较大，有相对充足的青年力量，但资深者占比较小。在交叉学科人才和工匠级别技工方面也存在明显缺口，整体人员构成偏向年轻化，经验相对不足。考虑到汽车产业和产品的异常复杂性，对广泛而深入的知识积累有着高度需求。因此，科技人才的差距仍然是制约整个汽车行业研发能力的突出问题之一。

在研发投入方面，我国汽车产业的总体投入不断增加，研发投入超过了全国科技平均水平，并且呈现连年增长的趋势。然而，不论是从研发投入总额，还是从研发投入占营业收入的比例角度看，我国与汽车产业强国相比都存在一定差距。如图7-3所示，全球主要汽车产业强国每年的研发投入占营业收入的比例大多在5%以上，而投入金额通常超过500亿元。以德国大众为例，其2023年的研发投入高达1154.86亿元，占比为4.9%。显然，我国在研发投入方面仍需进一步加强。

在技术积累方面，目前多数主流自主品牌汽车企业已初步建立了较为完善的汽车技术基础数据库，包括大量的技术参数、数据，以及丰富的技术标准和规范等。同时，它们也基本形成了完整的产品开发流程。然而，我国汽车产业的真正技术积累仅有20年，而西方汽车产业自工业革命以来已有100多年的历史，在技术基础数据库、技术参数和技术标准等方面我国汽车企业与西方之间的差距仍然显著。

**2. 技术创新体系有待完善**

目前，我国汽车产业已初步建立了涵盖政府、行业、企业和高校等机构的技术创新体系。在国家层面，通过贯彻指导纲领，不断完善汽车产业的标

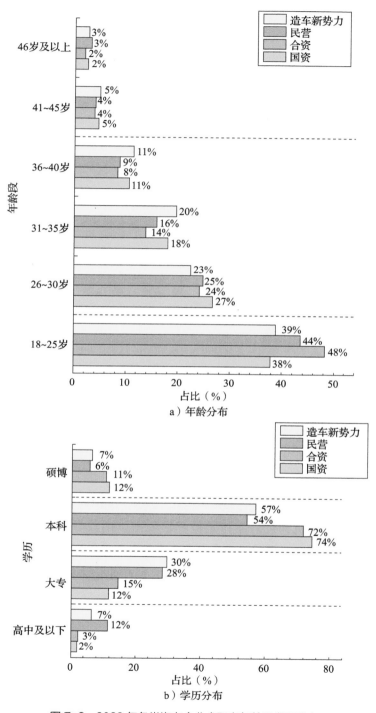

a）年龄分布

b）学历分布

图 7-2 2023 年各类汽车企业求职者年龄及学历分布

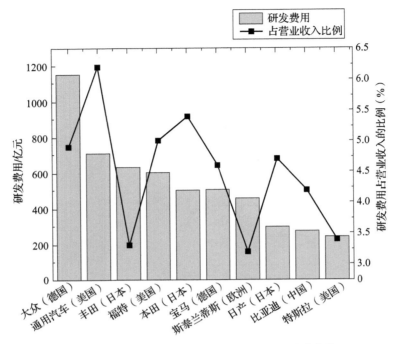

图 7-3　2023 年各国汽车企业研发投入及其占营收比

准法规和政策体系，积极营造有利于创新的环境。在行业层面，多领域的跨界合作和行业内协同交流日益密切，产业技术创新联盟和共性技术研发平台等创新机制正发挥着日益重要的作用。在企业层面，创新主体地位得到充分认可，强调技术攻关已成为多数主流企业的共识。同时，研究机构、高等院校和科研院所的学术成果数量也呈现明显增长趋势。

然而，我国在技术创新与成果转化方面仍存在一些显著问题。主要包括产业、学校和科研机构创新主体定位不够突出，创新资源分散并存在重复，未形成稳定的创新链；产业技术转化价值链的各环节相对薄弱，甚至存在相互割裂和断档的情况，尤其是从基础研究到产业化之间的工程转化能力较弱；高度专业化的工程公司在技术创新中的作用被低估；缺乏具备核心零部件、模块和总成开发能力的供应商；各环节对自身工作定位和分工认识不够清晰，缺乏充分的互动。这些问题需要认真解决，以促进我国汽车产业技术创新水平的提升。

3. 生产制造基础相对薄弱

工业基础主要包括基础材料、基础工艺、基础零部件和产业技术基础，即"四基"。"四基"对于汽车技术进步有重要意义，以下就"四基"对汽车技术发展当前的制约因素进行分析。

在基础材料方面，我国在车用高强度钢（HSS）、超高强度钢（UHSS）、轻质合金、车身用复合材料、高品质底盘橡胶件用材料、后处理催化材料等领域仍与国外存在差距。举例而言，尽管国内已有车用高强度钢产品推出，但尚不能满足全部车用需求的强度级别，成形性等关键指标也存在不足。当前，国内车型上的高强度钢屈服强度主要集中在210~340MPa之间，而超高强度钢（屈服强度大于550MPa）的应用量相对较少，而在国外，这类钢材在整车上的占比已经超过30%。未来，随着汽车轻量化等技术的发展，对基础材料提出的要求将进一步增加。

在基础工艺方面，汽车产品和技术的开发与基础工艺水平密切相关。当前，我国的基础工艺水平相对不足，关键高端装备短缺，工艺装备主要集中在粗加工环节，加工稳定性低、可靠性差。虽然有部分精加工和自动化程度高的加工中心，但其加工质量与国外先进水平相比仍存在差距。这一劣势主要体现在高精度切削加工、大型铝/镁合金精密真空压铸、高强度薄壁铸铁结构精密铸造、碳纤维材料成型及连接、内高压成形、精密冷温挤压成型等技术和相应的高端制造装备方面的缺失，对高端制造业的发展形成了制约。

在基础零部件方面，我国汽车技术的发展受到基础零部件的制约。国内零部件企业规模普遍较小，技术水平相对低，竞争力不足，大多数位于产业链下游，关键零部件依然主要依赖进口或外资独资企业在华生产。例如，动力总成电控系统、底盘电控系统、超低摩擦关键零部件、可变配气机构、发动机后处理器、双离合总成、高效执行器、高品质底盘橡胶元件、高精度电流传感器等关键零部件在国内存在较大的自主产品缺失。

在产业技术基础方面，产业技术基础在工业"四基"中处于共性基础地位，也是汽车技术发展的必要支撑。然而，我国汽车产业技术基础仍然存在较大的欠缺。标准与数据积累方面，标准制度化和汽车技术数据库建设相对滞后，技术标准系统性不强。检测配套方面，检测设备多为引进，自主配套能力不强，汽车检测设备品种不全、技术更新较慢、技术含量偏低。在共性技术创新体系建设方面，自主创新的产业体系尚存在明显短板。在产业转型升级的发展前景下，汽车技术的进一步发展将对整车与零部件的检验检测技术基础、汽车产业的基础数据库、共性的方法、工具与流程等提出更多、更高的需求，加快提升汽车产业技术基础成为必然之势。

### 4. 整车技术

插电式混合动力电动汽车在不断演进的同时，在整车技术方面仍然面临一些现存的问题需要解决，包括整车驾驶性能、振动与噪声、制造技术、轻量化技术、可靠性控制以及成本控制等。其中，动力输出平顺性和节油效果是当前发展中的两个主要挑战之一。在插电式混合动力模式下，动力输出的平顺性有待提升，尤其是在混合动力系统从电力模式切换到内燃机模式时可能存在的顿挫感，动力输出平顺对于提升驾驶舒适性至关重要。

另一个问题是节油效果的进一步提升。尽管插电式混合动力电动汽车相对于传统内燃机车辆有更好的燃油经济性，但在实际使用中，仍然存在一些不足。用户希望在电池电量不足或长途行驶时能够更有效地利用内燃机，以确保最佳的燃油利用率。因此，提升插电式混合动力电动汽车在不同工况下的节油效果，是目前亟待解决的技术问题。

总体而言，插电式混合动力电动汽车在不断发展中，需要继续关注和解决上述问题，以满足用户对于平顺驾驶、高效节油和智能电控系统的日益提高的期望。

### 5. 关键零部件

随着市场需求的增长，制造商需要更加注重生产流程的效率和产品的一致性，以确保大规模生产时不仅能够保持高质量，还能够控制成本。另外，插电式混合动力系统涉及多个关键组件，如电机、动力电池等，这些部件的质量直接关系到整车的性能和可靠性。因此，制造商需要加强对这些关键零部件的生产过程监控和质量检测，以确保能够满足高标准的品质要求。

（1）电机

在混合动力专用发动机、高集成机电耦合装置、电机系统等核心零部件方面，我们仍然面临一定的差距。首先，混合动力专用发动机的可靠性和性能仍需进一步提升，以满足消费者对汽车动力系统的高要求。其次，高集成机电耦合装置在实现高效能、低能耗的同时，还需要更多的创新和改进，以提高整车的能效。电机系统作为混合动力汽车的核心组成部分，其可靠性和性能对整车的驱动性能和续驶能力具有关键影响，因此在这方面的技术创新和优化也是当前亟待解决的问题。

（2）动力电池及管理系统

我国在车用动力电池技术领域取得的初步成就值得肯定，尤其是锂离子动力电池的产业规模逐渐壮大，能量型动力电池单体技术指标达到国际先进水平。然而，在锂离子电池技术的多个方面仍然存在一些挑战。首先，锂离子电池的设计水平需要进一步提高，以满足不断升级的车辆性能和电池寿命的需求。其次，锂离子动力电池生产设备与锂离子动力电池原材料的技术水平仍有提升空间，需要加强研发和创新，以提高生产效率并降低成本。另外，锂离子动力电池大规模生产控制能力方面，一致性和可靠性等方面也需要进一步提升。

（3）电控系统

国内整车电控系统领域存在一些明显的技术和标准方面的不足。首先，国内整车电控产品在对控制系统的目标设定和功能分解方面存在不够系统和细致的问题，缺乏具有指导意义的流程和标准。其次，电控系统功能安全方面的理解和应用仍然存在不足。硬件设计方面，基于 ISO 26262《道路车辆　功能安全》标准的方法尚未成熟，需要更多的研发和实践来推动该领域的发展。此外，对于整车电控系统中的系统诊断和故障诊断方面的开发相对滞后。有效的故障诊断系统对于确保车辆长期运行和提高驾驶安全性至关重要。目前，国内仅有个别电控产品通过 ISO 26262《道路车辆　功能安全》标准相关的安全认证，说明整车电控系统在功能安全方面还有提升的空间。

6. 充电基础设施

我国充电基础设施领域存在一系列技术差距和兼容性问题，需要在多个方面进行进一步改进和加强。首先，在功率模块、电子芯片、漏电保护器以及充电系统计费模块和安全防护方面存在一定的技术差距。其次，目前充电接口和充电系统在兼容性方面存在一些不足。最后，采用换电模式的电能补充方式存在电池与车辆连接结构不稳定的风险。为确保用户能够安全、便捷地进行电池更换，需要加强对电池与车辆连接结构的研发和标准制定，以降低换电过程中可能出现的安全隐患。

在充电基础设施与智能电网的互联互通方面，当前的示范与应用仍需进一步加强。智能电网与充电基础设施的紧密结合可以提高充电效率，优化能源利用，但在实际应用中仍然存在一些挑战。加强示范项目的推进，收集实际应用的经验教训，有助于更好地理解和解决智能电网与充电基础设施互联互通的问题，推动这两者的协同发展。

## 三、发展建议

政府、行业和企业在插电式混合动力电动汽车行业的发展中扮演着关键的角色。政府通过颁布法规、提供财政激励和建设基础设施，推动了插电式混合动力电动汽车的研发和推广。行业的汽车制造商和相关产业链企业的投入，推动了技术创新和生产效率的提升。行业的竞争和合作促使企业不断改进产品，提高产品性能并降低成本。企业在插电式混合动力电动汽车领域的投资和创新是推动行业发展的重要推动力。企业的研发投入、市场推广和用户体验改进，都直接影响着产品的竞争力。政府、行业和企业须协同努力，共同推动插电式混合动力电动汽车行业的健康发展，为插电式混合动力行业的可持续发展做出积极的贡献。

在开发插电式混合动力电动汽车的过程中，应当注重降低成本，以便让更多消费者能够享受到插电式混合动力电动车辆的优势；同时，也应专注于提高电机驱动系统的效率，以达到更长的续驶里程和更高的动力输出。应通过持续的技术创新和优化，为用户提供更加智能、环保和经济的出行选择。

### 1. 政府层面

（1）延续和优化插电式混合动力电动汽车车辆购置税减免政策

2023 年 6 月 19 日，财政部、国家税务总局、工业和信息化部发布《关于延续和优化新能源汽车车辆购置税减免政策的公告》，对购置日期在 2024 年 1 月 1 日—2025 年 12 月 31 日期间的新能源汽车免征车辆购置税，其中，每辆新能源乘用车免税额不超过 3 万元；对购置日期在 2026 年 1 月 1 日—2027 年 12 月 31 日期间的新能源汽车减半征收车辆购置税，其中，每辆新能源乘用车减税额不超过 1.5 万元。享受车辆购置税减免政策的新能源汽车，是指符合新能源汽车产品技术要求的纯电动汽车、插电式混合动力（含增程式）汽车、燃料电池汽车。

目前我国新能源汽车产业发展还面临着基础设施建设不完善，消费者购买意愿不确定的状态，另外，考虑到新能源汽车开发周期较长，从产品开发、设计到成本管理需要做较长远的安排，长期、稳定的新能源汽车税收优惠政策对于新能源汽车的推广和发展至关重要。

（2）联合高校更新课程和人才培养模式

针对新能源汽车等新兴领域的需求，更新汽车专业的课程设置，加强与新技术相关的知识传授。引入跨学科的教学模式，培养学生的综合素质，提高学生在复杂汽车工业中的适应能力。还要加强对交叉学科人才和技工的培训，形成全方位的人才队伍，促进汽车产业与高等院校之间的紧密合作，建立产学研用相结合的机制。通过实习项目、联合研究等方式，提高学生实际操作和解决问题的能力，确保学生毕业后能更好地适应行业需求。

（3）通过税收优惠激励企业加大研发投入，政策加力赋能创新发展

通过税收优惠激励插电式混合动力电动汽车行业加大研发投入，政策加力赋能其创新发展。在支持环保和可持续交通的大背景下，通过提供税收优惠，鼓励汽车制造企业增加在插电式混合动力技术领域的投资，推动该行业向更加节能、环保、智能的方向迈进。

税收优惠政策也有利于推动整个插电式混合动力电动汽车产业链的协同发展。从电池生产、充电设施建设到车辆制造，税收优惠政策有助于提高产业链的整体效益，加速技术创新的传导速度，推动插电式混合动力电动汽车产业的快速发展。

（4）明确插电式混合动力电动汽车新能源属性，确保其享受优惠政策

2020年，工业和信息化部发布的《新能源汽车生产企业及产品准入管理规定》第三条明确规定，插电式混合动力（含增程式）汽车属于新能源汽车范畴，但在一些地区，当前的优惠政策并未覆盖插电式混合动力电动汽车，因此，需要建立一套统一的绿牌政策，以保障该类汽车在税收、购车补贴等方面能够得到应有的支持与鼓励。这样的政策将有助于推动插电式混合动力电动汽车的普及与发展，为新能源汽车市场的健康发展创造有利条件。

2. 行业层面

（1）建立汽车产业与高校之间更加紧密的合作关系，促进产学研结合

企业可以与高校共同设计实践性强、符合产业标准的课程，提供实习和实践机会，使学生能够更早地接触和适应实际工作环境。高校的研究团队与企业的技术团队之间的合作，有助于共同攻克行业面临的技术难题，推动汽车产业的创新发展。加强汽车产业与高校的合作关系，不仅有助于高校更好

地培养适应未来汽车产业需求的专业人才，也能为汽车产业注入更多创新和活力，共同推动整个行业的可持续发展。

（2）促进汽车制造商之间的合作

共享技术和资源，提高产业整体创新水平，推动插电式混合动力电动汽车行业标准一体化，提高整车和零部件的互操作性，降低成本。创造汽车动力电池和充电设施的共享平台，减少成本。

（3）协调软件行业联盟，致力于共同发展具有自主品牌特色的车辆软件

无论是插电式混合动力电动汽车、纯电动汽车，还是其他新能源车型，硬件固然决定了汽车的基本性能，但更为关键的是软件对于驾驶体验的决定。只有车辆的机械构造与软件的智能化应用协同工作，才能充分发挥出汽车全面的性能。应通过行业联盟的协同努力，推动汽车软硬件一体化发展，以发展具有自主品牌特色的车辆软件，使得自主品牌汽车更有竞争力。

（4）推广插电式混合动力电动汽车，宣传绿色出行理念

通过广告宣传等方式，深化插电式混合动力电动汽车在公众中的认知度。通过对插电式混合动力电动汽车的环保特性和出色性能的介绍，为消费者展示插电式混合动力电动汽车出行的各种优势。同时，为消费者提供详尽的关于插电式混合动力电动汽车技术、维护和使用的信息，帮助他们更全面地了解这一先进的汽车科技，激发社会对环保交通的兴趣，并帮助消费者理解插电式混合动力电动汽车如何成为可持续出行的理想选择。

（5）以全生命周期碳排放为导向，逐步实现"双碳"目标

以全生命周期碳排放为导向的策略、内燃机的高效化和零碳化路线需要行业共同探讨，制定并实施一系列有针对性的行动方案，推动整个插电式混合动力电动汽车行业实现"双碳"目标。

（6）发展插电式混合动力电动汽车技术路线，推动新能源汽车多元化发展

插电式混合动力电动汽车是汽车产业电气化转型的有效过渡，相较于燃油汽车，低油耗特性使得插电式混合动力电动汽车使用成本更低。相较于纯电动汽车，购买成本更低以及超长续驶里程的优势，高度契合城市家庭用车需求，市场成长空间广阔。插电式混合动力电动汽车技术成为推动新能源汽车多元化发展的重要引擎之一，在发展插电式混合动力电动汽车技术路线方面，不仅可以提高汽车燃油利用效率，减少尾气排放，还能有效缓解对传统

石油资源的依赖，促使汽车产业朝着更加环保和可持续的方向迈进。

### 3. 企业层面

（1）整车企业进一步强化插电式混合动力技术路线的战略定位

整车企业进一步强化插电式混合动力技术路线的战略定位，并将插电式混合动力电动汽车的地位与国家政策走向紧紧相连，积极开发插电式混合动力电动汽车产品，为消费者提供更多插电式混合动力电动汽车产品选择，促进市场销量增长。

（2）加强插电式混合动力电动汽车产品技术创新

加强插电式混合动力电动汽车产品技术创新，着力突破增程式高效内燃机、高效电机等关键技术，提高动力系统集成设计能力。研究低成本、高效率插电式混合动力总成开发技术，研究新型插电式混合动力系统构型，研究机电耦合机构和电机的集成技术，开发结构紧凑、可靠性高、平台通用性好的新型插电式混合动力总成。

（3）积极打造插电式混合动力电动汽车的国际影响力

积极打造插电式混合动力电动汽车的国际影响力。插电式混合动力电动汽车因其独特的优势有望成为具有中国特色的新能源汽车重要突破口之一，以产品品牌不断向上发展为抓手，助力中国品牌汽车国际化发展。

# 参 考 文 献

［1］ ZHOU B，HE L，ZHANG S，et al.Variability of fuel consumption and $CO_2$ emissions of a gasoline passenger car under multiple in-laboratory and on-road testing conditions ［J］.Journal of Environmental Sciences，2023，125（3）：266-276.

［2］ International Energy Agency. Global EV Outlook 2023：Catching up with climate ambitions［R/OL］.（2023-04-26）［2023-09-16］.https://iea.blob.core.windows.net/ assets/dacf14d2-eabc-498a-8263-9f97fd5dc327/GEVO2023.pdf.

［3］ 苏岭，曾育平，秦大同.插电式混合动力电动汽车能量管理策略研究现状和发展趋势［J］.重庆大学学报，2017，40（2）：10-15.

［4］ 崔胜民.混合动力汽车技术解析［M］.北京：化学工业出版社，2021.

［5］ ZHANG B，YANG F，TENG L，et al. Comparative analysis of technical route and market development for light-duty PHEV in China and the US［J］. Energies，2019，12（19）：3753.

［6］ MI C，MASRUR M. A，GAO D W. 混合动力电动汽车原理及应用前景［M］.赵治国，姜娇龙，译. 北京：机械工业出版社，2013.

［7］ 张乐乐. 基于插电式混合动力电动汽车能量管理策略设计及其优化［D］.长春：吉林大学，2024.

［8］ 汪善进，程远.欧洲新能源汽车现状与发展趋势［J］. 汽车安全与节能学报，2021，12（2）：135-149.

［9］ International Energy Agency. Electric and Plug-in hybrid vehicle roadmap［R/OL］.（2009-10-12）［2023-09-16］. https://iea.blob.core.windows.net/assets/91a4a053-8738-4bf2-895e-f4213a4a1253/EV_PHEV_brochure.pdf.

［10］FRANCESCHINI D，CIRIMELE V，LONGO M. Analysis of possible scenarios on the future development of electric mobility：focus on the Italian context［C］Milan：2021 AEIT International Annual Conference（AEIT），2021：1-6.

［11］李鸿炜，肖盛燮，徐进，等.用多级模糊综合评判理论评价汽车乘坐舒适性［J］.公路与汽运，2005，（02）：1-4.

［12］高乐红.插电式混合动力车辆的发展前景［J］.黑龙江科学，2017，8（17）：34-35.

［13］何洪文，孟祥飞.混合动力电动汽车能量管理技术研究综述［J］.北京理工大学学报，2022，42（08）：773-783.

［14］牛礼民，朱奋田，张泉泉，等.混合动力汽车控制策略的分析与展望［J］.安徽工业大学学报（自然科学版），2020，37（4）：364-371.

［15］陈迪文.汽车智能化技术的应用及发展研究［J］.现代工业经济和信息化，2021，11：116-117.

［16］乔英俊，赵世佳，施敏，等.汽车智能化技术革命及体系构建［J］.汽车工程学报，2022，12（3）：228-235.

［17］杜雪岭.插电式混合动力乘用车变速器油的研制［J］.石油商技，2022，40（3）：18-23.

［18］秦兰芝，陈丽，安锋.中国商用车电动化发展研究报告［R］.能源与交通创新中心，2021.

［19］邹伟，柯元志，彭泽峰，等.面向2025和2030年混合动力汽车节油技术研究［J］.汽车文摘，2023（7）：1-8.

［20］谌贻龙.插电式混合动力电动汽车简析［J］.汽车维护与修理，2017（3）：77-80.

［21］张昕，杨志军.用模糊综合评判法评价汽车综合性能［J］.机械，2003，30（1）：27-28，52.

［22］张志强，张晓莉，熊禹，等.插电式混合动力电动汽车技术特点综述［J］.汽车实用技术，2016（6）：120-122，139.

［23］李玉茂.混合动力车概述［J］.汽车维修与保养，2013（10）：66-69.

［24］霍夫曼.混合动力汽车技术［M］.耿毅，耿彤，译.北京：机械工业出版社，2016.

［25］刘庆丰.混合动力汽车结构与工作原理分析［J］.农机使用与维修，2023（7）：38-40.

［26］李淼林，姜立标.新能源汽车技术［M］.北京：北京大学出版社，2020.

［27］董子昌.新能源汽车分类及性能浅析［J］.淮北职业技术学院学报，2018，17（5）：114-116.

［28］尹力卉，左晨旭.新能源汽车的分类、发展历程及前景（三）［J］.汽车维修与保养，2016（2）：104-106.

［29］尹力卉，左晨旭.新能源汽车的分类、发展历程及前景（一）［J］.汽车维修与保养，2015（10）：96-98.

［30］张雅丽，付锐，袁伟，等.考虑能耗的进出站驾驶风格分类及识别模型［J］.吉林大学学报（工学版），2023，53（7）：2029-2042.

［31］左晨旭，尹力卉.新能源汽车的分类、发展历程及前景（二）［J］.汽车维修与保

养，2015（12）：116-117.

［32］MARKEL T，BROOKER A，GONDER J，et al. Plug-in hybrid vehicle analysis （milestone report）［R/OL］.（2006-11-01）［2023-09-11］. http://www.osti.gov/ servlets/purl/896149-TQsxXP/.

［33］李倩. 新能源汽车结构与原理教学理论研究——评《新能源汽车结构与原理》［J］. 人民长江，2022，53（10）：245.

［34］翁银燕. 新能源汽车技术现状及发展趋势［J］. 汽车与新动力，2022，5（3）： 17-19.

［35］孙秀倩. 新能源汽车技术原理和优缺点研究［J］. 汽车工艺师，2023（8）：61-64.

［36］TAHERZADEH E，RADMANESH H，MEHRIZI-SANI A. A comprehensive study of the parameters impacting the fuel economy of plug-in hybrid electric vehicles［J］. IEEE Transactions on Intelligent Vehicles，2020，5（4）：596-615.

［37］庄铭. 插电式混合动力电动汽车能耗经济性影响因素研究［D］. 重庆：重庆大学， 2019.

［38］庄伟超，丁洋，邱立琦，等. 插电式混合动力电动汽车控制策略的研究现状及发展 趋势［J］. 机械设计与制造工程，2016，45（6）：11-17.

［39］LIU H，ZHAO J，QING T，et al. Energy consumption analysis of a parallel PHEV with different configurations based on a typical driving cycle［J］. Energy Reports， 2021（7）：254-265.

［40］HAO X，YUAN Y，WANG H，et al. Plug-in hybrid electric vehicle utility factor in China cities：influencing factors，empirical research，and energy and environmental application［J］. eTransportation，2021（10）：100-138.

［41］VAN VLIET O P R，KRUITHOF T，TURKENBURG W C，et al. Techno-economic comparison of series hybrid，plug-in hybrid，fuel cell and regular cars［J］. Journal of Power Sources，2010，195（19）：6570-6585.

［42］WU Z，WANG M，ZHENG J，et al. Life cycle greenhouse gas emission reduction potential of battery electric vehicle［J］. Journal of Cleaner Production，2018（190）： 462-470.

［43］SISANI F，DI MARIA F，CESARI D. Environmental and human health impact of different powertrain passenger cars in a life cycle perspective：a focus on health risk and oxidative potential of particulate matter components［J］. Science of The Total Environment，2022（805）：150-171.

［44］TAGLIAFERRI C，EVANGELISTI S，ACCONCIA F，et al. Life cycle assessment of future electric and hybrid vehicles：a cradle-to-grave systems engineering approach［J］. Chemical Engineering Research and Design，2016（112）：298-309.

［45］刘涛，毕传兴，张永斌. 基于模糊综合评判的汽车整车品质评价指标的研究［J］. 合肥工业大学学报（自然科学版），2011，34（10）：1457-1460.

［46］张炳江. 层次分析法及其应用实例［M］. 北京：电子工业出版社，2014.

［47］中国汽车工程学会. 节能与新能源汽车技术路线图2.0［M］. 北京：机械工业出版社，2020.

［48］陈铁嵩，胡煦，刘佳慧. 插电式混合动力汽车全生命周期评价（英文）［J］. 汽车技术，2017（9）：20-25.

［49］DÉSIRÉE A，LUIS J M R. Model-based design validation and optimization of drive systems in electric，hybrid，plug-in hybrid and fuel cell vehicles［J］. Energy，2022，254：123719.

［50］荻野法一，彭惠民. 新一代汽车的最新发展趋势和未来展望［J］. 汽车与新动力，2019，2（6）：14-19.